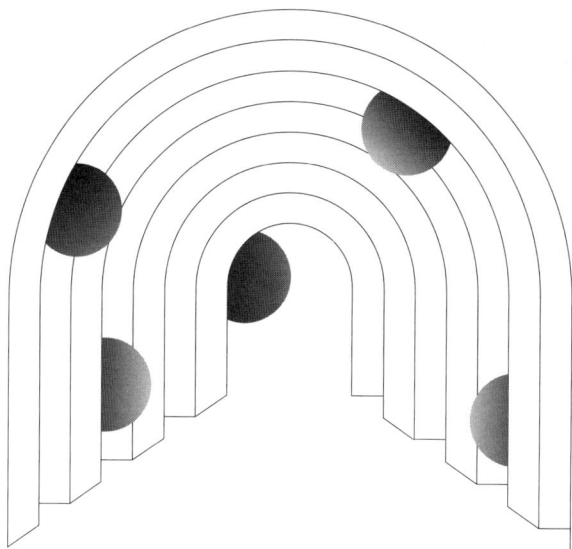

大夏书系 | 教育艺术

让孩子爱上思考

儿童哲学怎样教

高浩容　任军安　著

华东师范大学出版社

·上海·

图书在版编目（CIP）数据

让孩子爱上思考：儿童哲学怎样教／高浩容，任军安著．
— 上海：华东师范大学出版社，2025. — ISBN 978-7-5760-6117-8

I. G61-02

中国国家版本馆 CIP 数据核字第 2025FA4654 号

大夏书系｜教育艺术

让孩子爱上思考——儿童哲学怎样教

著　者	高浩容　任军安
责任编辑	程晓云
责任校对	杨　坤
封面设计	奇文云海 · 设计顾问

出版发行	华东师范大学出版社
社　址	上海市中山北路 3663 号　邮编 200062
网　址	www.ecnupress.com.cn
电　话	021-60821666　行政传真 021-62572105
客服电话	021-62865537
邮购电话	021-62869887
地　址	上海市中山北路 3663 号华东师范大学校内先锋路口
网　店	http://hdsdcbs.tmall.com/

印刷者	北京密兴印刷有限公司
开　本	700×1000　16 开
印　张	17.5
字　数	243 千字
版　次	2025 年 7 月第一版
印　次	2025 年 7 月第一次
印　数	4 100
书　号	ISBN 978-7-5760-6117-8
定　价	69.80 元

出版人　王　焰

（如发现本版图书有印订质量问题，请寄回本社市场部调换或电话 021-62865537 联系）

前言

哲学教育，教给孩子幸福之道

世界变化的速度远比成人想象中更快，我们不可能永远保护我们的孩子，但我们可以通过儿童哲学的启蒙教育，提前为孩子未来的幸福人生打下基础。要知道，世界上最划算的买卖，就是给孩子良好的教育。

对于孩子的人格发展和心智培育，仅通过学科教育是不足的。欧美国家在学科教育之外，特别重视以哲学为基础的生命教育。生命教育和学科教育非但没有冲突，反而是相辅相成的好伙伴。

试想一下，当孩子们考试前压力很大时，如果他们知道如何通过自己的努力减压；或者当孩子们在学校和同学闹矛盾时，能懂得平等、友爱的道理，化解同学之间的矛盾；又或者在埋首苦读之前，孩子们能早早认识自己，立定志向，清楚如何为自己的梦想努力，他们就不会茫然、懈怠。

哲学原本就是一个注重素质养成的体系。早在古希腊时期，哲学家柏拉图就试图建构一个理想国，以培养国家未来的领导者。这种精神被后人传承，亚里士多德及后来的哲学家们无不努力通过言传身教，将智慧之学带给世人。

柏拉图和亚里士多德两位哲人都认为，人活着最重要的一件事，就是弄清楚"如何获得幸福"。这是生命教育的根本，也是能让孩子受用一生的礼物。

可能到了一定年纪，我们会忘记怎么算微积分，忘记怎么做化学实验，忘记某些英文单词，但这些都不影响我们过日子，因为对每个人而言，最重要的是"不要忘记怎么活"。

同样，中国的古圣先贤也致力于将体察到的人生智慧竭尽全力向普罗大众分享，希望通过教育让更多人得到启发，进而改变社会。孔子谈仁爱、孟子谈义、老子谈顺应自然，他们都在试图提出一个幸福生活的可能。

我们能给孩子的，除了物质，还应有心灵的养分。帮助孩子们学会获取个人幸福，至关重要。

这一点，我们可以以哲学为师。诚如约翰·杜威所认为的，每一位哲学家都是教育家；每一位教育家都是哲学家。换言之，给孩子哲学教育，不只是让孩子获得幸福之道，也是在帮助家长快速成为一位帮助孩子成长的教育家。

认识哲学最好的途径，就是从哲学问题开始。因为哲学就是哲学家思考万事万物的历程，它包括四大哲学问题：世界如何诞生？死后要去哪里？绝对真理是什么？什么是幸福？这四个问题对应形而上学、知识论和伦理学三个基础哲学领域。

因此，本书将提出对孩子特别有意义的问题，给予哲学方面的指导，并通过符合教育心理学的教学方法的指引，让大人和孩子用最简单自然的方式，认识生命，走出自己的人生之路。

我们希望启发孩子们的智慧，培养他们探求世界的能力，帮助他们活出自己的精彩。在这个过程中，方法很重要，但更重要的是教育工作者的爱、热诚和持续学习的决心。

哲学的好，需要有人懂得传递

哲学的益处和教育价值固然值得大书特书，但比起一味强调哲学有多好，我们更需要教师将哲学切实地传递给学生。否则，学生们很难理解这些好处如何与他们的生活产生联系，如何具体地影响他们的学习体验。

有些教师可能听说过儿童哲学，也知道儿童哲学对学生有益，但却不清楚儿童哲学的教材与教法，更不用说将儿童哲学带给孩子们了。

还有些教师带有疑虑：面对当前社会现实，他们不确定哲学是否具备实用性。尤其是在中考和高考的压力下，教师难免会担心儿童哲学课程会与传统学科教育产生冲突，从而影响孩子们的考试准备。

我们希望良好的教育理念不会因为实践上的困难或哲学给人的距离感而被排除在课堂之外。为了让哲学更好地融入教学，我们秉持四个教育理念，并在多年的实践中以如下四个原则设计课程，帮助孩子成长和改变。

第一，注重可操作性。

本书基于多年的哲学教育实践经验而写，不仅讲授儿童哲学的教育理念，也讲授教案设计和具体的教学方法。我们整理了新手教师常遇见的问题，手把手地指导有志从事哲学教育的教师或家长，让儿童哲学提升教师的教学能力和课程效益。

第二，基于本土文化。

虽然北美、欧洲等地的儿童哲学研究非常出色，但它们可能与中国孩子的成长环境有些距离。中国有着丰富的哲学传统，如儒、道、法等思想流派。我们会把这些思想融入课程，与西方哲学教育方法相结合，以此贴近孩子的生活，让他们有机会掌握更多中国哲学的精髓。

第三，连接孩子的真实生活。

"人从哪里来？"这样的哲学问题对大多数孩子来说都是可讨论的。我们可以利用孩子们日常接触的影片、书籍、新闻等媒体内容，结合他们的生活场景，作为教学活动中的"刺激物"或"促进物"，避免课程流于空谈，真正触及孩子的心灵。

第四，坚持向所有孩子开放。

柏拉图在《理想国》中提出，教育应因材施教。然而，在现代教育中，培养有批判思维的人比强调特殊能力更重要。我们的教学设计强调以学生为中心，尽量减少环境和学生素质对教学的干扰。

真正的教育依赖的是有思想和热忱的教师，而不是物质设施。有好的录播教室，我们能上课；在普通教室，我们也能上课。

同样，教师应根据学生的素质因材施教，而不是要求学生适应教学。哲学教育不应成为精英教育的代名词。我们的教学经验表明，哲学教育可以普及到一般学生，而不只是选择性地教给所谓学习能力强的优生，排除所谓的"差生"。

上述原则并不是说哲学教育不能应用于少数精英，而是强调我们在教育工作中关注的对象是所有学生，而不仅仅是精英。

本书的使用限制

没有一本书是万能的。考虑到篇幅和作者的知识背景，本书有以下局限，供大家阅读和实践时参考：

第一，本书主要关注教学实践，对哲学理论和教师合作（如工作坊的运作等）涉及较少。

关于儿童哲学理论，国内已有许多相关书籍，我就不再重复了。至于教师合作方面，我认为应该另写一本专门的书。这样可以避免顾此失彼，内容不够全面。

第二，每个学哲学的老师都有自己主要的专业背景，研究不同的哲学领域或思想家。他们会用不同的观点作为儿童哲学理论的核心，对现有的儿童哲学理论和方法进行修改。

我从读博士到现在一直研究存在心理治疗，这是结合存在哲学和心理学的跨学科研究。所以，我的儿童哲学观点和方法中也包含了我的个人看法。

存在心理治疗对人有四点基本理解，这也是我教学的基本原则：

1. 人一直处在焦虑中，比如生老病死等让人担忧的事情贯穿我们的一生。

2. 焦虑并不全是坏事，实现自我的过程必然会引起焦虑。实现自我的过程就是全面认识自己并成就自己的过程。

3. 人是不完美的。

4. 人要处理好与三个方面的关系：自然环境、人际世界和内心世界。

这四点对教师也适用，它们有助于我们理解学生，站在学生的角度思考。基于上述四点，我的教学理念有四个基本前提：

1. 帮助学生认识焦虑，作好面对焦虑的准备。

2. 帮助学生认识自己，发挥潜能，全面发展。

3. 帮助学生接纳自己。

4. 除了帮助学生学会处理与自己的关系，还要帮助他们学会处理好与自然环境和他人的关系。这样才能过得幸福。

第三，作为一本强调教学方法的书，本书内容主要基于我的教学经验，主要适用于幼儿园大班到初中三年级的学生。

按照学生的年龄设计课程是重要的，比如面对年纪较小的学生，要考虑他们的理解能力和课堂纪律。初中生则受到升学考试的影响，初二以上的学生需要把更多精力用于备考，在课程时数上就要进行相应调整。

我的经验可能有局限性，但相比那些只作文本分析、历史研究或仅以旁观者身份写的书，在教学方面会更有深度。因为这是我为上千名学生教授总共上万小时的哲学课积累的心得。

这些经验可能和你的不尽相同，所以请批判性地看待我写的内容。这也符合儿童哲学的理念：我们教孩子批判性思考，我们自己也要这样做。

如果有不同意的地方，欢迎提出你的想法。如果你能指出其中的不足，提出更好的观点，并在教学中实践，那将是教育的幸事，也是学生的福气。我也会为此感到高兴，因为这表明我的努力激发了更好的想法。

读者可以根据自己的知识背景，吸收各种儿童哲学知识后，建立自己的教学体系。从现代教育的角度看，教师会越来越有个性，不再只是固定知识的传递者，这是教育进步的动力。

小 结

我希望这本书能够帮助大家了解儿童哲学，为孩子全面发展贡献一份力量。最后，我注意到一些儿童哲学的书籍使用了太多专业术语。考虑到许多教师并非哲学专业出身，我在写作时尽量使用简单易懂的语言。这本书主要面向刚接触儿童哲学的读者。当然，无论是已经在教授儿童哲学的老师，还是想了解这个领域的学生，或者想把儿童哲学引入家庭教育的父母，都可以从中获益。

目录

● 起点　儿童哲学教学十原则　　　　　　　　　　　　/ 001

上辑／认识儿童哲学：儿童哲学的理论与精神

本辑导读　　　　　　　　　　　　　　　　　　　/ 003

第一章　建立一个探究团体　　　　　　　　　　　　/ 005

　　什么是探究　　　　　　　　　　　　　　　　　/ 005

　　探究的目的是寻求真理和意义，而意义比真理重要 / 006

　　探究团体的教师素养　　　　　　　　　　　　　/ 009

　　小　结　　　　　　　　　　　　　　　　　　　/ 014

第二章　掌握教育里的哲学思维　　　　　　　　　　/ 016

　　儿童观念的哲学转变　　　　　　　　　　　　　/ 016

　　先有"人"，才有教育及师生关系　　　　　　　/ 022

　　小　结　　　　　　　　　　　　　　　　　　　/ 025

第三章　哲学思维对整体思维能力的影响　　　　　　/ 026

　　法国高中为什么要教哲学　　　　　　　　　　　/ 026

　　哲学思维的内涵　　　　　　　　　　　　　　　/ 030

　　反思哲学思维的三种模式　　　　　　　　　　　/ 034

　　小　结　　　　　　　　　　　　　　　　　　　/ 036

第四章　哲学教育既源于生活，又要回归生活　　　/ 038

　　还原真实的哲人　　　/ 038

　　培养哲学化的人　　　/ 039

　　让教师成为桥梁　　　/ 042

　　小　结　　　/ 044

　　附　知识池：12 本值得参考的儿童哲学著作　　　/ 045

下辑／玩转儿童哲学：教师必备的教学法

本辑导读　　　/ 055

第五章　融合苏格拉底对话教学法的 PBL 教学法　　　/ 057

　　哲学思维就在"对话"中　　　/ 057

　　苏格拉底对话教学法　　　/ 063

　　PBL 教学法　　　/ 071

　　小　结　　　/ 073

第六章　学会提问：点燃探究的火种　　　/ 074

　　先教孩子问问题　　　/ 075

　　提问的策略　　　/ 083

　　小　结　　　/ 183

第七章　课程结构：从"生命史"的角度思考　　　　　　/ 185

　　让课程像一颗"橄榄球"　　　　　　　　　　　　/ 185

　　课程设计：先做加法，再做减法　　　　　　　　　/ 187

　　教案撰写：凤头、猪肚、豹尾　　　　　　　　　　/ 190

　　教学现场与历程说明　　　　　　　　　　　　　　/ 206

　　课堂管理要点　　　　　　　　　　　　　　　　　/ 209

　　教学评量：评估课程成效与改进　　　　　　　　　/ 214

　　儿童 PAL 哲思素养评量与说明　　　　　　　　　　/ 224

　　小　结　　　　　　　　　　　　　　　　　　　　/ 240

● 回声　儿童哲学教学十原则　　　　　　　　　　　　/ 243

　　附件一　教案（范例）　　　　　　　　　　　　　/ 245

　　附件二　有奖征答（范例）　　　　　　　　　　　/ 256

　　附件三　课程主题意向调查表　　　　　　　　　　/ 257

　　附件四　学习意愿与成效调查表　　　　　　　　　/ 258

　　附件五　课程记录表　　　　　　　　　　　　　　/ 260

　　附件六　我的儿童哲学教学原则　　　　　　　　　/ 261

后记　不是因为有哲学才有问题，而是因为有问题才有哲学　　/ 263

起点　儿童哲学教学十原则

1. 最大包容。

2. 无条件给予。

3. 展现自我。

4. 同心协力。

5. 全身心参与。

6. 遵守公民责任。

7. 去物化。

8. 终身学习。

9. 不忘生活。

10. 无知之知。

当我们了解了儿童哲学的教学原理和方法后，本书的最后部分会回顾这十个原则。现在，请你思考以下几个问题。带着你的想法，在读完本书后，和我一起反思这十个原则的意义。

问题一：当看到这十个原则时，有什么想法？

问题二：你目前的教学有哪些原则？

问题三：你为什么选择从事教学工作？

问题四：在生活中，你认为有哪些事情比教学工作更重要？

问题五：如果不做教师，你会从事什么工作？

问题六：在你的人生中，哪位老师对你影响最大？为什么？

认识儿童哲学:
儿童哲学的理论与精神

本辑导读

如果我们期待教师在课堂中带领学生进行哲学对话，教师必须有机会亲自参与哲学对话，并有机会接触"如何在哲学方法中促进讨论"的模式。如果我们期望教师引导学生探究问题的行动，教师必须有机会接受这部分的教育学者们，由他们给予指导。如果我们期待教师教导儿童如何推理，教师必须被允许和他们的学生一样，有机会练习推理能力。简言之，如果我们期望教师能够引发学生实践哲学探究的方法，我们就应该在给教师的训练中，鼓励教师自己也这么做。[①]

儿童哲学教育家马修·李普曼（Matthew Lipman）的这段话告诉教育工作者，如果我们希望孩子通过儿童哲学学到东西，那么教师在培训过程中也应该用同样的方式学习。

例如，我们强调讨论对孩子的重要性，那么在教师培训中也应提供讨论的机会。

如果我们鼓励孩子在课堂上展示他们的奇思妙想，那么也应该在工作坊中允许教师自由地表达他们的想法。

如果我们希望孩子通过儿童哲学培养批判性思维，那么也应给教师空间，让他们在日常生活中锻炼并展示批判能力，而不是仅仅作为执行命令的工具。

想培养有哲学思维的孩子，首先需要培养有哲学思维的教师。

那么，儿童哲学的重点是哲学吗？其实，和其他课程一样，儿童哲学的重点是"儿童"。更准确地说，是针对儿童的哲学教育。因此，了解儿童的

---

① M. Lipman, A. M. Sharp.& F.S. Oscanyan. *Philosophy in the Classroom*. Temple University Press, 1980: 47.

心理和需求，应该是设计课程时最先考虑的。

因此，不管是否具有哲学专业背景，只要你真心关心儿童，愿意学习儿童教育相关的知识和方法，就不必担心缺乏哲学背景。哲学又被称为"爱智之学"，因为"哲学"（philosophy）由"爱"（philia）和"智慧"（sophia）两个词组成。

只要你真心喜欢孩子，热爱教育，愿意花时间和精力学习哲学，提高自己的教学技能，就像一位热爱智慧并在生活中实践的哲人，那么其他的事情都会随着你的努力自然而然地实现。

在这部分内容中，我将介绍儿童哲学的基本知识。我不会故意使内容艰深，相反，我会尽量用简单的方式解释。因为无论你多大年纪，作为哲学初学者，都应该得到温和的对待。

虽然哲学有时显得深奥，但其实简单的内容也可以属于哲学。作为教育的一部分，我们应该循序渐进，先帮助孩子建立学习的兴趣和热情，再引导他们自主探索哲学的广阔天地。

为了达到这个目标，我们首先要问问自己："我为什么成为一名教师？""我为什么想学儿童哲学？"接着，为了更好地了解自己的动机和需求，我们需要组织一个关于儿童哲学的研究小组。

第一章　建立一个探究团体

◎ 问与思

《庄子》里有个故事：南海和北海的神，他们很喜欢中央之神浑沌，因为浑沌对他们很好。他们想报答浑沌，看浑沌没有人的五官，便给他凿上五官。等他们凿完，浑沌就死了。

请问浑沌是怎么死的？

诚如李普曼所言，儿童哲学的教学模式是以"探究团体"（community of inquiry）的形式进行的。

所以，开展一门儿童哲学课，教师的首要任务就是组织一个探究团体。这个团体包括两方面：一个是把学生组织成探究团体，教师也作为班级探究团体的一员；另一个是教师和教师之间同样以探究团体的方式讨论课程内容、设计课程和进行课后的检讨与修正。

什么是探究

所谓"探究"，就是"我们内心有了疑问，然后开始找答案的行动"。当学生对老师说"老师！我有问题"，然后决定开始找答案，这就是探究的开始，这个历程每天都在我们的生活中发生。

想象一下，眼前有一个好奇的孩子，他的内心有很多疑问，为了解开这些疑问，他感到惶惶不安。

比如教师说"做人要诚实"，但这个孩子发现教师没有信守承诺，却并未受到任何惩罚。又如，家长要孩子保持卫生，但当家中的老人囤积垃圾时，家长却不予理会。

诸如此类的事件会让孩子原本坚信的"我要诚实""我要保持卫生"的信念产生动摇，这种动摇就是一种怀疑的感受。

这时，孩子会试着去处理他的怀疑，对固有认知产生反思，他可能会思考："诚实是不是有例外情况？""保持卫生是人人都要遵守的吗？"

这种对原本认知的动摇，会让孩子感到不安。可以说，怀疑总会带来不安。但唯有通过怀疑，才可能找到我们要的答案。

换句话说，当孩子对一件事情产生疑问时，这表示他因为某些原因，正在试图修正自己原本的看法。这时候，如果我们直接给孩子答案，那就剥夺了孩子探究的机会。

在儿童哲学的课堂中，我们鼓励孩子探究，并教导他们如何探究，使他们以怀疑为起点，通过哲学思维方法，形成对一件事情更加完善的认知，并将这种认知应用到生活中。这就是一个从怀疑到建立稳定信念的探究历程。

探究的目的是寻求真理和意义，而意义比真理重要

对于探究，有一点是我们引导孩子时要记在心头的：探究的目的不是找到客观答案，也不是追求所谓的绝对真理。

"真理"一词经常与哲学联系在一起，这导致一些人认为哲学的目的就是寻求真理。这里牵涉到哲学的历史发展。确实，在哲学的早期阶段，哲学家致力于寻求绝对的客观真理。比如在讨论"善"的问题时，哲学家会思考："世界上是否存在绝对完美的善？"

随着哲学的发展，某些哲学家开始反思。他们发现，客观真理可能只是一种理性能够认知的假说，而在现实中难以找到对应的事物。因此，有些哲学家开始强调主观真理的价值。

以"盲人摸象"的故事为例。一群盲人在摸大象，旁边的人问盲人们："大象长什么样啊？"

摸到象鼻子的盲人说："大象像一条绳子。"

摸到象牙的盲人说："大象像一支号角。"

摸到象腿的盲人说："大象像一根柱子。"

旁边的人听了盲人们的回答笑了，他笑是因为他看见了大象的全貌，知道大象不仅仅像绳子、号角或柱子。

但在现实生活中，我们真的可以像故事里的旁观者一样，站在一个非常清晰的角度理解一个概念吗？

我们会发现，要站在绝对客观的立场上是很困难的。比如，当谈到"爱"时，我们可能经历过父母对我们的爱，我们对恋人的爱、对宠物的爱、对偶像的爱等，但有谁能经历过所有人的爱呢？

即使我们经历过父母的爱，每个父母对孩子的爱的表达也不尽相同。我们能仅凭自己和父母之间关于爱的经历，就说我们完全理解父母对子女的爱吗？

因此，从主观真理的角度来看，我们对事物的认知总是从我们"主观的"认知出发，再进行"客观的"推理的。

如果我们只停留在主观认知的立场上，好像所有事物都没有了确定性。然而，有些认知尽管是从主观出发的，但能够与多数人达成共同的认识。不然高考也就无法进行了，因为没有统一的评分标准。

所以，哲学发展到今天，从"客观的"哲学发展到"主观的"哲学，再从"主观的"哲学发展到了"关系的"哲学。

所谓"关系的"哲学，就是我们对万事万物的理解，不是站在一个客观的观察角度，也不是纯粹主观的个人想象，而是在主观与客观的关系之间寻找平衡。

所以，李普曼说，探究的目的有两种："一种是狭隘的，就是只追求真理；另一种是广泛的，就是追求真理背后的意义。"

比如，我们可以寻求对"爱"的普遍认识，但"爱"对于我们的意义，那是属于我们自身的，也是真正与我们切身相关的。

因此，在儿童哲学课堂中，我们不仅要探讨那些大的概念，如"爱是什么"，更重要的是帮助孩子在理解这些大概念后，进一步了解这些概念对他们个人的意义。

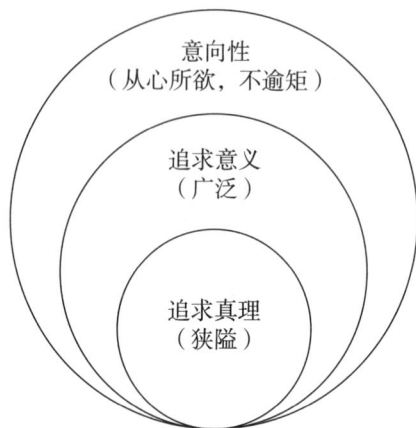

图 1.1　探究的目的：核心到外延

　　比如，有的孩子原本认为："父母爱我，就是要满足我的一切愿望。"但在上完哲学课之后，他可能意识到爱有很多内涵，有时候爱的表现不是满足对方，而是为对方的长远利益着想。就像当我们感冒时，想吃雪糕，而父母为了我们的健康，不让我们吃。虽然他们没有满足我们的欲望，但这并不代表他们不爱我们。

　　当孩子认识到这一点时，再回头看父母一些没有满足他、让他不高兴的举动，可能就不会那么生气了，因为他对"爱"的理解加深了，开始在具体的生活情境中理解这些概念。

　　那么，帮助学生获得客观知识，并让他们明晰个人意义，这就是儿童哲学的终点吗？

　　可能并非如此。

　　有一部电影叫《阿甘正传》，主角阿甘是一个想法简单且纯粹的人。当他心爱的人离开他时，他感到难过与不解。待在家里几天后，他突然想跑步，于是就开始跑。起初他只跑了几公里，觉得意犹未尽，就继续跑下去，最后跑出小镇、县城，甚至跨越了整个美国。一路上有越来越多的人追随阿甘，每个人对阿甘的行动都有自己的想象。

　　有些人认为阿甘是为了世界和平而跑，有些人认为阿甘在进行灵魂的修炼，有些人认为阿甘在实践某种理念……

但阿甘只是为自己而跑，为跑步本身而跑。直到有一天，他觉得跑够了，就停下来，回到自己的家。

旁边有人问阿甘："我们该去哪里？"

这句话就像在问："老师，我该怎样才能活得有意义？"

有意义的人生固然重要，它为我们提供了方向感。但如果我们过于执着于"生活一定要有意义"，可能会陷入另一种焦虑，这种焦虑是一种"无意义的焦虑"。

儿童哲学能够帮助孩子们找到个人意义，让他们对各种知识产生自己的见解，在人生中看到自己的选择，这是非常有价值的。

然而，作为教师，我们也要作好心理准备。有一天，我们的生活意义可能会发生转变，甚至消失，这都是正常的现象。

就像有些人以为考上北大、清华就是他的人生意义，但后来可能会发现做喜欢的工作更有意义；而当他做了喜欢的工作后，可能又会发现与志同道合的人在一起比个人的成功更有意义……

作为哲学教师，我们帮助学生寻找意义，但切记不要过分强调意义对人的重要性。我们也要帮助学生了解，人生没有万灵丹，不像游戏中打败"王"就能通关。人生充满了琐碎的坎坷和挫折，也充满了琐碎的甜蜜和"小确幸"。

探究团体的教师素养

一位合格的儿童哲学教师应该具有哪些能力呢？按照李普曼的观点，应该具备以下几项：

1. 能在课堂中组织探究团体。

2. 以培养儿童的推理能力为目标，在课堂上带领他们对话。

3. 能捕捉到儿童对话中的哲学思维，并鼓励他们与同伴共同探讨这些领域。

4. 在人文、科学、社会科学以及创意和表演艺术等领域，具备足够的知识基础，以便将这些知识应用于学生的探究中。

5. 能在课堂上为儿童示范何为反思性探究。

6. 能掌握促进儿童推理能力所必需的逻辑知识。

7. 能理解哲学史及其与儿童探究之间的关联。

8. 能理解儿童的思维、情感、他们彼此间以及与成人之间的互动方式。

9. 展示出对教育过程的深刻理解——不仅是它的发展历程和理论基础，更包括它在富有思考力与理性的儿童品质方面所蕴藏的巨大潜能。[①]

在本书的后续部分，我们将逐步介绍如何掌握儿童哲学的教学技术和技巧，这些都可以通过持续学习来实现。然而，拥有这些能力的教师，为什么不采用传统授课方式，而要选择探究团体的方式进行呢？

这就涉及课堂的形式问题。受柏拉图《理想国》的启发，现代课堂中的教学形式大体可以归纳为三种：寡头制、贵族制和民主制。每种课堂形式都有其优缺点。

寡头制：在寡头制课堂中，教师作为知识的主要传授者，拥有绝对的权威和控制权，学生则主要是被动接受知识。这种形式的优点在于教师能够系统地传授知识，确保教学进度和内容的规范性。它的缺点是容易限制学生的主动性和创造性，缺乏自主探究和批判性思维的培养。

贵族制：贵族制课堂形式更注重精英教育，教师和部分学生在课堂中占据主导地位，其他学生则相对处于边缘。这种形式的优点在于能够为表现优秀的学生提供更多的资源和机会，激发他们的潜力。然而，这种形式也可能导致学生之间的不平等，加剧学术上的阶层分化，使部分学生感到被忽视。

民主制：在民主制课堂中，教师和学生之间的关系更加平等，教师更像是引导者，而不是单纯的知识传授者。学生在这种课堂中有更多的发言机会和参与机会，能够主动参与讨论和探究。这种形式的优点在于能够激发学

[①] M. Lipman, A. M. Sharp.& F.S. Oscanyan. *Philosophy in the Classroom.* Temple University Press, 1980: 214–215.

生的自主性和创造性，培养他们的批判性思维和合作能力。这种形式的缺点是，如果缺乏有效的引导，课堂可能会变得混乱，教学效果难以保障。

选择探究团体的方式，实际上是希望将民主制课堂的优点最大化。这种方式强调师生之间的互动和合作，鼓励学生主动提出问题、探讨问题并寻求答案。教师在其中不仅仅是知识的传授者，更是引导学生进行深度思考和自主学习的指导者。

通过这种方式，学生不仅能掌握知识，还能发展批判性思维、解决问题的能力以及合作精神。这种教育方法更符合现代社会对综合素质人才的需求，也更能激发学生的内在学习动力。

因此，探究团体的课堂形式在儿童哲学教育中具有特别的意义，它不仅传递知识，更致力于将学生培养成有思考力、有责任感的未来公民。

表 1.1　课堂教学的三种形式

寡头制	贵族制	民主制
单一带领者	单一带领者	无明确带领者
双阶层	三阶层	平层
上行下遵	上行下效	意见纷呈
有权难责	权责分明	责任归属不清
效率高	效率最低	效率最低

探究团体的目标是实现民主制的课堂，但在初期阶段，可能不得不采取寡头制。因为刚开始时，参与者并不熟悉如何进行讨论，此时教师必须承担更多的引导甚至是命令的职责。

随着时间的推移，当学生逐渐熟悉讨论的方式和方法后，可以逐步转向贵族制，让学习进展较快的学生带领其他学生。最终目标是实现民主制的课堂，在这种课堂中，每个学生都有平等的发言权和参与机会。

如果一开始就采用民主制，可能会导致课堂的混乱，因为参与者并不清楚他们需要做什么。因此，逐步引导学生从被动接受知识到主动参与讨论是一个必要的过程。

此外，探究团体的运作不仅随着参与者的成长经历三个阶段的发展，在成员的合作与学习上，也大体有两种状态。

表 1.2　探究团队对成员合作与学习的期待在不同发展阶段的变化

前期（传统）	后期（现代）
学习重于合作	合作重于学习
强调和谐	容许冲突
以结果为导向	以过程为导向
结构性	非结构性
操作性	反思性

无论是教师的工作坊，还是一般的儿童哲学课堂，探究团体的教学模式都需要从传统课堂的单向互动模式逐步发展到师生互为主体、生生循环交流的现代模式。传统课堂缺乏合作，并且压抑参与者的个性，过于强调结构，缺乏弹性。参与者多是配合教师的课程目的，总是被检视、被打分的一方。

现代课堂，尤其是探究团体，强调"合作"，更注重过程中所有人的互动，鼓励参与者展现个性，并通过探究团体让每位教师发展出自己的特色课程。课程的结构变化多样，参与者可以灵活调整。教师和学生之间的关系较为平等，并强调通过探究获得自我反思，以个人收获为主要追求目标。

对于参与探究团体的每位教师，我们认为，比技术和技巧更重要的是教师的心态。心态正了，技术才可能成为教学的助力。

李普曼认为，儿童哲学教师应该遵循四个原则，而这四个原则可以说也是为人处世的原则：

1.愿意投入哲学探究。

不管你是教授哪一门学科的教师，面对什么年纪的学生，以身作则永远是最有效的教学策略。带领探究团体时，只要教师自己在学生面前呈现出充满好奇心、愿意寻找问题答案的态度，并真诚地与他人讨论，孩子们就会记住并模仿教师的样子。他们会发自内心地相信教师，愿意投身于课程活动，从而体会到哲学思辨的学习乐趣。

2. 避免灌输。

探究团体的带领者，在带领学生寻求答案的过程中，要扮演"反灌输"的角色。灌输会扼杀学生批判思考的能力和打破陈规的勇气，使学生养成依赖教师提供"标准答案"的不良习惯。当这种情况发生时，探究团体就难以继续运作下去。需要注意的是，反灌输并不意味着没有立场，而是要让每个人的立场都能得到基本的尊重。

教师只要保护好这个讨论空间，确保每个人都能受到平等对待，探究团体的讨论就能顺利进行。放下"让孩子服从我"的想法，儿童的哲学天赋才能在教室中自由生长。

3. 尊重儿童的意见。

儿童哲学课是师生共同进行真诚开放探究的过程。理想状态下，教师要做的不多，只需在一旁守护和"跟随"学生的讨论，保持讨论的逻辑性与关联性，让所有学生通过哲学探究，最终形成对问题更完整的认识。

我经常对学生强调："我们都是一起寻找答案的伙伴，A 说出一个观点，我们所有人都因此增加了一个观点。B 说出了一个答案，我们所有人都增加了一分对问题的认识。这里没有竞争，只有共同成长。"

尊重学生的意见，是因为教师不能预知所有答案，也不是万能的。我经常会被孩子独特的想法和视角震惊，这是担任教师的乐趣之一。尊重学生，鼓励他们表达自己，对提升教师的教学热情大有帮助。

4. 引发儿童的信任。

李普曼十分强调教师要关心学生，尤其要留意师生之间的非语言传达。从近代哲学发展的角度来看，心理学可以视为哲学的一个分支，心理学的研究成果作为教育的资源，需要儿童哲学教师纳入教学的重要考量。

再精妙的哲学内容，也要根据孩子的认知发展进行调整，才能将教育成效最大化。师生交流的核心莫过于人与人之间的基本信任感。在我的经验中，第一次接触哲学课的学生，通常需要一到两次课甚至更长的时间来与教师彼此试探。

学生们会带着他们过去的教育经验进入课堂。当哲学教师鼓励他们表达自己时，他们会先观望，而不是立即信任，因为他们可能有过轻信后被否定的经验。教师需要有耐心，给学生表达自己的机会，并避免像法官一样评判他们的表达。几次互动后，学生们看到他们的发言得到了尊重，不同的想法都能被接纳和讨论，才会逐渐敞开自己。

关于信任，我的体会是信任特别讲求一贯性。每一次打破信任，要重建它就需要更多的"成本"。

掌握以上四个原则，教师才能在课堂中与学生平等且互相尊重地进行探究，从而擦出哲学的火花。

当我们挑选教师时，也可以参考这四个原则，选出真正有教育热忱、愿意与学生交心、尊重学生个体发展的教师。

此外，如果教师因为工作倦怠或其他原因，在这些原则的实践上出现困难，也不应简单地归咎于教师。这时，教师同样需要得到充分的理解，并可能需要心理咨询或其他相应的支持和帮助。

不要忘了，教师也是人。

小 结

回到本章开头的故事。浑沌之死是否源于南海和北海的神认为每个神都该有五官，却没有认识到浑沌也许本身根本不需要五官？他们用自以为是的"好"，强加在浑沌身上，导致了浑沌的死亡。

从哲学的角度看，南海和北海的神并没有与浑沌真正成为朋友，因为他们没有接纳浑沌的本性，反而试图将自己的观点强加在浑沌身上。这种行为与传统课堂中灌输式的教育方式非常相似。在这种课堂中，教师单向地传递知识，强调标准答案，而没有真正尊重学生的个体差异和自主性。

在儿童哲学的课堂上，首先需要教师组织探究团体。探究团体是一群愿意发现问题、寻找答案，并乐此不疲的人。这种形式要求教师放弃传统的单向灌输式教学方式，鼓励互动和探讨，创造一个没有标准答案的学习环境。

探究团体的运作流程如图 1.2 所示，教师们共同坐在一起，首先建立起

"你我互相帮助"的情感纽带。接着，通过一连串的讨论，完成选题、工作分配、议题推演、教案编修、试教与课后反馈等过程，最终完成供所有教师使用的课堂教案。在这个过程中，所有教师都积累了哲学素养，活化了教育思维，培育了丰富的授课技巧。

确认规则	第三次讨论（议题推演）	教案编修（第二次）	教案（最终版）
提出选题	教案编修（第一次）	试教（分段课程）	第六次讨论（课后检讨）
第一次讨论（头脑风暴）	第二次讨论（确认资料）	第四次讨论（成效检讨）	正式授课
确认选题	资料分享	教案编修（第三次）	教案编修（第四次）
工作分配	资料搜集（本质与现象）	再次试教（完整课程）	第五次讨论（成效检讨）

图 1.2 探究团体的运作流程图

乍看之下，儿童哲学探究团体对教师和学生都是一个挑战。但随着班级成员习惯探究团体的运作，学习便会自发地展开。对于教师而言，他们可以更轻松地扮演"跟随者"的角色，与学生一起探究问题。

相比之下，传统教学将教学的重担全部压在教师肩上，让教师承受了太多压力和责任。如果探究团体能够顺利搭建，不仅能减轻教师的负担，还能取得更好的教学效果。

第二章　掌握教育里的哲学思维

◎ 问与思

1. 当你看到图 A 时，你认为它像什么呢？

2. 看完图 A，接下来看图 B 时，你认为它像什么呢？

3. 看完图 B，接着看图 C 时，你认为它像什么呢？

4. 比较图 A、B、C，它们有什么相同的地方，又有什么不同的地方？

5. 现在看看图 D，图 D 与图 A、B、C 有什么相同的地方，又有什么不同的地方？

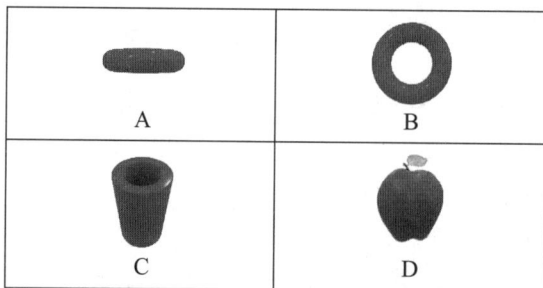

图 2.1　变换不同角度的思想练习

儿童观念的哲学转变

表 2.1　哲学教育发展的前后差异

过去的哲学教育	现在的哲学教育
强调知性	生活化
普遍性探讨	强调主观诠释
演绎多于归纳	演绎与归纳并重
着重培养思维能力	看重人生的整体实现

哲学家很早就注意到了儿童的特殊性，但如果我们说哲学家一直是儿童的好朋友，并对儿童给予极为特殊的关注，这可能有夸大其词的嫌疑。不过，随着哲学史的发展，我们可以看到哲学视角下儿童观念的转变，这种转变最终影响了儿童哲学。

哲学的发展经历了一个从强调"客观真理"的客观哲学到重视"主观真理"的主观哲学的过程，再到今天的"关系"哲学，这个过程体现了客观与主观之间的辩证关系。

以课堂为例，过去教师被视为提供客观真理的权威，学生则需要将教师所说的一切记下来。后来，随着对儿童个体发展的重视，出现了"学生中心"或"儿童中心"的观点，我们开始更多地鼓励学生发展自己的个性。多元智能理论的兴起更加促进了这一趋势，使帮助每个孩子发展自我成为主流思潮。

然而，任何教育思潮走向极端时，往往会引发反思和震荡。现在我们更强调教师和学生的共同对话，在类似"学习共同体"中教学相长。这一发展历程与哲学的发展紧密相关，也反映在儿童哲学的教育实践中。我们可以将其大致分为五个阶段，每个阶段都可以用一位具有代表性的哲学家或教育家来说明。

这并不是说过去的哲学思想已经过时，而是通过梳理教育哲学的发展脉络，帮助我们重新认识哲学的发展。这样，我们才能把握儿童哲学的哲学特性。哲学思想可能会随时间改变，但哲学家总是参与与当时主流价值的对话、冲突与发展。

教育是百年大计，其发展历程是以一甲子、一世纪甚至几代人的时间来衡量的。回顾过去的一些教育观念，可能会觉得有些不合时宜，甚至可笑，但那是因为我们站在今天的角度看过去的。在当时的背景下，许多"传统"观念可能已经是进步的象征。

总体而言，哲学家对儿童的观点从古至今呈现出一种不断发展的趋势。我不喜欢用传统与现代来对比，更倾向于用"走出传统"来描述现代化的特征。毕竟，我们现在所谓的现代化观点，对未来的人来说，也可能被视为传统。我们需要不断地"走出传统"，才能让教育因时因地制宜，成为一股活水。

表 2.2 "传统"的人性论与"走出传统"的人性论的差异

"传统"的人性论	"走出传统"的人性论
群己分明	个体性
目的性	去目的性
成人中心	儿童中心
人民养成	公民养成
教条主义	自由
规训	教育
社会肯定	价值体现

哲学发展的这种趋势是"返回人性本真"的呼唤。无论是"学生中心"还是"儿童中心",都在提醒我们,如果教育使一个人丢失自我,那么它就是失败的。

成长并不是丢失自我,而是不断回归真正的自我,让真正的自己得到发展。这种自我发展并不是盲目的、随心所欲的,而是从苏格拉底所说的"认识自己"(know yourself)出发,通过教育让人对自己有充分的了解,从而能够为自己的人生进行明智的决断,懂得运用自己的意志,努力实现天赋,最终"成就自己"(to be yourself)。

接下来我们探讨这一趋势的变化。在阅读时,建议您回想自己的教育经历。

1. 古希腊阶段。

在这一时期,哲学家还没有将儿童视为独立于成人的研究对象。当时著名的教育场所有柏拉图创立的"学园"以及智者们的学校。哲学教育不同于智者的养成,哲学家追求的是真理,而不是在辩论中获胜。放到现代来看,智者的培养类似于培养辩论节目的选手,而哲学教育则培养真正致力于追求真理、爱智慧的人。

这种精神对儿童和成人都是一致的,苏格拉底认为人生最重要的目标是"认识自己",而不是功成名就。要认识自己,首先要承认自己的无知,即承认自己是一个不完美的存在。一个人能够承认自己不完美，就能放下"我必须把所有事情都做对"的执念，从而潜心学习，这便是苏格拉底所说的"无知之知"。

通过柏拉图笔下的苏格拉底，我们了解到教育是一个实现自我的过程。亚里士多德进一步阐释了这个实现过程，即从"潜能"出发的过程。"潜能"用现代的话说就是天赋。每个人都有自己的天赋，教育就是帮助孩子找出并实现自己的天赋。

实现的背后，还有一个作为人的重要价值，那就是追求精神幸福。亚里士多德认为，人活着是为了追求幸福，而幸福在于"过有德的生活"。这与现代教育的理念相近，我们帮助孩子发展自我，同时也教育他们成为有助于社会发展的公民。

2. 中世纪。

中世纪的哲学与神学共同构建了一座思想大厦，法国的巴黎大学就是这一时期的产物。当时的学生需要学习的除了哲学著作，还包括"七艺"：天文、算术、几何、音乐、语法、修辞、逻辑。

那时的教育尚未普及，学科没有分化，有机会读书的基本是贵族和僧侣。然而，对儿童的教育已经有了"为孩子的未来作准备"的思想。

米歇尔·德·蒙田（Michel de Montaigne）认为，教育应使一个人拥有自己的判断力，懂得趋利避害且不伤害他人。他反对用各种知识填满孩子们的脑袋，这些知识对他们的生活毫无帮助。

3. 启蒙运动。

如学者菲利普·阿利埃斯（Philippe Ariès）在《儿童的世纪》（*Centuries of Children*）中所述，中世纪乃至 18 世纪期间，社会对儿童的概念是模糊的，儿童被视为"缩小的成人"。儿童教育也并不普遍，多数儿童没有经历我们今天所谓的"童年"，他们被视为潜在的劳动力，是家庭经济的一部分。儿童的心理需求未得到足够的重视，尽管他们是脆弱的个体。

这一状况因卢梭的出现而改变。他的《爱弥尔》让康德感到震惊。卢梭将儿童视为独立的个体，强调成长的过程不应是一系列社会的加工，而应保护儿童的自然本性。教育应赋予人自由，而不是束缚。今天的儿童教育确实在实践卢梭的愿景，我们给予儿童更多的关注，尊重他们的想法，努力避免将他们培养成"缩小的成人"。因此，越来越多的教育家开始倾听儿童的声音，为儿童量身打造教育内容，而不是从成人的视角和需要出发。

4. 现代。

18世纪末19世纪初，社会形态发生了变化，中产阶级兴起，小家庭结构出现。受教育被视为公民的权利，并具有解放人的作用，是获取更多财富与自由的工具。

这时的教育哲学观强调儿童要通过实践活动认识自我价值，并通过实践活动验证自己的思想。教师更多地尊重学生的意见，给予他们民主的练习机会。

与过去的时代相比，教育进入了前所未有的繁荣阶段。

杜威等哲学家认为"教育即生活"，教育已成为每个人生命中不可或缺的一环。哲学家意识到通过教育可以实现他们的社会理想，这个理念可以追溯到古希腊，柏拉图和亚里士多德都有通过教育培养哲学王的理想。不同的是，古希腊想培育的是哲学王，而现代教育则希望每个孩子都能成为自己的主人。

5. 今日：全球化的时代。

今天，儿童哲学进入了一个丰富多彩的时代。为了更好地实现哲学"从认识自己到成就自己"的目标，发展出了许多不同的教育模式。

其中最著名的人物当属李普曼。他强调通过儿童哲学发展孩子的创造力（creativity）、批判思维（critical thinking）、关怀思维（caring thinking）和协同合作（collaboration）四项能力。

李普曼通过实证研究证明，儿童有能力和兴趣参与哲学讨论，哲学能力可以通过教学养成。只要成人愿意花时间，灵活运用已有的教材与教法，尊重儿童的创意和表达，就能实现这一目标。

李普曼的教育实践呈现出八大成效：

1. 对阅读理解和数学能力影响最大。[1]

2. 除八年级外，对描述形式推论都有促进作用。

3. 教师的态度会影响儿童学习，尤其对中下程度的儿童影响明显。

4. 学生对概念的流畅性反应提升，特别是原本阅读缓慢的学生。

5. 接触儿童哲学课程的时间长短与儿童的表现正相关。

6. 逻辑推理和知识创造互相促进。

7. 对儿童之间的人际互动有增强作用。

8. 提升儿童的心理成熟度。[2]

这些成效表明，儿童哲学与学科教育并非互斥关系。相反，儿童哲学对孩子认知和心理能力的提升有助于他们在学科教育中更有效地掌握学习方法，提升学习效率。

其他如法国哲学家奥斯卡·柏尼菲（Oscar Brenifier），他创立的法国应用哲学院（Institute of Philosophical Practices）重视儿童求知的天性，强调尽早培养哲学力，帮助儿童构建自己的哲学观，在问题中学会思考，获得真实的喜悦与自由。

还有其他许多儿童哲学实践者，比如我国台湾省的道禾实验教育学校、毛毛虫儿童哲学基金会、辅仁大学哲学系的儿童哲学营、由浙师大教师组成的"思考拉"儿童哲学研究中心等，都在努力将哲学这份礼物送给孩子，让哲学助力他们的人生。

我们期待在我国发展出更加本土化的儿童哲学体系，让扎根于中国文化的儿童哲学教育系统能够推向世界，与世界儿童哲学教育思想对话。这是我们努力的目标，也是本书希望能够带给读者的共同前进的方向。

---

[1] 接受过儿童哲学学习的孩子，他们的综合能力表现（ETS、CTBS）全面领先控制组，特别是在阅读能力上优于控制组 66%。

[2] 对接受过两年儿童哲学学习的孩子进行加州心理成熟测验（CTMM）前后测试，发现这些孩子的心理年龄比控制组高出 27 个月。

先有"人",才有教育及师生关系

亚里士多德在讨论逻辑时提出了三段论。三段论由大前提(普遍概念)、小前提(个别概念)和结论(个别和普遍概念相符)组成。最常用的例子是:

大前提:凡人皆会死。
小前提:苏格拉底是人。
结论:苏格拉底会死。

套用三段论,教师的本质便一目了然:

教师是人。
我是教师。
我是人。

在试着成为一位好教师之前,我们需要先做个好人。

在教室里,虽然有教师和学生的身份区别,有年长和童稚的差异,但回归到双方的本质,教师和学生都是人。因为彼此的共同属性,他们可以通过共通的语言进行教育活动,将知识传递给同样能够理解和善用这些知识的人。

进一步说,教师的工作就是帮助每个孩子成为好人,然后让他们可以成为各种他们想成为的社会角色。

因此,我们需要回归到人性层面进行探讨。因为教育是专属于人的活动,对话不仅是教育的方式,也是人类生活的一种方式。

在此,我要强调,在儿童哲学课堂上运用对话时,不仅要听见学生说什么,更重要的是要"听见学生整个人"。

学生和教师一样,都是人。人是有意识的存在,这意味着"我知道我是我"。例如，当一个学生不小心打翻了杯子时，他知道是自己做的。当教师问："谁打翻的？"他可能因为害怕而不敢回答。他知道自己在害怕，他可能感到内疚，于是向教师承认自己的错误，他知道这是因为他犯了错。

人同时也是社会性动物，能够通过他人认识自己，并且意识到实现幸福不能只靠自己，还会受到与他人的关系的影响。

因此，无论一个人在工作中多么成功，他仍可能因人际关系而受伤。无论一个运动员多么强大，生病时仍需要医生和护理师的照顾。没有人能够独自生产所有所需的物品，所以人们相互索取和给予。

人还有许多不同于动物的特质，使人类与其他动物有根本的区别。亚里士多德曾说："人是理性的动物。"有些人断章取义地理解这句话，认为人除了理性之外，与动物无异。其实，亚里士多德在《形而上学》《论灵魂》等著作中，谈到人类除了"理性"，还有许多不同于其他动物的特质。

教师需要认识到人性的共通点，才能发挥同理心，意识到自己和学生有着共同的特质。在教育过程中，教师也要帮助学生意识到这一点，从而在学生之间、学生与教师之间产生同理心。

探究团体不只是为了探究而存在，正如儿童哲学课堂中相遇的每个人，这是一种难得的缘分。我们可能不会记得某个教师教了什么课，但会记得这个人的特质，以及在他的课堂中获得的感受。

铭记人性的共同特质，可以帮助教师在筹划课程和教学现场时，以更宽容和全面的视角看待发生的一切。这也包括教师的自我反省。

比如有一次，一个学生在我的课堂上显得很沮丧，我问她发生了什么。她告诉我，之前的下课时间，班主任骂了她。我问她班主任说了什么，她说班主任让她去死。我想这位班主任可能一时忘记了眼前的学生也是人，和他一样有一颗肉做的心。假如他想到"如果今天我的孩子被教师这样说，作为父母的我会有什么感受"，我相信他会换一种表达方式。

人的共同特质包括：

1.自我意识：人能够意识到自己在做什么。师生都有各自的主观性和局限性。

2. 好奇心和探索精神：人们喜欢自由，也能为更崇高的目标牺牲自由。师生会因好奇而探索，也会对无聊的事物产生反感。

3. 历史性：人类会编写自己的和群体的历史，并在历史中找到认同感。知识是递进的，需要每个人共同建构。

4. 工具使用能力：人类会发明新工具，不学习可能会被时代淘汰，因为无法使用谋生工具。

5. 语言使用能力：探究团体中需要大量对话，而对话是人的本能，是人类发展的绝对前提。

6. 焦虑：无论年幼还是年长，所有人都会为某事焦虑。

7. 抗争精神：生活是与各种问题的抗争。哲学家田立克（Paul Tillich）称其为存有（Being）与非存有（Non-being）的抗争。

8. 当下意识：过去无法改变，未来尚未到来。大人可能会忘记，对于孩子来说，当前就是他们生活的全部。

9. 自由意志：人们想要活出自己，为自己发声。有时，冲突就发生在争取自由的过程中。

还有一点，人类是一个生命共同体。每个人都有普遍的人性，同时也承担着地球的命运。

联合国教科文组织提到，知识的半衰期从 18 世纪的 80~90 年，缩短到 19、20 世纪的 30 年，到 21 世纪仅有 3 年。

2013 年，牛津大学针对 702 种职业进行了分析，发现有 47% 的工作将在未来 20 年内消失。

所有人都面临共同的难题：人口老龄化、社会福利危机、气候变化、科技伦理等。这些问题无法靠一个学科解决，也难以从历史中找到答案。

这些问题，我上两代人不一定能解决，我这一代人也没有好的答案。下两代人呢？有些难题必须靠大家一起解决，而找出解决方案的伙伴，就是我们面前的学生，我们的下一代。

善待他人和善待自己，都是"善待人"的体现。只有坚持这一原则，在使用各种教学法，包括奖励或惩罚时，教师才不容易失去分寸。

小　结

只看图 2.1 中的 A 时，我们可能认为它是一条线。看到图 B 和图 C 后，我们发现如果换个角度，图 A 的线可能实际上是一个平面的圈。再换个角度看，我们又有新的发现，它可能是一个立体的柱状物。

最后，在图 D，我们看到一个苹果。你会如何形容这个苹果呢？是圆的？是红色的？这两种概念在前面的三张图中都有出现，但实际上，苹果并不是完美的圆形，所谓的红苹果，果皮上的红色也有各种层次和变化。

也许，当我们看到一条线时，我们首先要怀疑："那真的是一条线吗？"这正是儿童哲学发展的历程。儿童哲学的发展，实际上是儿童史的发展，也是整个哲学史的发展。很多看似习以为常的事物，其实可能并非如我们所想。

从怀疑到建立真知与信念，这是一个追寻自我、实践自由的历程。当我们面对孩子时，我们也在帮助他们一步步从已知走向未知，从习以为常的传统中学习怀疑的精神，走出传统，走出自己的路。

这是哲学发展的必然结果，也是人成长的必然过程。无论父母多么强大，都无法保护孩子一辈子。就像我父母学习使用智能手机，需要我来教他们。同样，等我们老了，也需要年轻人教给我们新的东西。

孩子们终将面对我们从未面对过的问题，他们需要提前作好某些准备，包括思维方法和心理建设。这正是儿童哲学可以提供的。前人开垦、后人享受的同时，也要为后世继续开拓美好未来。

每个人都是生命共同体，幸福从来不是纯粹个人的事。人的两面性——独立与合作协同从来不是矛盾，而是幸福的一体两面。

教师可以帮助学生从点看见线，从线看见面，再从面切换到立体的视角。同时，学生也会提供给教师新的视角。

事实上，儿童哲学探究团体的意义就像一个缩小版的哲学发展史。教师与学生的视角互相交换与碰撞，从而打破固有的认知，拓展自己的思维内容与方法。

第三章　哲学思维对整体思维能力的影响

◎ **问与思**

下面有三个问题，请你想一想，试着回答：

1. 捍卫权利是否等于捍卫利益？

2. 艺术品是否必须是美的？

3. 理性是否足以解释一切？

法国高中为什么要教哲学

谈到哲学教育，法国无疑是一个典范。早在 1808 年，拿破仑就在高中设立了哲学课。这一决定的背景是法国大革命后的社会变革时期，国家需要培养能够独立思考的公民来支持新的社会秩序。拿破仑的目标是通过哲学教育培养"具有独立批判能力"的法国公民。具体来说，希望学生能够：

1. 整合他们过去所学的知识。

2. 发展批判性思维。

3. 培养创新能力。

4. 学会独立自主地思考。

法国高中的哲学课程是这样开展的：

1. 课时安排：高三学生每周有 8 小时的哲学课，平均每天 1~2 小时。

2. 内容自主：教师可以自行决定具体的课程内容。这种自主权让教师能够根据学生的兴趣和需求调整教学，使课程更加丰富多样。

3.教学方式：主要采用口头授课方式，包括讲解哲学概念、分析文本，以及指导学生写作。教师还会专门指导学生准备会考中的哲学小论文。

法国高中会考中，哲学是所有希望上大学的学生必考的科目。考试形式如下：

1.分数：满分20分。

2.评分标准：

10分及格；

12分以上为良好；

14分以上为优秀；

16分以上为非常优秀；

10~12分之间不给评语。

3.考试形式：哲学笔试时间为4小时（上午8点到12点）。

4.考试类别：根据学生的学习方向，分为文学组、经济社会学组和科学组。

尽管法国这种教育模式已有两百多年的历史，但在当今社会仍然具有重要意义。它培养了学生的批判性思维和独立分析能力，这些能力在信息爆炸的现代社会尤为重要。然而，这种教育方式也面临挑战，比如，如何在保持传统的同时适应现代社会的需求。

相比其他国家，法国的哲学教育更加系统化和普及化。许多国家可能只在大学开设哲学课程，而法国从高中就开始培养学生的哲学思维了。

总的来说，法国的哲学教育体系旨在培养学生的思辨能力和批判思维，为他们未来的学习和生活奠定重要基础。这种教育模式虽然具有挑战性，但也为学生提供了宝贵的思考工具和视角。

为了让大家更好地理解法国的哲学教育，我们来看看2017年的部分考题：

表 3.1　法国高中会考 2017 年考题（部分示例）

文学组	● 观察是否足以获取知识？ ● 凡是在我权利范围内行使的行为，是否都是合理的？ ● 试析卢梭《论人类不平等的起源与基础》（1755 年）选段： "一位名作家（莫佩尔蒂，法国 18 世纪数学家及哲学家）曾估算人生的幸与不幸，发现后者远远超出前者。整体而言，人生是一份糟糕的礼物。对此结论，我并不讶异：因为他是从文明人（L'homme civil）的律法推论。假如他能升华至自然人（L'homme naturel），他将得出截然不同的结果。他将发现人类除了自寻烦恼，以及不可抗力的自然规律，其实并无太多不幸。我们让自己活得不快乐，原因很简单。一方面，我们见识到如此多的人类劳作……"
经济社会学组	● 理性是否足以解释一切？ ● 艺术品是否必须是美的？ ● 试析霍布斯《利维坦》（1651 年）选段： "由于世界上不存在一个能够立法监管一切人类言行的共和国，很自然的，在不成文法律辖下的所有领域中，民众有自由按个人理由行事，谋取最大利益。因为如果我们将自由等同于身体自由，即身体不受束缚和监禁，那么热切高呼追求这种自由的行为就会显得荒谬。另一方面，假如我们将自由视作法律下的自由，那么争取所有人获得这种自由的行为同样荒谬……"
科学组	● 捍卫权利是否等于捍卫利益？ ● 人能否从自身文化中解放？ ● 试析福柯《言论写作集》（1978 年）选段： "极端地说，人生由'犯错的能力'定义。或许正因如此，异常（L'anomalie）的现象在所有生物学的范畴中屡见不鲜。异常引发了生物的演化历程和突变，导致了一种独特异变，一种'遗传错误'，令人类永远无法在自身找到自己……"

　　法国高中哲学课的目的是培养"具有独立批判能力"的公民，这体现了法国社会将哲学视为提升国民素质的重要途径，视为文化和生活的一部分，而不仅仅将其当作一门考试科目。

　　这种描述可能显得有些抽象。有人可能认为，只要学生善于思辨，就能在哲学考试中取得好成绩。对于某些教师来说，这可能不是个好消息，因为有些学生确实擅长"抖机灵"。那么，哲学教育是否会培养出更多让教师头疼的"机灵"孩子呢？

我们来看上面的考题。当我们看到这些问题时，可能会不由自主地开始思考，在脑海里浮现出一些答案。但仔细一看就会发现，回答这些考题都需要对相关哲学经典有深入理解。

举个例子，如果在中国的哲学考试中出现了关于王阳明思想的题目，一个完全不懂王阳明理论、没读过相关著作的人，无论多么有思考力，都可能答非所问。

因此，当我们实际检视系统的哲学课程和考试内容时，会发现哲学课并不仅仅是一场"智力测验"。哲学需要学生刻苦学习，光靠小聪明是无法在考试中取得好成绩的。

哲学课的授课时长较长，内容涉及哲学原著的阅读。学生还需要不断进行写作练习，学习如何审题，以及如何写出结构完整、逻辑缜密、富有创造力和个人见解的文章。这需要学生在课堂内外都付出努力。

儿童哲学教育虽然不一定直接教学生写小论文，但核心仍然是哲学概念和议题。这意味着教师在编写教案时，尽管不必直接给予学生哲学文本，但教师自己必须充分了解授课内容背后的哲学知识。否则，就可能会上出一堂生动但学生实际上并没有在哲学思维方面有所成长的课。

再以法国哲学会考为例。1996 年至 2015 年，哲学会考题目中，排名前八的主题为：

表 3.2　1996—2015 年法国高中哲学会考主题排名

排名	哲学主题	题数
1	自由	252
2	艺术	245
3	真理	236
4	理性	132
5	道德	131
6	历史	121
7	技术	120
8	正义	111

这些题目类型不仅反映了法国哲学体系重点探讨的主题，也反映了教育当局对哲学思维及文化、社会议题的关注。当我们设计自己的哲学课程时，也应该依据本国的文化内涵，结合自己的文化和哲学底蕴，开展本土化的儿童哲学教育。

哲学思维的内涵

前面我们谈到法国高中哲学课及哲学会考的目的和形式。会考以议论文写作的方式展开，在课堂中，教师会尽可能地提升学生在这方面的思维能力。

谈到"思维"，在教育中有很多维度，大体指的是"能力"或"方法"。比如，李普曼谈到创造力、批判思维、关怀思维、协同合作，强调的是能力维度。法国高中会考的论文写作需要学生具备运用思维方法的能力。

议论文的评分关键，在于作者如何把模糊不清的想法转换为提问形式，进行有逻辑地推演，并能将他人的正反观点纳入自身观点来辩证思考，同时在尊重不同意见的前提下，进行有说服力的论证。

当然，更重要的是将整套思维方法运用在生活当中，避免轻信媒体，降低因偏见、刻板印象造成的人际冲突。

除此之外，还有四种对儿童发展十分重要的维度，可供教师在思考"我要用哲学提升孩子的思维"时，更清楚自己要提升的到底是思维的什么维度：

第一，关系的思维。

针对学龄前或小学阶段的孩子，绘本经常被教师用作哲学课的刺激物。但绘本的设计理念，并非为了让孩子一个人阅读，它往往带有"亲子共读"的意义，让大人和孩子一起阅读，分享彼此的想法和感受。

同样地，在儿童哲学的思维维度里，我们要试着了解孩子在关系方面的思维，特别是"家庭关系"。诚如心理学家戴安娜·鲍姆林德（Diana Baumrind）所言，成年后最没成就、最不幸福的孩子来自"日常生活中缺乏合理规范的家庭"。

有些孩子课堂表现很好，但欠缺关系的思维，不知道怎么与人合作，很可能是家庭方面出了问题。这时候教师可以通过以"家庭关系""合作"为议题的课程，帮助他们提升自己在这部分的认知。

从发展心理学的角度来看，孩子五岁以前的自控力、筹划未来能力、语言表达能力都还不完善。尽管哲学讨论需要一个开放的课堂，但这时大人需要给予更多明确的规范。

通过儿童哲学课，孩子可以更清楚"一个幸福的家是什么样的""家庭对我的意义是什么""作为家庭的成员，我可以为别人做点什么""什么是父爱和母爱的表现"，这些都可以作为提升思维的方向。

第二，共情的思维。

在教学现场，总有一些孩子，个体表现很好，但让他们进行小组讨论、分工合作就手足无措。这可能是因为社会环境中更多强调个体发展，例如，家长给孩子报名各种提升能力的课外班，这样一来，学生们原本就存在的竞争压力并没有减轻，反而导致教室里的同学关系变成了对手关系。

艾莉森·高普尼克（Alison Gopnik）在《宝宝也是哲学家》（*The Philosophical Baby*）一书中谈道："人类必须互相依靠才能存活，这是共情的开始。"

教师要公平地对待学生，以奖励促进学生的学习动机，在过程中加强引导，而不要总以结果作出对学生的评价。

公平以共情为基础。共情，就是提醒自己"我们也曾经是孩子，未来我们自己可能也会有孩子"。

眼前学生犯的错误，可能也是我们当学生的时候犯过的。现在学生走得慢，我们在他这个年纪可能走得更慢。我们要承认学生的某些需要，正是我们在他那个年纪也需要的，如果我们那时候没有机会得到良好对待，现在我们则有机会反思并改正。

对于幼儿园的孩子，讲道理固然有用，但"规范性规则"比"理解逻辑"更易懂。换句话说，我们可以跟孩子讲道理，但同时也要明确告诉孩子该遵守的规范。

当教师表现出对学生的理解和共情，学生们都在看，也会模仿。教室并非只是一个理性的学习场所，人的情感能力、人与人相处的温度，这些也是课堂的一部分。哲学是合乎人性，而不是泯灭人性，把人变成思考机器。

通过共情思维的培养，帮助学生避免沦为思考机器、考试机器、没有自我的复读机，学生才能活出自己。

第三，自我认知的思维。

儿童哲学课的主要目标，是帮助儿童认识自己、活出自己。

因此，对于儿童思维的培养，有一项指标就是"儿童的自我认知"。简单说，就是我们借由课程，帮助孩子更加了解自己，并且知道该如何自我觉察。通过对自己有更深的认识，找到在这个世界上追求幸福的方式。

谈到这个目标，有些教师会着眼于自控力、内驱力之类的字眼，这些都是强调思维"能力"的指标，指向的是个人成就，就像我们让孩子考数学，他考了一百分，那么我们知道孩子对某些问题有了充分的了解。

但对于自己的认知，该怎么"考"呢？这对孩子来说是个迷惑的事情，所以，帮孩子认识自己，就是在帮孩子解决一个重大的人生问题。

一个孩子数学考了一百分，但他高兴吗？他高兴是因为考一百分有成就感，还是因为父母会开心，抑或是因为会得到奖励呢？如果班上有另外一个同学，他考试不及格，但他也很开心，他为什么开心呢？如果我们去问孩子这些问题，和他们讨论他们的想法和感受，就会更了解他们，而不仅仅只是对某个孩子留下"他数学不错"或"他数学很糟糕"的印象。

教师对学生的认知，会成为学生自我认知的一部分。回想我们自己的学生生涯，好像缺了一堂帮助我们了解自己的课，以至于在某些人生时刻，我们不知道适合什么、喜欢什么，以至于很难作出人生选择。

因此，可以帮助儿童认识自己的哲学课，值得我们去实践。

第四，其他身心相关的思维。

儿童哲学课程的教师，要尊重儿童的心理发展，具备关于儿童该年龄段认知行为的科学理解。

这些理解，都会成为儿童哲学课程设计、授课与期末评量的参考。

比如，对应多元智能理论，逻辑数学、空间、语言、肢体动觉、音乐、人际、自然观察、内省都是可以和哲学课程结合的指标。不同学科的教师，可以将学科和儿童哲学课程进行融合，这对开发孩子的不同潜能，以及哲学的跨学科合作是十分有益的。

儿童哲学教师和其他学科的教师之间应该进行更多的交流，以开展出更丰富的思维维度，作为课程设计的指标。

总的来说，我们可以按照不同学科制定指标，比如一个学生需要完成哪些学科，才能升级，才能参加考试。但从全人教育的角度，可能不存在单一面向、单一维度的思维。

思维是一个人自我意识、内在觉察和外在感知三者交织影响、生成变化的产物。这三者对一个人来说，都是整体的一部分，他的一言一行、一念一想皆与其息息相关。

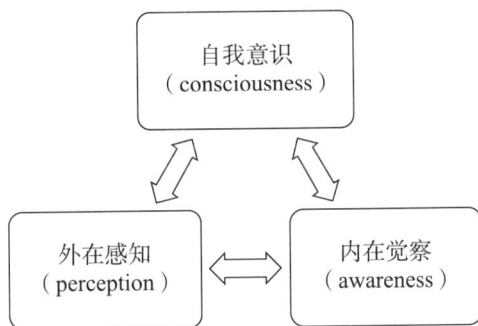

图3.1　认识活动的循环关系

我们希望更好地帮助儿童，使他们更好地自我整合。

举例来说，一个孩子手上有一百块钱，他思考该拿这一百块支付游戏费用，还是买需要的文具，或是给妈妈买生日礼物，或存起来。这个选择本身就包括理性、情感、人际交往和价值判断的方方面面。

他的选择看起来是一个行动，但行动背后的思维是多维的。最好的选择，可能不是最理性的选择。这个选择是否能够代表他自己呢？他对取舍之间的判断有哪些考量？如果事后后悔了，他能够处理这份后悔吗？

更进一步说，"思维"是人整体生活的综合判断与行动。在儿童哲学教育中，我们的关注点有以下几个方面：

第一，关注能力而非结果。

儿童哲学主要关注的不是学生"是否作了选择"，而是"作选择的能力"。这种能力包括分析情况、权衡利弊、预测后果等复杂的思维过程。我们希望培养的是孩子面对选择时的思考能力。

第二，理解概念而非追求"最佳"。

儿童哲学关注的不是"最好的选择是什么"，而是"学生是否理解他所谓的'最好'是什么概念"。这涉及价值观的形成和判断标准的建立。我们希望学生能够思考什么是"好"，为什么某个选择被认为是"最好的"，而不是简单地接受他人的判断。

第三，从错误中学习。

儿童哲学主要关注的不是"弥补错误"，更关注"作出错误的选择之后，我们怎么看待这个错误，怎么通过这个错误看待我们自己"。这种反思能力对于个人成长至关重要。我们希望孩子学会从错误中学习，理解错误背后的原因，并且能够客观地评估自己的决策过程。

这种多维度的思维培养方法，旨在帮助儿童发展全面的判断能力和自我认知能力。它不仅关注结果，更重视思考的过程；不仅追求正确，更看重从错误中学习的能力；不仅关注外在的表现，更重视内在的理解和成长。

通过这种方法，我们希望培养出能够独立思考、理性判断、勇于面对错误并从中学习的下一代。这不仅有助于儿童在学业上取得成功，更能帮助他们在未来的生活中作出明智的决策，成为更好的自己。

反思哲学思维的三种模式

一个人的本质往往通过其行动体现出来。一个人的行动代表了他的思维、情感和价值观。例如，一个常常强调"公平第一"的人，如果在实际对待他人时表现得不公平，那么"公平"就难以成为他的真实标签。

为了使儿童哲学课真正落地，对孩子产生实质性帮助，我们可以从不同角度反思哲学思维的提升作用。重要的是，这一切都要回归到全人的角度。虽然儿童哲学在细节上可以谈论提升特定能力，但如果最终未能提升个人的整体素质，那么这个哲学课程可能就需要进一步完善。

哲学课程的灵活性使其可以用于讨论学生当前面临的问题，也可以探讨他们未来可能遇到的挑战，同时还可以培养学生成为身心健全的人。针对不同类型的问题，我们可以在课程设计时引入不同的思维模式。以下是三种主要模式。

1. 免疫模式：改善个人适应力，提高胜任能力，缓和危险因素的影响。这种模式特别适用于幼儿和低年级学生。例如，我们可以通过儿童哲学课程帮助他们提前认识小学环境，减轻入学焦虑。具体方法包括：

与学生一起探讨他们的梦想和期望。

教导合作与共情能力。

培养有效沟通技巧，包括倾听、表达，以及学会说"不"。

帮助学生认识自己的不同角色及相应责任。

2. 补偿模式：通过个人特质或环境资源的介入，缓冲或阻止危险情境，降低负面影响。例如，在面对如地震等重大事件时，教师可以在哲学课中帮助学生：

识别焦虑的来源。

重新思考人与自然的关系。

探讨生死等深刻议题。

提高自我价值感，保护自尊。

学会接纳自己。

设定切实可行的目标。

体验成功，培养兴趣爱好。

思考如何与家长、教师合作学习。

3. 挑战模式：激发个人内在动力，努力练习应对技巧，强化解决问题的能力，发展个人潜能。这种模式适用于目标性更强的课程。教师可以通过哲学课帮助学生：

澄清内在动力，明确对未来的看法。

重新认识错误的意义，从错误中学习。

在需要时提供明确建议，指导问题解决。

通过适当管教提升自律，并让学生理解管教的意义。

在实践中反思"希望"和"勇气"的含义。

通过这三种模式，儿童哲学课程可以更全面地培养学生的思维能力、适应能力和问题解决能力。这种方法不仅关注学生的认知发展，还注重情感管理、社交技能和价值观的形成。

最终，儿童哲学教育的目标是培养出能够独立思考、理性判断、富有同情心、勇于面对挑战的下一代。这种教育不仅有助于学生在学业上取得成功，更能帮助他们在未来的生活中作出明智的决策，成为更好的自己和社会的积极贡献者。

小　结

近年来，积极心理学（Positive Psychology）逐渐成为一个重要领域。通过冥想等练习，人们能够更好地觉察自己的身心状态，并保持良好的精神健康。

从某种角度看，这与儿童哲学对个人发展的影响有相似之处。然而，儿童哲学不仅限于通过冥想来增进自我觉知，还通过多种方式来促进对自身和世界的深刻理解。

在儿童哲学课程中，我们越是帮助学生深入了解自己，他们对世界的理解也就越全面。本章讨论"什么是思维"，是希望教师们认识到，哲学思维不仅是一种特定的思维方式，更是通过哲学探索来开阔、提升和拓展学生各个思维维度的过程。

正如积极心理学建议我们"用最慢的咀嚼方式去感受一粒米的味道"，我们会惊讶地发现一粒米的味道竟如此丰富，儿童也像一颗颗未被充分开发的嫩芽，他们可能尚未意识到自身的潜力。通过哲学课程，我们可以帮助他们更好地感知周围的一切，包括自我意识和情感。

所有的感受都是思维的材料。然而，很多时候这些感受被忽视了，导致儿童思维的某些维度因缺乏机会而未能充分发展。我们要让学生明白，他们拥有多方面的思维能力，且这些能力需要得到全面的发展。

回顾本章开头提到的法国哲学会考考题，我们看到了对独立思考能力的重视。如果学生在课堂上没有机会展示这些能力，他们可能会逐渐忘记自己拥有这样的潜能。甚至，当某些学生偶尔产生批判性思考的念头时，他们可能会质疑自己的行为是否合适。显然，这不是教育工作者希望看到的结果。

为了帮助学生充分发展，教师应当鼓励学生认识到他们的思维是多元的。因为所有事物可能都不只有一个面向，只是我们过去的视角过于狭隘，导致我们错过了生活中更多的美好与可能性。

那么，教师应如何行动？除了提问、鼓励学生发言、给予他们表达不同意见的机会外，教师还应该如何选择课程内容？是否应该更多地讨论哲学问题，或是探讨其他领域的知识？

在下一章中，我们将深入探讨这个问题："该用什么样的内容来帮助学生提升哲学思维？"这个问题将引导我们思考，如何设计更有效的儿童哲学课程，使其能够真正帮助学生开拓思维，培养批判性思考能力，并为他们未来的成长奠定坚实的基础。

第四章　哲学教育既源于生活，又要回归生活

◎ 问与思

有个经典的哲学问题叫"电车难题"。假设有一个铁轨，铁轨上有一辆刹车失灵的列车。列车前方的铁轨通往两个方向，一个方向站着五个人，另一个方向站着一个人。你位于铁轨旁，手边有一个控制方向的扳手，你可以决定火车行进的方向。

请问你会怎么选？

还原真实的哲人

哲学家在某种程度上都是教育家，西方如此，中国尤甚。先秦儒家的哲人，同时兼具教师的身份。交了束脩的学生是哲人教育的对象，没交束脩的君王权贵和贩夫走卒，同样也是哲人教育的对象。

"好为人师"四字，现在貌似多为贬义。在先秦时期，在君王面前说错话，随时可能有杀身之祸。面对平民百姓，则难有知音，还会遭人白眼。但孔子和他的弟子，以及他们身后的传人，依旧孜孜不倦地投入教育工作，坚持自己的理想。即使放到现在，这仍然是一种很有勇气的表现。

《论语》所谈的内容涉及生活中人际交往、待人处事、养生送死等事宜。孔子有自己的中心思想，但面对不同弟子的提问、不同的现实事件，他会进行相应的变通。

这与某些人死读古圣先贤的书，却不知变通，对领导愚忠、对长辈愚孝的做法不同。

举个例子，在《孔子家语》中有个故事：有次曾子在田地里工作，犯了点错，被父亲狠狠教训了一顿，甚至被打到昏迷。醒来后，曾子不是去关心

自己的身体，而是先问父亲是否消气了。鲁国人因为这件事称曾子为孝子。

孔子听后不以为然，还跟学生说要是曾子来了，别让他进门。曾子不解，孔子讲了舜的故事：舜的父亲如果拿小藤条打他，舜会接受；舜的父亲如果拿大木棍打他，舜会逃得不见踪影。

孔子用这个故事告诫曾子，真正的孝顺不是百依百顺，而是要懂得变通。万一曾子不小心被父亲打死，曾子的父亲不仅会受到刑罚，还会被众人指责。因此，逃避父亲不合理的惩罚，以免父亲犯下不义之罪，才是真正的孝。

我们谈论本土化的儿童哲学，并不是要回头去当腐儒，盲目背诵《弟子规》，不合时宜地模仿二十四孝，而是要还原传统的各家思想，通过哲学富有批判性、创造性的思维方法，让理论和现实的生活接轨。

如果简单地说过去的东西都是糟粕，那就过于武断了。古人对某些现代问题的看法可能有些落伍，比如两性平权的思想。但他们的思想中那些普遍性的思维，在当今时代依然具有启发性，仍旧能够作为课程中的刺激物。

因此，儿童哲学课堂固然少不了经典阅读和讲授，但更少不了对现实问题的探讨。以古观今，以今观古，互为我们提升思维的法门。

理性地看待古籍经典，才能敞开心胸，辩证地看待其中的智慧结晶，回应我们当下生活的种种问题，让哲思成为生活的一部分。

培养哲学化的人

现在的教师，必须面对教育环境的五种特征。

1. 多媒体的信息池。

现代人生活在一个被媒体包围的世界，不管用不用手机，都会被各种信息围绕。儿童哲学如果不尝试运用媒体，就等于丧失了与当下生活接轨的主要渠道。教师要善用这些信息，当个"善泳者"，带领学生分辨这些信息，而不是被信息淹没。

2. 社会结构重组。

社会结构发生变化，教师们所面对的生活前景和学生所面对的有所不同。少子化、老龄化、内卷、产业结构和城乡差距的变化，都会对学生群体产生影响。教师要针对眼前的学生群体制订不同的教学方案，不能一套方案套用到所有群体。

3. 实验教育小型化。

工作坊的分工形式随着教育研究与实务的发展而兴起，许多针对特定问题或进行小型教育实验的教育工作者，围绕某个教育主题与伙伴一起施行和改进。这就像儿童哲学强调个体化，很多时候，没有专家能提供完全针对眼前问题的解法，那么教师就要学会寻找方法，让自己成为某个特定领域的专家。

4. 家庭教育的进步。

过去的家长大多缺乏教育方面的知识，只能被动地把孩子交托给教师，让教师替自己作出所有和教育相关的决定。随着义务教育的普及，越来越多的家长自身就是高知，他们对教育的理解不见得比教师少。虽然出现了一些"怪兽家长"，但也不乏有理念、主动推动教育发展的家长。教师需要学习与现代家长沟通，调整自己在教育活动中的角色。

5. 全球化。

随着交通和信息科技的发展，地球更像是一个地球村。不同文化在我们的教育场域中发生碰撞，有些是教师带来的，有些是学生带来的，有些纯粹是环境使然。

全球化的信息就像来自四面八方的浪，被拍打的教师和学生手中的浮板，正是我们的本土文化。抱着这个本土文化，和不同背景的学生及他们的文化展开对话，这是很有趣的一件事。这就像有些学生分享他们的偶像，我还需要他们给我介绍。

从哲学教育的角度，我们该怎么为教师赋能，使他们能够应对这五项环境难题呢？

哲学家雅斯贝尔斯面对他的时代困境，提出了面对义务教育阶段孩子的教育宗旨，他称其为"哲学化"（philosophizing）。

哲学化的课堂是这样的：有可能一个学生上了一年哲学课，一个哲学家的名字都记不住，也没办法背诵出哲学书籍里的内容。但他在课程中培养出了哲学化的思维，就像一副透镜，能让他通过这副透镜，在人云亦云的世界中看到更丰富多彩的内容。或者说，这副透镜能帮助学生在人生中找到自己的意义。

在儿童哲学的课堂中，培养学生哲学化的思维，是为了应对现代社会的教育课题，这些课题无法由少数教育工作者给出完善的方案。我们必须让孩子有能力自己去解决他们的问题，而教师也需要培养自己制订教育方案、教材教法的能力。

有时，我们需要向学生提前预告某些问题，比如关于青春期、爱情、进入社会可能遭遇的难题等，但教师要注意，自己的焦虑不等于学生的焦虑。

这意味着，生活问题有哪些，要让学生告诉教师，然后教师通过哲学教育带领学生通过哲学化的引领一起寻找解答。这是最理想的师生互动景象之一。

所以，生活在哪里，问题就在哪里，生活问题就在现实问题当中。

以美国《父母世界》（Parents）杂志 2016 年某期的主题为例。该期谈到儿童最喜欢问的几个问题，排名靠前的分别是（且不只下列这些）：

1. 为什么你一定要去上班？
2. 其他人都有，为什么我没有？
3. 妈妈，我们家是有钱人吗？
4. 为什么有些人不喜欢我？
5. 奶奶是不是快要死掉了？
6. 爸爸是不是要跟你离婚？

这些问题，作为大人的你会怎么回答呢？如果当中有些问题让你迷惑，或者难以启齿，那就对了！这表示这些问题很值得你和学生一起探究，这就是探究团体存在的价值。

我们也可以在课前向学生搜集他们感兴趣的真实问题，带他们通过哲学课程思考这些问题，获取对这些问题更全面的认识，建立自己的观点与立场。

让教师成为桥梁

教育的发展，从古到今大体经历了下面三个阶段的变革：

表 4.1 教育发展的三个阶段：家庭动力与现象

阶段	亲子关系的阶段特点	现象
能力教育阶段	父母的顺从、孩子的顺从	服从性的义务教育
多元教育阶段	孩子的不顺从、父母的不顺从	反思传统义务教育
全人教育阶段	父母的不顺从、孩子的不顺从	实验教育纷呈

儿童哲学教师的角色，就像一座桥梁，一方面将哲学的美好传递给学生，另一方面将学生引领到哲学的花园。教师也是传统与走出传统之间的摆渡人，学生一开始需要他的引领，之后又必然要超越他。

亚里士多德说："吾爱吾师，吾更爱真理。"这是基于一代比一代更好的进步观点。

过去的教师像一本辞典，学生的问题，在教师这里都能得到标准答案。所以学生的工作很简单，就是把标准答案都记下来。当时，家长和孩子都对教师言听计从。

后来，进入多元教育时代，家长和孩子都对教育有所质疑，开始反思教育，像是要把既有的教育制度全部拆解，仔细检查一遍。但这时的家长和孩子并不是伙伴，他们彼此之间存在矛盾。因为家长虽然检视教育，但还是以自身"为孩子好"的好意为目的，所以家长和孩子之间还是存在人际界线不清的问题。

现在，家长和孩子更多的是伙伴关系。家长逐渐退到幕后，把人生的自主权还给孩子。

正如哲学家保罗·利科（Paul Ricoeur）的见解：人天生是不完美的，人人皆有"可误性"。

"可误性"指出人都是不完美的，所以人没有不犯错的，人的成长就是不断犯错的过程。

人会犯错的天性应该被接受，或者说得到我们自己的认可。比如婴儿时期的第一次排泄，会让我们对自己的行为感到惊奇，进而慢慢学习如何使用我们的身体。

随着年纪的增长，我们开始进入更多的社会群体，然后我们知道在不同的群体中，对身体有不同的规范。例如，有的地方可以上厕所，有的地方不行。

这些规范，并不是因为它们是规范，所以我们要遵守，而是因为我们学会使用我们的身体，而身体受我们的大脑和心灵控制。随着大脑与心灵的成长，我们对自己越来越有控制力，愿意且主动地去配合这些社会规范，让每个人的感受和生活质量得到充分的尊重。

越多的控制就要承担越多的责任。但有些责任属于孩子，家长放手让孩子追寻自我，也是在教他们为自己负责任，帮助他们独立自主。

教师要作个决断，是当一位继往开来的"桥梁式"教师，还是当一位为学生提供所有标准答案的"辞典式"教师。

然而，教师也是人，不可能提供所有问题的正确答案。"可误性"是回归人性。远离了人性，人何以能获得幸福？

纵观过去的教育发展，教育也经过一段"叛逆期"，才有了现在的模样。背后的驱动力，正是怀疑的勇气。

从另外一个角度看，儿童哲学教师又像一位外语教师，或者说是一位翻译。他精准掌握着一门名为"哲学"的外语，以及名为"教育"的外语。学生通过教师的引导逐渐精进自己的外语能力，最后掌握了这两门外语。

但无论一个人再怎么精通两种语言，我们也不会说这两种语言是一样的。就像哲学和教育，它们不一样，但可以通过好的哲学教师将两者融会贯通，传授给学生。

正如杜威在《民主与教育》中所说，关于教育，我们只能说教育"像"（as）什么，无法说教育"是"（is）什么。因为一旦我们说教育是什么，教育就被我们定义，被我们框死了。我们只能说教育像什么，用比喻和描述的方式去谈教育。

比如，教育是训练吗？肯定不是。我们可以训练狗叼报纸，训练狮子跳火圈,但它们只是学到执行主人的命令。

教育也不等于训诫、惩罚或其他改变学生但无法启发学生、让学生独立思考的方式。

这就是桥梁的意义,教师与学生是各自人生中的"陪伴者"。

小 结

儿童哲学课不必然要讨论"电车难题""这个"问题,仅需讨论"这类"问题。因为某些问题本身离学生的实际生活太遥远,比如拉动火车扳手以决定该救五个人或一个人。这个选择对学生来说很陌生。

我们可以用一些更生活化、更真实、更贴近学生心智年龄和生活的议题。比如 2014 年韩国的"世越号"事件,可以让学生站在船长或游客的角度思考。

同样是思考生死的抉择,可以通过一些新闻事件,或者是学生自己的亲身经历开展。如此,我们同样可以就"电车难题"的伦理困境进行探讨,让学生去思考生命有形与无形的价值。

哲学来源于生活,因为哲学能够帮助人们处理生活的难题。当教师试着在和学生探讨的过程中,运用哲学反思的方式处理,就能将哲学思考与实践的方法以一种极为自然的方式带给学生,让学生耳濡目染地感受到哲学化的氛围。这时,教师就成为桥梁,课堂就自然展开了探究的历程。

附带一提,在我的实务经验中,学生很敏感,他们会时刻观察教师。教师的状态会影响学生的学习状态。教师平时要好好关注自己的身心健康,过好自己的日子。教师在生活中有了感悟,有了快乐的感受或不快乐的经验,都可以与学生进行讨论。

到这里,我们已经理顺了儿童哲学的存在价值、意义与目标。

儿童哲学的存在价值,在于能帮助学生通过探究团体,认识自己,并展开对自己与世界关系的探究,在这个过程中形成对真理的普遍理解,反思自己的人生意义,从中,学生得以认识自己,成就自己。

为了实现这个进程,教师们需要一些课程设计、授课与课后检讨的具体方法，我们将在下辑将这些方法教给大家。

附

知识池：12本值得参考的儿童哲学著作

在探讨儿童哲学教育的过程中，我们不可避免地要涉及一些重要的儿童哲学著作。这些著作从不同角度切入，为我们理解和实践儿童哲学提供了宝贵的参考。

下面，我将简要介绍12本在儿童哲学领域颇具影响力的著作，以期抛砖引玉，引出后面更详尽的讨论。

这12本著作涵盖了儿童哲学的多个方面，为我们全面认识儿童哲学提供了多维视角，涉及儿童哲学的理论基础、操作实践、话题选择、能力培养等多个层面。我将详细介绍这12本著作的核心内容，供大家参考和探索。

透过对这些著作的系统梳理，我们可以更深入地理解儿童哲学的内涵和价值，并从中汲取智慧，用于指导自己的教育实践。

这些著作的作者包括儿童哲学研究者、儿童心理专家、一线教师和工作坊主持人等儿童教育实践者，他们身体力行地实践与思考儿童哲学，我们可以以他们为模范，了解儿童教育实践者的精神与魅力。让我们翻开这些智慧的书籍，在儿童哲学的殿堂中徜徉吧！

1.《园丁与木匠》

作者观点

艾莉森·高普尼克（Alison Gopnik）是美国心理学家，在这本著作中，她将教师比喻为"园丁"，强调教育应创造一个支持性环境，让儿童自由成长，而不是"木匠"式地塑造和控制他们。

哲思要点

书中探讨了教育的核心理念，包括爱与依恋的作用、儿童的独立性与个体差异、游戏在学习中的重要性，以及如何通过模仿和探索来促进学习。高普尼克认为，儿童在开放且充满支持的环境中，能够更好地发展想象力和创造力。

延伸思考

- 除了"园丁"，还有哪些比喻适合形容称职的教育工作者？
- 书中哪一部分内容对你最有启发？
- 你如何定义"爱"在教育中的作用？

2.《你好，小哲学家——如何与幼儿一起做哲学》

作者观点

迈克尔·西格蒙德（Michael Siegmund）认为，儿童哲学教育的核心是通过"渗透"式教育，让哲学成为儿童日常生活的一部分。教师的角色是引导而非灌输，注重与儿童的对话与互动。

哲思要点

本书强调"教育即渗透"，即通过故事和游戏等方式，让儿童在自然的交流中探索哲学问题。这种教育方法重视个体的自我反思和决策能力，鼓励儿童通过故事性素材探索价值、差异和想象力等主题。

延伸思考

- 除了故事和游戏，还有哪些方法可以有效渗透哲学教育？
- 在探索自我反思时，儿童如何理解和面对不同的价值观？
- 如何在日常生活中鼓励儿童提出和讨论哲学问题？

3.《哲学家与儿童对话》

作者观点

里夏德·达维德·普雷希特（Richard David Precht）在这本书中强调，要通过循序渐进的对话，帮助儿童探索哲学问题。他认为，教育者应具备扎实的哲学知识和灵活的对话技巧，以引导儿童从具体事件中提炼抽象概念。

哲思要点

本书提到对话设置的结构，鼓励从具体到抽象，逐步引导儿童理解复杂的哲学问题。通过实际生活中的例子，例如讨论时间、生活事件和场景，帮助儿童建立对抽象概念的初步理解。此外，作者强调了对话过程中的耐心和对儿童观点的尊重。

延伸思考

- 教育者如何在对话中找到合适的切入点，引导孩子深入思考？
- 在生活中的哪些场景下，儿童能够自然地接触和探索哲学问题？
- 如何在对话中引导与尊重儿童独立思考的需求？

4.《小脑袋，大问题》

作者观点

贾尼斯·斯特拉瑟（Janis Strasser）和莉萨·穆夫森·布雷森（Lisa Mufson Bresson）认为，教育应该为儿童提供思维的脚手架，通过高水平的问题引导儿童探讨复杂的哲学问题。这种方法不仅鼓励儿童表达自己的观点，还能培养他们的批判性思维和解决问题的能力。

哲思要点

书中强调了运用所学知识解决实际问题的重要性。作者将布鲁姆分类法转化为教学策略，即通过记忆、理解、应用、分析、评价和创造六个层次，系统地引导儿童思考和学习。这样的教学帮助儿童从具体问题入手，逐步提升到抽象思考。

延伸思考

- 在教育中如何有效地构建"思维的脚手架"以支持儿童的成长？
- 面对复杂问题时，儿童如何运用批判性思维来分析和解决？
- 你认为在教育过程中，哪些因素有助于培养儿童的创造力和独立思考能力？

5.《教儿童学会思考》

作者观点

罗伯特·费希尔（Robert Fisher）在这本书中强调，通过引导儿童进行批判性、创造性和关怀性思维，教师可以帮助他们更好地理解和解决生活中的问题。他认为思维习惯的培养是教育的核心部分。

哲思要点

书中提出了一个系统的探究团体讨论流程，从团体建设、分享刺激物到引导讨论和回顾，旨在培养儿童的深度思考能力。作者强调了批判性思维的关键问题，如质疑、推理和辩护，创造性思维的想象力和假设，以及关怀性思维的同理心和合作。

延伸思考

● 如何在教育中培养儿童的批判性思维能力，使他们能提出有深度的问题？

● 如何在课堂上运用创造性思维工具，帮助学生开发新的观点和解决方案？

● 你认为关怀性思维在儿童成长中的作用是什么？如何在日常教学中融入这一思维？

6.《思考世界的小哲学家：幼儿园儿童哲学活动设计与案例》

作者观点

卡塔琳娜·布拉洛－蔡特勒（Katharina Bralo-Zeitler）在这本书中提出，哲学教育应当帮助儿童认真对待问题，鼓励他们探索生活中的哲学议题，教育者应提供一个自由且支持性的环境，鼓励儿童思考和讨论。

哲思要点

书中强调了哲学探究的重要性，鼓励儿童在探讨问题时逐步接近真理。带领者的角色是总结观点、提出反例，并引导学生澄清自己的立场。此外，书中介绍了哲学谈话圈的结构，包括开场仪式、问题导入、主题探究和结尾，帮助儿童在有序的讨论中深思。

延伸思考

● 如何设计一个能让孩子感到自由且安全的讨论环境？

● 面对复杂的哲学问题时，如何引导儿童不断质疑和反思？

● 哲学教育在培养儿童的批判性思维和道德感上有哪些具体的作用？

7.《哲学与幼童》

作者观点

加雷斯·B·马修斯（Gareth B. Matthews）在这本书中提出了"孩童天生就是哲学家"的观点，因为儿童会自然对知识、价值、存在等问题发问，并进行深刻思考。同时，他批判皮亚杰式阶段论和急于实用导向的教法，反对居高临下地评价儿童的好奇。他认为，成人应与儿童并肩对话，认真倾听并提供具体协助，尊重其独立思维和思辨潜能。如此，才能启发儿童内在的哲学智慧。他还呼吁家长和教师与儿童共同学习，共同成长。某个角度来说，这已呈现出学习共同体的雏形。

哲思要点

本书提倡利用儿童的好奇心，通过质疑、争议、验证信念等方式，促进儿童的思维发展。作者强调，通过故事和语言游戏等方法，可以激发儿童的想象力和批判性思维。此外，书中提到，在教育过程中，如何处理儿童提出的"冒犯性"问题和成人的戒备心理，是一个需要特别关注的方面。

延伸思考

● 如何分辨儿童提出的问题是出于无心的好奇，还是可能引发成人戒备的敏感话题？

● 教育者在面对儿童的质疑时，应该如何回应以支持他们的探究精神？

● 为什么有些人在成长过程中逐渐失去了童年的好奇心？如何在教育中保持这种好奇心？

8.《童年哲学》

作者观点

此书为马修斯儿童哲学三部曲中的一本，他在书中强调，儿童具备独特的哲学思维潜力，他们的思考往往触及深刻的形而上学、自然现象和道德问题。马修斯指出，儿童的问题不仅是简单的好奇，而是对世界本质的深入探讨。教育者应尊重并引导儿童的这种思考。

哲思要点

本书探讨了如何利用儿童的个人经验和疑惑来引导他们进行哲学思考。通过将成人面对的复杂问题简化为儿童能够理解的形式，作者强调了基于经验的对话，包括形而上学问题（如宇宙起源）、自然现象（如季节变化），以及道德问题（如善恶与正义）。书中提倡使用反思方法，鼓励儿童通过想象力和现实经验的结合，探索他们的疑问。

延伸思考

- 如何引导儿童从他们的日常经验中发现并讨论哲学问题？
- 在讨论复杂的形而上学问题时，教育者应如何帮助儿童理解并表达他们的想法？
- 在道德教育中，如何通过实际案例帮助儿童理解并应用道德概念？

9.《与儿童对话》

作者观点

此为马修斯儿童哲学三部曲中的另一本著作，他在书中强调了通过对话引导儿童思考的重要性。马修斯认为，利用儿童的想象力和好奇心，教育者可以引导他们探索深刻的哲学问题，如存在、道德和自然的本质。

哲思要点

书中详细介绍了使用想象力的对话教学法，包括借鉴经典对话形式、延伸对话与改写、使用比喻和拟人化等方法。这些方法帮助儿童从不同的角度理解复杂的哲学概念。通过个案分析和词条重组等策略，作者鼓励儿童在讨论中进行批判性思考和创新。

延伸思考

- 如何通过借鉴经典的对话形式来促进儿童对哲学问题的理解？
- 在运用比喻或拟人化的过程中，教育者应如何确保儿童能够理解抽象概念？
- 教育者如何评估儿童的思维能力特别是批判性思维的发展？

10.《孩子的宇宙》

作者观点

河合隼雄（Kawai Hayao）在这本书中深入探讨了儿童面对复杂情绪和难题时的心理世界。他强调，儿童的心理状态就像一个独特的宇宙，教育者应敏感地回应他们的表达，特别是当他们谈及难以启齿的话题时。通过理解和支持，帮助儿童健康地处理这些感受。

哲思要点

书中提出了面对不同情绪表现的儿童时应采取的策略，如说气话、不说话、胡说八道、嘴硬和流露恐惧等。这些情绪往往反映了儿童对世界的疑惑和不安。作者强调我们要关注儿童的情绪状态，并通过共情和引导，使其情绪成为可讨论和理解的对象。此外，书中还探讨了如何处理儿童对性的好奇，强调将其视为一个健康的话题进行讨论。

延伸思考

● 在面对儿童的情绪表达时，教育者如何有效地通过共情和理解来帮助他们？

● 如何在性教育中保持敏感和适当，帮助儿童正确地理解和接受自己的好奇心？

● 在引导儿童处理恐惧情绪时，教育者应如何帮助他们建立安全感并正确看待这些情绪？

11.《孩子与恶》

作者观点

河合隼雄在本书中探讨了儿童如何理解和应对"恶"的概念。他认为，教育者应帮助儿童辨别和理解恶的多种表现形式，并引导他们反思恶的本质和道德判断。他强调，成长过程中对恶的理解是自我认知和道德发展的关键环节。

哲思要点

书中详细讨论了恶的各种形式和表现，如恶意行为、道德上的恶以及伪装为善的恶。作者提出了几个核心问题，如"恶为什么存在？""恶是什么？""恶的反面是什么？"等，鼓励儿童通过这些问题反思"恶"的本质。书中还介绍了不同的道德理论，如义务论、德行论和效益主义，帮助儿童理解不同的道德判断标准。

延伸思考

● 如何向儿童解释"恶"的概念，使其能够理解并反思其道德含义？

● 在日常教育中，如何引导儿童辨别伪装为善的行为和真实的善行？

● 教育者应如何帮助儿童在面对自身或他人行为中的"恶"时，进行自我反思和道德判断？

12.《窗边的小豆豆》

作者观点

黑柳彻子（Kuroyanagi Tetsuko）在这本自传体小说中分享了她作为一个"问题儿童"在巴学园的成长经历。作者强调，教育的核心是尊重儿童的独特性，让他们自由成长，体验童年的美好与纯真。她通过个人故事反思传统教育的局限性，倡导更自由和个性化的教育方式。

哲思要点

书中探讨了如何让儿童在自由和独立的环境中发展自我。巴学园的教育模式重视儿童的选择权和体验感，如座位自由、课程选择、编故事等，鼓励儿童在平等的氛围中探索世界。这种教育方式不仅提升了儿童的认知和情感理解，还培养了他们的同理心和审美能力。此外，书中的巴学园还通过各种日常生活体验，如做便当、散步等，帮助儿童在实际生活中学习和成长。

延伸思考

● 如何在现代教育中实现对儿童自由和独特性的尊重？

● 在教育实践中，如何平衡自由和纪律之间的关系，既让儿童自由成长，又确保他们获得必要的指导？

● 你认为理想的幼儿园应该具备哪些特征，以支持儿童的全面发展？

玩转儿童哲学：
教师必备的教学法

本辑导读

要达到儿童哲学课的预期成效，教师应当具备如下能力：

1. 在教室中组织探究团体。

2. 在发展儿童推理技巧的方法过程中，带领对话。

3. 聆听儿童对话的哲学维度，鼓励他们共同探索这些领域。

4. 在人类学、科学、社会科学及艺术创造中展示适当的基础教学，以这些教学支持儿童的探究。

5. 在教室中示范如何反思探究。

6. 对于促进儿童推理技巧，必须展示哲学（而非心理学等其他专业）的熟练性。

7. 显示对哲学史的了解，以及它如何与儿童探究有关。

8. 显示对儿童的了解，包括他们如何同成人一样思考、感受以及彼此关联。

9. 显示对教育过程的了解，包含它的历史、基础，实现善于思考及合理的儿童潜力。[①]

在上辑中，我们探讨了对儿童哲学课程的本质性理解。

本辑将详细介绍儿童哲学课程开展的具体方法，帮助教师了解如何操作。

同时，我将呈现具体个案及实践中的实际情况，以更好地帮助教师通过实践走上儿童哲学的道路。当然，我更希望通过本书，每位教师都能开发出具有自己特色的儿童哲学课程。

在本辑的开始，我引用了李普曼的观点说明儿童哲学课程对教师的基本要求。这些要求主要针对小学阶段的教师，但在核心能力方面，对学龄前或

---

① M. Lipman, A. M. Sharp.& F.S. Oscanyan. *Philosophy in the Classroom*. Temple University Press, 1980: 214–215.

初、高中教师的要求实际上是一致的。教师需要根据不同学生的认知能力和素养，以及个人教学需要，灵活调整教学方法。

先秦法家集大成者韩非认为，治理国家的领导者需要"法""术""势"。将其类比到课堂教学，教师需要建立班级的"法"，即规则和秩序。教师还需要具备教学之"术"，即合适的教材和适当的教法。同时，教师更要在班级中拥有权力，即"势"，教师是班级的统帅，必须为班级运作和学生的学习成果担负责任。这三者缺一不可。在课堂中，教师不仅教书，还要管理班级。尤其对于年龄较小的孩子，班级管理占用的时间可能更长。这是因为小孩子的大脑中管理理性能力的皮层发育尚不完善，需要教师的协助。教师适当运用自己的权力，维持好班级秩序，才能为学生营造专心学习的环境。

很多人可能听过这样一个故事：有个孩子从小被母亲溺爱，犯错时母亲从不惩罚，反而纵容他。结果，他小时候做小错事，长大后做大错事，最终因重罪被判死刑。临刑前，这个孩子要求见母亲一面。当母亲来到时，他表示有悄悄话要说，让母亲附耳过来，结果他狠狠咬掉了母亲的一只耳朵。他对母亲说："都是你小时候没有管教我，我才会变成现在这样！"

我重述这个故事，是因为某年我给六年级学生上课时，课堂纪律松散，一些学生非常吵闹。一个学生站出来举手说："老师，我有话要说。"我请他发言，没想到他对所有人讲述了这个故事，警示我们如果教师不管理好班级秩序，大家都会变得糟糕。教师失职，所有人都会受害。

这件事让我深受震撼，也受到了很大的启发。

我分享这个故事是为了强调，儿童哲学课堂仍然是课堂，需要遵循基本的教学原则。教师需要管理课堂，需要在课前作好充分准备。儿童哲学不仅适用于录播教室或聪明的孩子，而是任何地方都能进行，教师应尽力了解授课群体，量身打造课程。

因此，儿童哲学教师需要在必要时表现出严厉，并掌握具体的教学方法，以应对实际教学中的各种情况。如此，才能让学生积极参与，课堂才能活跃，教与学的思想才能在课堂中流动。

毕竟，如果教师自己都不能面对现实，又如何教导学生面对现实呢？

第五章　融合苏格拉底对话教学法的 PBL 教学法

◎ 问与思

让我们通过下列线索，帮助你回想某次让你印象深刻的对话经历。这将有助于更好地理解你当时的感受和思考。

1.时间：对话发生的时间是白天还是晚上？具体是几点？在那之前，你是否做了其他的事情？

2.地点：对话发生的地点在哪里？这个地点是你选择的吗？在这个地方，你是否因为某些事物而分心？

3.对象：和你对话的人是谁？你们之间是什么关系？

4.内容：你们讨论了哪些话题？你是否对对话的内容有提前准备？事后是否后悔说了什么话？

5.动机：你为什么参与那次对话？对话是由谁发起的？

6.目的：你希望通过这个对话达到什么样的结果？

7.感受：在对话之前、期间和之后，你有什么样的感受？这些感受是否发生了变化？如果有变化，是什么原因？

8.其他：对于那次对话，还有什么特别的印象？这次对话是否让你想起其他类似的对话经历？

哲学思维就在"对话"中

哲学特别强调"对话"，可以说，哲学思想正是通过对话产生的，哲学的发展也是在哲人的对话中绵延不断的。

很有意思的是，西方哲学绕不开柏拉图记载苏格拉底与他人对话的《对话录》，中国哲学也绕不开记载孔子与弟子对话的《论语》，两者皆是以对话的形式写下来的。

翻开两方经典，我们会发现，哲人的对话和人们的日常对话不同。

《对话录》和《论语》当中对话的记载形式也有所不同。《对话录》中有苏格拉底和他人之间你一句、我一句的对话历程，并且对话经常无疾而终。《论语》则言简意赅，多以孔子的结论结束对话。

如果苏格拉底跟孔子碰面，他们会激发出什么样的对话呢？他们会怎么讨论正义、友谊、爱和死亡等议题呢？他们在对话中会展现什么样的思维方法呢？

尽管这个场面在现实生活中不可能发生，但每每想到都让我好奇。

回到我们的现实生活，我们对话的方式有太多种了。那么在儿童哲学课堂里，教师要和学生一起探究，首先要知道如何教导学生彼此对话，进行讨论。

引导哲学对话不是日常聊天，强调批判思维也不是要让学生像个"网络喷子"，而是要引导学生探究真理与意义。

想把握哲学对话的意义，不妨从字源的角度反思。

"对话"（dialogue）与"辩证"（dialect）有相同的希腊字根，其意原指"讨论"或"论辩"。

因此，哲学对话本身就有探究的意味，对话本身就是为了厘清头绪，搞懂某个尚未确定的问题。

就像一位教师要确认学生为什么没有写作业，学生说出他的理由，然后教师会根据学生的理由判断其是否可以接受，还要想一个接受之后的处理方式。有的理由可以网开一面，有的需要适当惩罚，有的可能还要打电话与学生家长确认。

这和朋友之间的闲谈显然不同。可是当朋友之间有了误会，他们通过对话解开误会，则勉强有点哲学对话的意思。但这依旧不是真正的哲学对话，除非两人在对话中明晰彼此误会背后的普遍真理，并让两人从中获得个别意义。

哲学上著名的对话有几种内涵与形式，皆是为探询真理与意义不断修正的方法论。其中有些可以融入儿童哲学课程中，作为教师和学生、学生和学生之间的对话方法。

下面我们就看看这些对话和我们的日常对话有什么不同。

1. 苏格拉底：让对话成为明晰真理的工具。

苏格拉底的对话主要见于柏拉图的《对话录》，多是与其追随者、友人间的对话，他们对问题提出许多看法与发散的答案，并就内容进行不断的批判修正，强化或厘清其中的概念。

苏格拉底对话教学法通过问答的方式，引导对话者自行发现矛盾与无知，从而步步深入，接近真理。例如，在《美诺篇》中，苏格拉底通过一系列问题，帮助一个小奴隶自发地推导出几何学的基本定理。在这个过程中，苏格拉底没有直接教授知识，而是通过问题启发对话者思考。

苏格拉底强调"实践智慧"（phronesis），知行合一。他预设有一个绝对真理，这个绝对真理优先于人的认识。通过对话，人得以更加清晰地认识真理。对话的语言基本是理性的，不在意对话双方的情绪感受。

除《美诺篇》苏格拉底教导小奴隶几何的段落，双方基本是站在一个平等的角度对话，不是课堂中教师与学生的关系。

用来类比现今的儿童哲学课堂，我们应该认识到，一个理想的对话，是双方可以各持己见，但要能接受开放、真诚且合乎理性与逻辑的论辩，这样才能使论题越辩越明。

2. 马丁·布伯（Martin Buber）：对话除了理性沟通，也包括精神交流。

布伯把人与人的对话提升到一种灵性的层次。对话不只是嘴巴说、耳朵听见的内容。对话是一种生命的展现方式。生命存在于个体与个体的"交会"之中，"交会"通过对话实现自我。

布伯的对话观点设定有一个超越者"博爱"世人的立场，具有泛道德主义、神秘化和理想化的特征。

对话是"我—你关系"（I–Thou relationship）相互揭露的过程，因此对话实际上便是存有者之间的沟通。对话的至高层次是"开放的对话"（open dialogue）。

开放的对话并不是要一个人裸奔，也不是刻意要"拆穿"对方的假面具，而是尊重对方无限的可能性，只有在"我—你关系"中才能发生。开放的对话是人类未来的唯一希望。

放到现今的儿童哲学课堂，我们得到的启发是，对话像是永远不会完结的历程，参与者彼此传递理性思维，也彼此交心。

3. 汉斯－格奥尔格·伽达默尔（Hans-Georg Gadamer）：尊重每个人的个体理解。

伽达默尔认为对话是一个"返回理解"（coming to an understanding）的过程，而人则是"对话的存在"（dialogical being）。人天生必须通过对话达到理解，因此，在真正的对话中，对话双方应该彼此真诚开放。

对话不仅仅是双方真诚理解彼此，视域融合。对话是一种"诠释"，是活生生的、有所发展的沟通，大家是共同世界的参与者。

从某个角度来说，人与人之间不可能达到真正的理解，但正因为如此，我们需要同理心。同理心"不是自认为我懂你，而是接受我总有不懂你的地方"。

我们要接受对话中出现一些非理性的用语，有时，对话的内容重要性胜过内容的逻辑本身。

每个人在对话中都会有自己的理解，所以对话双方都有主观能动性，他们都可以通过自己的诠释改变对话的走向。因此，对话也是创造性的，对某些事物的崭新理解，就是在对话中创造出来的。

由此，今天的儿童哲学课堂强调，除了那些确实有标准答案的问题，其余问题，学生们可以有自己的见解和诠释。同时也要让学生意识到，见解和诠释也会因为找到正确答案而改变。

4. 保罗·弗雷勒（Paulo Freire）：没有质疑，何来对话？

弗雷勒认为，人类正是通过对话来相互彰显彼此的存在，他把哲学中辩证思考形而上问题的对话观点应用于教育现场，提出"对话教育"。

在他看来，教育就是以对话为基础，培养人类的批判能力，并且不断创造人性化社会的社会实践过程。因为弗雷勒特别强调批判与质疑，因此又有人把他的教育观称为"质疑教育"。

对话与对话者总处在某个脉络之中，一个人表达的内容代表他自己，也代表他成长的社会，以及社会背后的文化。

弗雷勒提倡教师与学生都要回到哲学起点，学会提问，勇敢去质疑。

基于质疑的对话之所以重要，是因为从人类发展的历史来看，教育中的对话过程正是个人认知历程，也是古往今来社会辩证发展的历程。

对话教育可以引导人们形成批判并改进社会的能力。如此一来，个人和社会才能在辩证中发展进步。

在儿童哲学课堂中，我们鼓励孩子提问，同时也要会教孩子整理自己的问题。好奇心和质疑很多时候是同一回事，并且同样珍贵，就像火星，要是被成人吹熄，它们就不会燃烧起来。这个燃烧就是提问，好的问题可以形成对话，进而通过辩证性的对话逐步澄清问题，获得更丰富而深刻的理解。

5. 戴维·波姆（David Bohm）：你有答案，但你有故事吗？

实践哲学是某些哲学家致力发展的一条哲学道路，包括哲学教育、哲学咨询等，某些哲学家试图让哲学和不同领域进行对话，这当中少不了教育。

哲学对话跟日常对话不同，但哲学对话可以帮助人们梳理日常遭遇到的困惑、迷茫或错误。

波姆认为，对话最重要的是"探究真理"以及"和对话者的联结"，对话包含获取意义与个人的思考。对话不是孤独的，对话是一种共同创造，真理是双方就彼此未知的方向共同努力。这点和探究团体的作用十分一致。

波姆强调，对话是思维过程与改变思维过程的活动。理解在对话发展中不断变化，个体不会满足于停留在双方已知的共同想法。所以双方都要时时警惕，理解"诉说"和"理解"的差异。比如，有时我们以为我们听懂对方说什么了，再次确认才发现根本没懂。

波姆认为对话是流动的，诉说是自由的，倾听也是自由的。人们过去总认为，对话中的理解就意味着双方都明白对方表达的意涵，双方对很多事情的理解是相同的。实际上，人们对话中的意涵很多只是"相似"，而不是相同。

完全的理解很困难，我们要做的是"让对话流动"，好让意涵得到更多的澄清。并且，对话时，我们更该关心的是"人"，而不是对话内容。

儿童哲学富有创造性，我们鼓励学生在课堂中质疑、寻找答案。但有时候不是在理性思维中找到答案，而是在非理性的、跳跃的、充满想象力的过程中找到答案。

6. 现代儿童哲学教育。

传统教育中的师生对话与现代儿童哲学中的师生对话之间的差异如下：

表 5.1　传统教育与现代儿童哲学教育中对话的差异：教学特征、
师生关系与角色定位、对话模式

维度	传统教育	现代儿童哲学教育
教学特征	<ul><li>重视内容</li><li>强调传递与理解的方法</li><li>相信有客观事实</li><li>师生权力不对等</li><li>强调对话的结果与效果</li></ul>	<ul><li>重视言说者</li><li>强调诠释</li><li>相信主观真理</li><li>调整师生的权力结构</li><li>结果与效果无法强求</li></ul>
师生关系与角色定位	<ul><li>教师的学生（students of the teacher）、学生的教师（teacher of the students）</li></ul>	<ul><li>教师身兼学生（students-teachers）、学生身兼教师（students-teachers）</li></ul>
对话模式	<ul><li>教育的讲述症（narration sickness）：话语洪亮，缺乏转化力量（transforming power）</li><li>学生从属于教师，教师从属于课程</li><li>教育成了一种存放（depositing）的活动</li><li>教师成了存放者（depositor）</li><li>学生成了存放处（depositories），就像任由他人将其塞满的"容器"</li></ul>	<ul><li>教师和学生共同是认知者、论述者、传授者，也是学习者</li><li>学习共同体</li><li>共同创造</li><li>共同站在自由这一侧</li></ul>

从小，当遇到烦恼时，我们会很自然地喃喃自语："怎么办？""怎么会这样？"或是着急找身边的大人，呼唤他们，请他们帮助无助的自己。

遇到问题，我们会很自然地设想该怎么处理，然后可能会找个人咨询。即使不找他人咨询，对话也会在我们脑中展开。我们会问自己："如果老爸遇到这件事会怎么办？""让我想想之前在某本书里读到的话，也许我可以这么做……"

在探究团体中，教师一方面要帮助学生学习对话法，不仅让学生知道怎么和他人进行讨论，同时也能通过对话法整理自己的想法和心声，进行有效表达，另一方面，教师也能通过对话法，更好地提问与倾听，使探究活动变得顺畅。

理想的情况下，教师只需做一位带领者，在课程中适度推动即可。学生们自己会展开讨论，带着哲学法宝完成学习。设想一下，如果学生们把这种与人交流的态度和方法带进生活，对于改善他们在家庭、社会等方面的人际关系，一定大有助益。

总的来说，传统教育的对话和现在的儿童哲学教育强调的对话有显著差异。如前文所示，教育理念已从关注普遍概念转向重视个人意义，从注重内容转向注重述说与倾听的人。这一转变与教育从教师中心到学生中心，再到协调主客关系的进步基本一致。

对话是人的本能，是人互相联结的绝对前提，是人际世界的构成核心，而教育则是人际世界的体现。当教师感觉课堂中的世界不安全时，他可能会在教育活动中变得畏缩，或是反其道而行之，因为害怕失控而变成"教室里的暴君"。教育趋势的更迭变化，也反映出一个社会的状态。

对话是一种分享，是一种真正看见彼此的生活方式。通过对话，师生分享彼此的世界，并试图通过课堂所学，回头应对自己世界里的困境和挑战。

苏格拉底对话教学法

1. 对话在教育中的应用。

对话在著名的课程中特别能够展现其威力。在一节成功的课堂上，教师会刻意地去推动学生反思，给予学生更多提问的空间和机会，然后在对话中促进所有参与者增进他们的理解。

例如哈佛法学院的迈克尔·桑德尔（Michael Sandel）教授在他的伦理学课程主题"正义"中，往往先简短说明内容，再不断向学生抛出问题，随后从学生的回答中找出新的问题，引领学生思考与讨论。

又如，伦敦大学教育学院的罗纳德·巴纳特（Ronald Barnett）教授，在课堂中强调要培养学生的批判性思维、学习意愿、参与意愿、倾听能力，并愿意经由学习被改变。

此外，东京大学的佐藤学教授在他推动的学习共同体教学体系中，把学习视为个体与世界的相遇与对话、与他人的相遇与对话、与自己的相遇与对话。他认为学习是认知的（文化）、对人的（社会）、存在的（伦理）实践。

在学习共同体的课堂上，学生们组成许多小组，学习容易的学生会指导学习相对困难的学生，教师、学生、家长都要参与学习活动。所有人都有各自要完成的任务，而不是互相推卸责任。反观某些教师和家长，互相推卸责任，导致学生学得很累，三方都很不开心。

有了这一份理解，我们才能更好地谈论苏格拉底对话教学法。对话教学法在注重全人发展的课堂中很重要，因为它打破了"学生坐在位子上、教师站在讲台上"的单方授课模式。

2. 苏格拉底对话教学法使用的警语。

首先，我在此强调，我不希望因为我是研究儿童哲学的，是学哲学出身的，就把苏格拉底对话教学法说得玄之又玄，好像我是一位苏格拉底对话的传销大师。

我要承认，苏格拉底对话教学法是其中一种方式，我们需要借助苏格拉底对话教学法帮助我们实现让孩子思维发展、成就自我的目标，但不是把苏格拉底对话教学法当成某种灵丹妙药，为此我要留下如下使用警语：

1. "苏格拉底对话教学法"不等于"苏格拉底"。现今我们使用的苏格拉底对话教学法保有苏格拉底的思辨精神、典范，但也经过后人转化，特别经过教育实践者的修正，也因此产生了许多对苏格拉底对话教学法的不同应用。①

2. 请勿直接照搬苏格拉底的箴言和对话现场。现代教学现场与文化和《对话录》的语境不同，直接照搬苏格拉底的方式可能无法适合现代学生的需求。

3. 亚里士多德申明过，"吾爱吾师，吾更爱真理"。苏格拉底不一定是对的，哲学家说的也不见得是对的。我们应该辩证地吸收和运用儿童哲学的理念。

4. 苏格拉底对话教学法有助于活化教学现场，可以发挥教学的最大作用，但没有一种教学方法可以适用于所有教学现场。教师需要根据具体情况活学活用。

5. 你可以有自己的诠释。在使用苏格拉底对话教学法时，教师应有自己的理解和诠释，不必完全拘泥于传统的解释和应用。

请谨记这五点，以免我们用了苏格拉底对话教学法，却失去了苏格拉底

---

① 例如伦纳德·尼尔森（Leonard Nelson）、古斯塔夫·赫克曼（Gustav Heckmann）、潘小慧教授等，他们都对苏格拉底对话教学法进行了不同程度的改良和应用。

的精神。那就变成了另外一种灌输，不是吗？

3. 实践苏格拉底对话教学法的必要性。

我希望读者了解，我们真的有必要学习苏格拉底对话教学法，并在课堂中使用它，这样我们就能帮助更多学生，进而影响整个社会。要帮助更多学生，就需要先帮助教师。

我们经常在课堂中观察到下面的情况，我想很多人都不陌生：

传统教学模式：通常是"上所施，下所效"。教师讲授，学生被动接受。

传统学习模式：通常是沉默学习、消极、被动、安静、注重面子、单向接收。

一份针对大学生的研究显示，大学中存在许多"被动的学习者"（passive learner），他们表现出以下特征：

28% 愿意在课堂上与教师互动。

36% 愿意参与课堂讨论和发问。

38% 表示不敢发问（其中 64% 坦承在高中课堂就很少发问）。

88% 怕被问到"笨"问题，答不出来而丢脸。

83% 表示修课经验多是背诵上课笔记和教科书。

79% 表示不断做练习题和历年真题来通过考试。

显然，这些特征说明，即使是大学生，许多人也会把他们的质疑埋藏在心中，没有展现出对课堂的热情。这会影响他们获取更多知识的能力，也会让他们在学习上绕远路。

同时，我们也发现，他们大多没有被鼓励独立思考，这对培养本土精英以面对全球化竞争，显然是不利的。

苏格拉底对话和日常对话在内涵上有显著差异，这使得我们能够通过苏格拉底对话教学法，改变当前的教育场景。若能在儿童阶段推广这种方法，就能让更多学生提前拥有哲学化思维，并运用于他们未来的人生。下面是日

常对话和苏格拉底对话的主要差异:

表 5.2　日常对话与苏格拉底对话教学法的差异

日常对话	苏格拉底对话教学法
• 出于天性。 • 片段:注重内容。 • 单向:对话经常中断,或倾听者和表达者并不会互换角色。 • 见人、见自己:对话带来的可能是狭隘的、僵化的认识,不存在质疑的空间。 • 很多时候在对话中仅能获得"正确的意见"(true opinions),比如各种流言、偏见,达不到知识的层次。	• 对话是人的天性,并试图发展这份天性,为"我们"带来幸福。 • 格式塔:强调人的整体,把焦点放在对对话者的理解上,对话只是理解人的桥梁。 • 共同建构:倾听者与表达者经常互换角色,双方都想完成共同理解。 • 见人、见自己、见众生:强调通过对话,打破狭隘的、僵化的认识,鼓励质疑并追求普遍的、更高层次的知识。 • 强调知行合一,有助于学生联系学科与实践。 • 强调做人和求知的关系,强调"识即德"。 • 强调"无知之知",有所敬畏。 • 求学的态度讲求谦逊,不耻下问,以真理为师。 • 接受内心的声音。 • 自我导向:让学生自主学习,并"看见"自己有自主学习的能力。 • 促进团队合作。

4. 苏格拉底对话教学法的发展简史。

苏格拉底对话教学法在现代教育中的应用起源于尼尔森于 1920 年在德国哥廷根教育协会的演讲,主题为"苏格拉底方法"(Die Sokratische Methode)。

尼尔森的理念和方法被他的追随者赫克曼发扬光大,他开始培训能够带领对话的"促进者"。他在教学中使用黑板或海报记录成员的陈述,并提出"后设对话"(meta-dialogue)流程,要求参与者通过后设对话反思对话过程中的不足,进而改进对话。

后设对话,即在课程结束后,教师们在工作坊中对课程进行反思:班级中师生或学生之间的对话是否达到了提升认知的效果?如果学生并没有提升认知,甚至产生误解,教师就需要在未来的课程中修正这一点。

赫克曼强调:"苏格拉底对话是一种教导哲学的方法,旨在教导学生如何进行哲学思维,而不是教导哲学知识。"

此外,他提出了"回溯抽象法"(the regressive method of abstraction)。

许多人认为他们的直觉性见解就是知识，但苏格拉底对话强调，参与者需要通过回溯抽象，验证这些直觉性见解是否为模糊的、错误的偏见，以避免陷入独断的观点。

现代的苏格拉底对话，通常被称为"尼尔森式的苏格拉底对话"，并经过了不同教育家的修正与应用。吉赛拉·劳帕赫－斯特雷（Gisela Raupach-Strey）总结出苏格拉底对话的四种基本模式：

● 模式一：单次性的苏格拉底对话。例如，学生在课后询问教师问题，教师通过苏格拉底对话教学法帮助学生推导出答案或方法。

● 模式二：元素整合的苏格拉底对话。在课程中部分融入苏格拉底对话的元素，针对不同学科的需求灵活使用。

● 模式三：全方位的苏格拉底对话规划。在课程规划中系统地融入苏格拉底对话，适用于特定学科的教学。

● 模式四：教师内部探究团体。教师们使用苏格拉底对话进行内部学习和反思，但不直接应用于课堂教学。

苏格拉底对话教学法的应用应该是灵活的，并且适应不同的教学环境和需求。教师不应全部照搬苏格拉底对话的所有元素，而是应该根据实际情况进行整合，使之成为教学的助力而非负担。

最后，关于后设对话，我有一点补充。教师在教学过程中难免会犯错误，这些错误可能是无意的，但同样会影响学生。例如，教师可能在不经意间说了一句轻蔑的话，伤害了学生的自尊心，或者因为疲劳随意给出了一个错误答案。

在这种情况下，教师可以更开放地承认自己的无知。承认无知并不是弱点，反而可以将其转化为与学生一起寻找答案的机会。同时，当教师犯错时，应当真诚道歉。这也可以为学生树立良好的榜样，展示如何处理错误并从中学习。

苏格拉底和孔子都曾因自己的错误向他人致歉，并以此为契机提升自己。作为普通教师，我们也应当坦然地面对自己的错误，并借此机会成长。

5.苏格拉底对话的辩证结构。

想要流畅地使用苏格拉底对话教学法，就需要了解苏格拉底对话的结构，就像我们组装家具，拿起说明书，按照指示一步一步操作，组装成功率会高很多。

本章将帮助你了解苏格拉底对话如何"启动""辩证"和"收尾"，以及在苏格拉底对话中，教师、学生双方该做好哪些事情。

只要多加练习，就能逐渐熟练掌握苏格拉底对话教学法。

下面看一段经我简化过的《对话录》节选，它来自《高尔吉亚》篇，来了解苏格拉底对话的基本结构：

［情境］苏格拉底在雅典街头遇到了著名的修辞学家高尔吉亚。

苏格拉底：你为何来此？

高尔吉亚：我刚从法院回来，准备为一位被指控不义的人进行辩护。

苏格拉底：为什么要为他辩护？

高尔吉亚：因为我擅长修辞术，我相信透过辩护，能让陪审团相信我的委托人是正义的。

苏格拉底：你如此重视正义，那么什么是"正义"呢？

高尔吉亚：符合法律和社会规范的事情就是正义。

苏格拉底：但是法律和社会规范有时会改变，可能我们所做的事情在某些情况下被认为是正义的，在另一些情况下却不被认为是正义的。

高尔吉亚与苏格拉底继续讨论，试图找到一个关于正义的明确定义。经过一番对话，他们暂时得出结论：正义并不仅仅是遵守法律，还应视事情本身是否正确来判断。

高尔吉亚：修辞总是论及最崇高、最善良的人事，故我以为它本身即是一门公正之术。

苏格拉底：既然如此，请想一想——假如有人运用修辞，替凶恶之徒辩护，使其逃脱法网，那么你还认为这依然是"公正"的表现吗？倘若修辞的终极效果，是让不义之人免于惩罚，那它究竟是扶助社会，还是偏袒更有权势者？

高尔吉亚（无言以对），片刻后敷衍道：我还需细思。（遂匆匆辞行）

这段对话反映了苏格拉底对话的基本模式，我们用流程图来说明：

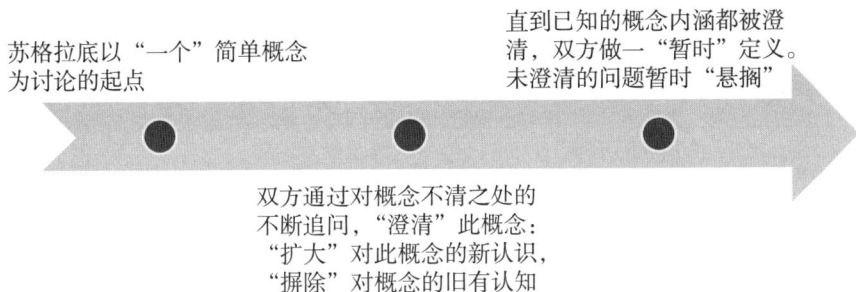

苏格拉底以"一个"简单概念　　　　　　　　　　　直到已知的概念内涵都被澄
为讨论的起点　　　　　　　　　　　　　　　　　清，双方做一"暂时"定义。
　　　　　　　　　　　　　　　　　　　　　　　未澄清的问题暂时"悬搁"

双方通过对概念不清之处的
不断追问，"澄清"此概念：
"扩大"对此概念的新认识，
"摒除"对概念的旧有认知

图 5.1　苏格拉底对话教学法的流程

启动：

对话的启动通常始于一个提问或一个观察。这个阶段的目的是引发讨论，找到一个共同对话的议题或问题。在《对话录》的《高尔吉亚》篇中，对话开始于苏格拉底询问高尔吉亚其技艺的本质，以及他所能教导的内容。高尔吉亚的回应引出了关于修辞术的讨论，这为接下来的辩证奠定了基础。

辩证：

在辩证阶段，双方就某个概念或观点展开讨论，通过问答的形式不断深入探索和澄清问题。苏格拉底在这一阶段往往会使用反问或引导性的提问来挑战对方的观点，并引导对方自己发现问题所在。在《高尔吉亚》篇中，苏格拉底通过一系列问题，探讨了修辞术的真正目的与价值，以及其与正义、善的关系。他引导高尔吉亚及其追随者深入到对权力、快乐和善的真谛的思考。

收尾：

对话的收尾部分通常包括对讨论内容的总结或对话者的反思。《高尔吉亚》篇的对话中，尽管苏格拉底对修辞术的某些方面提出了严厉的批评，但对话并非以高尔吉亚完全认同苏格拉底的观点结束，而是留下了一些未完全解决的争论点。这种开放的结局常见于苏格拉底的对话，因为它们的目的不是提供明确的答案，而是激发思考和反省。

我们可以提炼出苏格拉底对话的重点，将其转换成五个环节，应用于教育现场。

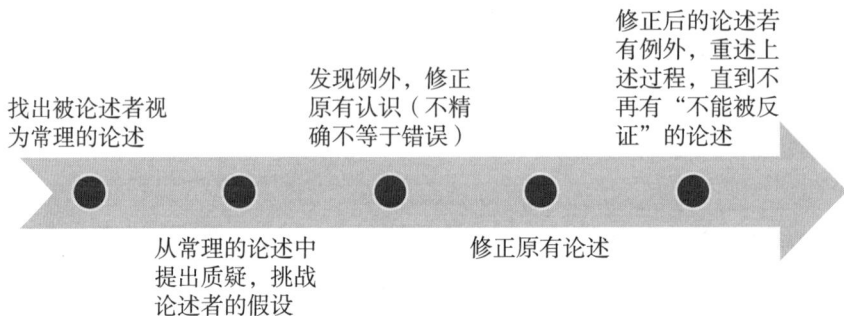

图 5.2　苏格拉底对话教学法中对话推进的五个环节

随着教师和学生一遍遍运用这个流程，课程探讨的议题将越来越清晰明了，越来越深入，层层推进（实例请见本书后面的教案分享与剖析）。

苏格拉底对话教学法需要在课堂中由师生共同推进与完成。教师和学生各有其要扮演的角色。教师是对话中的"促进者"，促进身为"参与者"的学生把思想转化为对话，再用对话激发彼此之间的思想。

刚开始在课堂中使用这种对话方式时，学生们对苏格拉底对话教学法还不熟悉。这时候可以先告诉学生，他们身为课堂一员需要做哪些事，而教师又会做哪些事。

表 5.3　苏格拉底对话教学法中促进者、参与者的任务及注意事项

促进者的主要任务以及注意事项	● 协助澄清过程，尽可能达到真诚的一致性。一致性的达成必须在看法的矛盾点上得到解决，并且所有观点都被充分考虑和讨论。 ● 不可操纵特定方向的讨论，也不可在问题内容上持有立场。在对话过程中，促进者应保持中立，不偏向任何一方，确保每个参与者都有机会表达和解释自己的观点。 ● 促进者应维护对话规则，避免个别参与者支配对话或打断对话的顺利进行。
参与者的主要任务以及注意事项	● 提供案例，并确保其来自实际经验。 ● 思考和询问必须诚实，只有在对谈话有真实疑问时才表达。 ● 全体参与者有义务尽可能清晰、简洁地表达他们的思想，使每位参与者都能通过对话建构概念。 ● 每位参与者必须仔细倾听所有谈话，主动参与，使每个人的见解融入合作思考的历程中。

续表

参与者的主要任务以及注意事项	● 参与者除了专注自己的想法，更要尽可能努力理解其他参与者的见解，如有需要请进一步澄清问题。 ● 若有任何人对问题或讨论失去焦点时，应寻求他人协助，以确认团队目前的进度。 ● 为阐明陈述，抽象说明必须基于具体经验。 ● 若与参与者之间意见相左或尚未达成一致，促进者应鼓励继续探讨相关问题，以深入质问和澄清观点。

在课程早期，教师基本上是课堂中的促进者。随着课堂的进行，学生会逐渐熟悉在课堂中使用苏格拉底对话教学法，促进者的角色会慢慢被学生吸收，逐渐成为自主学习的一部分。

在教学实务中，学生确实会逐渐意识到自己能够做得更多。刚开始，A学生不同意 B 学生的看法，他会举手征询教师的意见。后来，他们会自己形成辩论，这时教师需要注意的是确保其他学生也参与进来。

往往当 A 和 B 各持己见时，会有其他同学发现 A、B 两人各有其盲点，给予一个新的视角，帮助所有参与者重新思考问题，或是提出一个更具批判性、创造性或调和论点的看法，让课堂讨论继续向更高的层次发展。

诚如前文所言，理想的哲学课堂是学生意识到他们就是自己最好的教师。在理想的苏格拉底对话中，学生就是对话的促进者与参与者。这时，教师也可以扮演一位参与者，将促进者的功能交给学生。

现在我们了解了对话是如何展开的，那么我们该如何抛出第一个问题？这就是我们接下来要谈的融合 PBL 的苏格拉底对话教学法。

PBL 教学法

以问题为基础的学习（Problem-Based Learning，PBL）教学法，其形式可追溯至古希腊的苏格拉底对话。近代，杜威在《我们如何思维》（*How to Think*）一书中提倡 PBL 的教学概念。当今，PBL 实际用于教育，特别是大学教育课程，始于加拿大麦克马斯特大学的医学院。如今，PBL 已被发扬光大，国内外有很多教师将 PBL 融入他们的课程当中。

PBL 强调以开放性的问题为核心，以专题个案为引导，培养学生独立思考、自主学习以及团队合作的精神。其内涵基本有四点：

1. 问题设定（problem sets）：保持问题的开放性（open-ended）。
2. 专题研究（case study）：理解个案—初步排除问题—发现新的问题—让学习无限延伸。
3. 深度学习（immersion in a topic）：打破教室与讲台的界限，学生在课堂内外保持学习状态，让学习成为生活的一部分。
4. 团队合作（group work）：学习共同体、互助团体、成长小组。

下面我们简要说明一下 PBL 教学法的流程，读者可以与前面的苏格拉底对话流程进行比较。

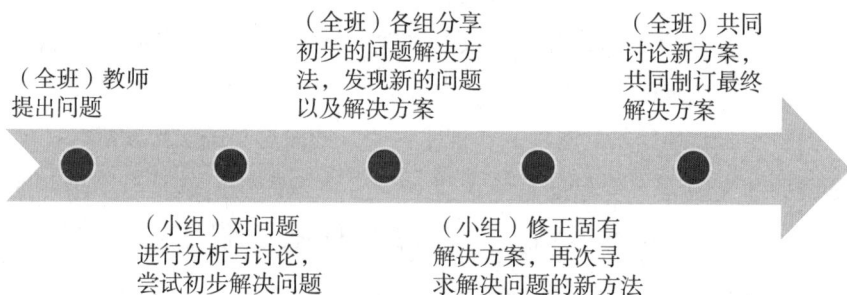

图 5.3　PBL 教学法的流程

它们的主要差异在于，苏格拉底对话"不强调解决问题"，更像是在对话中，让对话者对原本的认知形成更全面、更清晰的理解，更强调澄清原本认知上的错误和谬论。

也就是说，苏格拉底对话意在帮助一个人澄清他在认知上的不足。学生在这当中体会到苏格拉底所说的"无知之知"，在对话中承认自己的无知，敞开心胸去交流，向别人求教，与他人一起寻找答案，增加自己的理解。

PBL 教学法则更强调"解决问题"，因此会出现最优解，也就是最能解决问题的答案。PBL 教学法强调协同合作，以解决问题为最高目的。

此外，苏格拉底对话更注重对话者本身，而 PBL 教学法更倾向于问题本身。

这个差异不是绝对的。因为无论使用哪种教学法，尽责的教育工作者都会保持对学生的积极关注。

因此，我们将苏格拉底对话教学法和 PBL 结合在一起，便可形成课堂中师生之间通过讨论推动课程的结构。

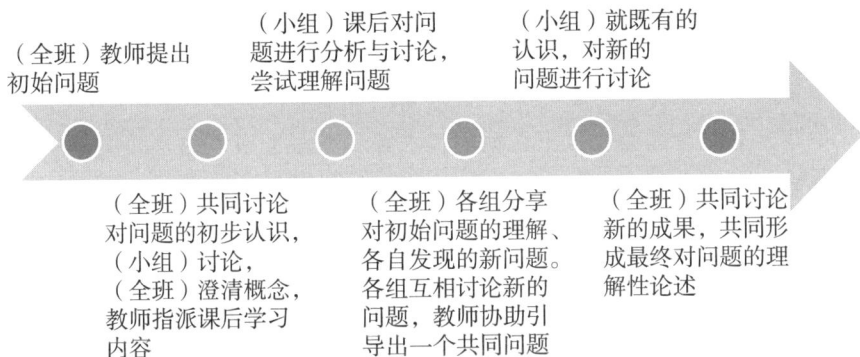

（全班）教师提出初始问题

（小组）课后对问题进行分析与讨论，尝试理解问题

（小组）就既有的认识，对新的问题进行讨论

（全班）共同讨论对问题的初步认识，（小组）讨论，（全班）澄清概念，教师指派课后学习内容

（全班）各组分享对初始问题的理解、各自发现的新问题。各组互相讨论新的问题，教师协助引导出一个共同问题

（全班）共同讨论新的成果，共同形成最终对问题的理解性论述

图 5.4　课程教学流程：融合苏格拉底对话教学法的 PBL 教学法

小　结

图 5.4 展示了儿童哲学课程的六步骤教学流程，呈现了一堂儿童哲学课中师生之间教学活动的基本结构和内容。其结构来源于苏格拉底对话教学法和 PBL。

在这六个步骤中，一开始由教师提出待解决的问题，引领全班讨论。在讨论中使用苏格拉底对话教学法，然后利用苏格拉底对话教学法和其他学生一起寻找答案，最终，学生对问题本身有了更充分的认识，进而提出解决问题的方案。

这样既能满足提升哲学思维的初衷，又能满足一般课程所需的课程成效检验，学生也能在问题解决的过程中，获得锻炼哲学思维的机会，并在解决问题的结果中获得成就感和价值感。

下一章，我们将详细介绍儿童哲学课的流程，包括课程如何启动、中间如何进行辩证讨论，以及课程快结束时如何收尾。我们将提供详尽的教学策略与方法，教师可以一一尝试。

第六章　学会提问：点燃探究的火种

◎ 问与思

小华是一个六年级学生。周五放学后，爸爸来学校接小华回家。

小华和爸爸走到公寓楼下。他们住在公寓五楼，两人打开公寓一楼的大门，踩着楼梯缓缓往上走。

走到二楼时，小华看到两位工人正把一架大钢琴搬进二楼的房间。

小华问："爸爸，我们家为什么没有钢琴？"

爸爸回答："因为我们家有电子琴啊！"

小华和爸爸继续往上走，到三楼时，他们看到三楼的叔叔扛着一台电脑进屋。

小华又问："爸爸，为什么我们家没有电脑？"

爸爸回答："要电脑干什么！爸爸的头脑比电脑好啊！"

小华听了爸爸的话，点点头，但脸上有些半信半疑的表情。两人继续往四楼走，在四楼楼梯转角，他们看到对门的母子俩正抱着刚买的一大桶炸鸡，准备回家享用。

闻到炸鸡的香味，小华问爸爸："为什么我们家没有炸鸡？"

爸爸抹了抹嘴边的口水，拉着小华转身往楼下走，边走边说："走！我们现在去买！"

请问：

1. 看到文章的第一时间，你想到的第一个问题是什么？

2. 这篇文章让你联想到什么个人经验？

3. 你希望通过这篇文章讨论什么议题？

4. 请为这篇文章定一个主题。

先教孩子问问题

先拆解问题，然后搭建一座认知的阶梯

谈到"问个好问题"，你是否想过：到底什么是"问题"？什么又是"好"？又该怎么"问"？

在创意思考领域，有个概念叫"Ask Big Idea Question（s）"，你会怎么翻译？

"问个大主意问题？"听起来好像怪怪的，但把"Big Idea"翻译成"创意"，好像又不太贴切。真是如此吗？

当我们想要学习问问题时，要先拆解我们要做的这个动作，而不是急于去问。比如，当我分析一个语句时，我会想到：

表 6.1 一个"好问题"的内涵与组成

Ask	Big	Idea	Question（s）
本质 形式 动力 目的 其他	大 重要 核心 普遍 完善 突破 符合 其他	想法 感受 叙事 理性 非理性 符号 后设 其他	问题 困难 挑战 考验 考试 为何 如何 其他

Ask：

我想问的是一个关于本质的问题还是关于形式的问题？

比如，有些人想知道"人性是什么"，这是一个关于本质的问题。而有些人想知道"人一定有四只手、四只脚吗"，这是一个关于形式的问题。

又如，你不小心打破了妈妈的杯子，妈妈问："你为什么打破杯子？""你怎么打破杯子的？"前者问的是目的，后者问的是形式。

Big：

有些人关心的是普遍概念，有些人关心的是个别概念。有些人在乎伟大，有些人在乎的是完美地做好一件事。对于好问题的"好"，每个人心中都有着不同的预设和理解。有的人认为"好"学生必须上北大、清华，有的人给自己的标准是"做自己喜欢的事"。前者必定比后者更好吗？

同样，如果教师今天要探讨一个关于"好学生"的问题，他已经预设了"好学生就是要上北大、清华"的立场，那么他在提问时，就很难避免不带入这样的价值观。

Idea：

有些教师希望学生的想法有创意，有些教师追求思维要有逻辑。但有些概念很难具体定义，可能只能用描述的方式去表达。

就像我的爷爷，我没办法简单定义他，只能描述说："我每次回到老家，我们一起吃饭时，他一定要把桌上最大块的肉夹到我碗里，也不管我的碗都快装不下了。我爷爷就是这样一个人。"

身为教师，难免对学生有所期望。这是好事。对学生有期望，表示对学生很关心，还会期待他们通过自己的教学有所成长。但教师要思考，提问时所设定的"理想"或"创意"标准是否符合学生的认知水平。这个标准要考虑到具体情况，避免教师明明很努力，却因为设想和现实落差太大，影响教学的成效。

Question（s）：

在现实生活中，有太多与"问题"相关的概念了，可能是一场困难的考试，一项充满挑战性的测验，一次让人难受的疾病。

有些教师为学生设定的问题，是在问学生"如何做好"，有些则是"为什么要这么做"。不同的问题有不同的回答方式，以及不同的思考脉络与方向。

问题可能是复杂的，解答也可能是复杂的。

越是低龄段的孩子，问题越需要简单、具体，这样能让他们明白，也能让教师更好地在课堂中推动讨论。

谈到这里，假设我们要在儿童哲学课堂中"Ask Big Idea Question（s）"，

我有两点建议，这两点建议借鉴了存在哲学的两个大概念："当下"与
"关系"。

首先，以"当下"为先。

好的问题可能来自"过去"留下的经典，也可能来自对"未来"的设
想。比如和学生探讨"孟子的性善论和荀子的性恶论，哪个更有道理"，或
是"如果明天就是世界末日，我们现在还需要守法吗"。这些问题都很有趣，
也很值得探讨。但如果你在上课时发现当天学生们的状态不佳，询问之后，
发现刚刚学生们和隔壁班级发生了争吵，大家都很愤慨。那么这时候，是否
还要坚持原来的授课计划呢？

假如你有充分的准备，又是一位经验丰富的教师，那么可以试着把当下
的情况作为最佳刺激物，以此作为讨论的主题，引申到隐含的议题。

我们可以通过学生的愤慨，问问他们想怎么办。如果学生表示想要讨公
道，那么可以联系到"守法"的议题，比如"与同学起争执，该怎么讨公
道"或者原本我们可能预设之后有个关于"公平"的讨论，假如我们早有准
备，那么我们可以提前上"公平"的课。

其次，重视人与人的"关系"。

前面我们提到过，哲学的发展脉络是从"客观的"哲学走到"主观的"
哲学的，如今则强调"关系的"哲学。

万事万物的真理，有客观的一面，也有主观的一面。而我们通过自身主
观的认识、观察与反思，以及和客观事物之间发生的触碰，形成认识。

比如，对于一位穷人和一位富人来说，他们都可以理解"贫穷"的意
义。但落到他们自己身上，某天穷人赚了一百块，他可能乐不可支；富人
赚了一百块，他可能觉得自己今天表现太糟糕了，因为平常他一天赚一万块。
可是某天富人看见穷人因为贫穷无法享受医疗，便动了恻隐之心，便捐款让
穷人进行治疗。此时他们因为这个事件，又重新对"贫穷"的意义有了新的
认识。

有时，教师兴致勃勃地带着预设的议题来到教室，但他可能会发现，学
生们对这个问题不感兴趣。有一种情况是，这个问题离学生太远了，这时
候，教师可以试着跟学生说出预设的议题，让学生提出和议题相关的主题。

比如，原本教师想通过"管仲和鲍叔牙"的故事谈友情，可是同学们压根没听过这两个人，没有代入感。这时教师可以换个故事，比如用"哆啦A梦和大雄"来谈友情，可能瞬间就能激起学生的动力，带动讨论。

把握"当下"和"关系"，意味着教师要时刻意识到，他在教室里面对的学生都是活生生的人。如果学生因为心理因素无法投入课程，教师要先照顾学生的心理感受，而不是急于完成课程任务。

把课上完固然算是完成任务，但这样一堂课，师生之间就像两个不同时空的人，彼此都没有真正关切对方，就像对方不存在。长此以往，学生会逐渐缺乏投入讨论、进行探究的动力，后续要再推动学生重拾探究的动力，又得重新和学生建立心理上的联系，可这时学生可能已经对教师建立起某种刻板印象，要打破刻板印象需要费很大的力气。这原本都是教师可以避免的。

下面我们再介绍一套"Ask Big Idea Question（s）"的提问方法，这套方法转化自美国教育心理学家本杰明·布鲁姆（Benjamin Bloom）于1956年在芝加哥大学提出的教育目标分类学。布鲁姆把教学目标进行了分类，并提出了一个认知范畴的等级概念。这些概念非常适合成为我们提问的方向。

提问与对话的阶梯：从简单到复杂的提问技巧

在教育现场或家庭亲子互动中，提问是引导孩子思考、表达和探索的重要方式。然而，并非所有的提问都能有效促进孩子的学习与成长。布鲁姆分类法为我们提供了一个由简单到复杂的提问框架，可以帮助教师和家长设计出层次分明、循序渐进的问题，全面提升孩子的认知能力。

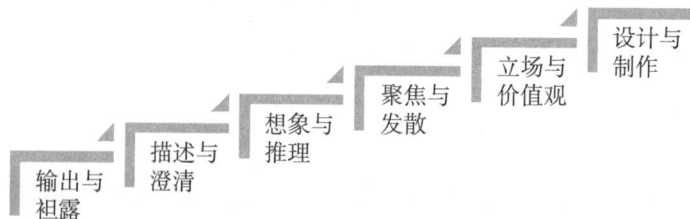

图 6.1　转化自布鲁姆分类法的提问技巧：从简单到复杂的阶梯

布鲁姆分类法修订版将认知过程分为六个层级：记忆、理解、应用、分析、评价和创造。每个层级对应不同的思维技能和难度，从最基础的事实回忆到最高阶的创新思考。

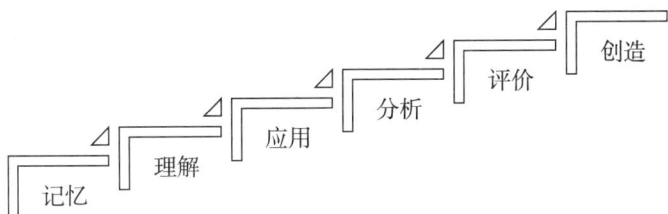

图 6.2 布鲁姆分类法修订版

根据这六个层级，我们可以设计出不同类型的问题。

1. 记忆：输出与袒露。

记忆层级的提问主要目的是了解孩子掌握了哪些知识，以及他们对这些知识的情感反应。我们可以通过这些问题检验孩子记住了多少内容，评估他们的既有知识储备，并据此调整教学进度。同时，这个层级的问题也让孩子有机会表达自己的感受。

2. 理解：描述与澄清。

理解层级的提问旨在深入了解孩子的想法从何而来，以及他们的感受背后的原因。通过要求孩子对事物进行详细描述，可以帮助他们建立起严密的逻辑思维，学会用自己的话阐明所学的概念。

3. 应用：想象与推理。

应用层级着重训练孩子灵活运用所学知识的能力。我们可以设计一些问题，引导孩子使用类比推理（如归属、比喻），将熟悉的概念迁移到新的情境中。同时，鼓励孩子根据已知信息大胆想象，并从中提炼出合理的推论。

4. 分析：聚焦与发散。

分析层级强调培养孩子全面审视事物的能力。教师可以通过提问，指导孩子学习系统的观察方法、辨别事实与观点的区别、比较事物的异同，以及从整体和局部不同的视角分析问题。引导孩子学习概念的组合与拆解，理解事物的内在逻辑。

5.评价：立场与价值观。

评价层级的问题旨在唤醒孩子的主体意识，认识到事物的多面性、主观性和相对性。鼓励孩子表达自己的立场，学习与持不同观点的人讨论。培养孩子对事物进行相对评估的能力，理解事物价值的相对性和绝对性。

6.创造：设计与制作。

创造层级强调开发孩子的创新能力。培养孩子遇到问题就动脑筋的习惯，运用已知知识和跳跃式思维解决新的难题。引导孩子在动手实践前学会周密筹划，在制作过程中也不忘反思。

接下来，我们通过三个提问与对话的教学实例，来看看如何将布鲁姆分类法的六个层级应用到具体的教学活动中，激发孩子多层次、多角度地思考。

1.实例一：读《灰姑娘》。

（1）记忆：灰姑娘有几位姐姐？

（2）理解：为什么灰姑娘一开始不能参加舞会？

（3）应用：假如用不同的植物代替南瓜，变出来的马车会长什么样子？让我们画画看。

（4）分析：如果灰姑娘勇敢一点会怎么样？

（5）评价：你觉得继母是坏人吗？

（6）创造：如果你是仙女，会怎么帮助灰姑娘？

2.实例二：观察一棵树。

（1）记忆：学校里有几棵树？

（2）理解：天气热的时候，待在树下是不是比较凉快呢？

（3）应用：我们一起用身体摆出树的样子，该怎么摆？

（4）分析：为什么不同季节，树上的叶子颜色会不一样？

（5）评价：如果要选出校园中最美的树，你会选哪一棵？

（6）创造：如果我们要盖一间树屋，该作哪些准备？

3.实例三：开学第一天。

（1）记忆：米奇是我们的好朋友，你的好朋友是谁呢？

（2）理解：你觉得米奇现在的表情，是开心还是不开心呢？

（3）应用：米奇不开心，我们该怎么安慰他？

（4）分析：让我们看看彼此，来！表现一下不开心的样子……再表现一下开心的样子！

（5）评价：让我们看看谁笑得最大声，谁做的鬼脸最丑！

（6）创造：现在我们要给米奇设置一个让他不开心的时候可以安心待着的地方，我们一起来想一想，动动手。

总之，布鲁姆分类法为教师和家长提供了一个系统的提问策略，从知识、理解到应用、分析、评价和创造，循序渐进地培养孩子的思维能力。巧妙地设计不同层次的问题，才能真正唤醒孩子的求知欲，引导他们主动地探索未知的世界。

最好的问题，往往是最能打动你的那一个

关于本章开头短文中小华和爸爸对话的四个问题，你想到了什么呢？

这四个问题本身的顺序，就是我们在设定课程开始的问题时，应该考量的优先顺序。

第一考量：直觉与感受。"看到文章的第一时间，你想到的第一个问题是什么？"

这个问题在问我们接触一个场景时的第一感受是什么，第一时间想到了什么。

如果一个问题十分切中我们的心，触动了我们的感受，我们自然会有强烈的动力去追问答案。

如果我们设定了一个问题，这个问题连教师自己看了都无感，没有探究的兴趣，学生上课怎么会有充分的动力？

所以教师在选题，包括挑选上课要用的刺激物、参考资料时，都要先问

问自己的感受，也要相信自己的感受。

第二考量：联结个人经验。

"这篇文章让你联想到什么个人经验？"个人经验能够使教师站在当事人的视角，而不仅仅是空泛地思考问题。教师在推导问题的时候，可以将自己的个人经验和学生的个人经验联结，这样讨论会更容易落地，避免让问题在讨论中过于抽象、虚幻，导致学生难以理解，因为离生活太遥远而失去探究的动力。

第三考量：运用理性。

"你希望通过这篇文章讨论什么议题？"

通过前两者筛选后，我们可以好好想想，该怎么以挑选出的问题为核心，联结到适合的授课主题。比如从"想要爸爸给我买东西，却开不了口"的问题，设想出"父爱""父亲节""爱是什么""什么是满足"等议题，当然，这些议题最好契合孩子的生活环境以及时事。

接着我们开始找资料，激发关于议题的更多灵感。

这时，因为问题本身是教师感兴趣的，进入理性思维这一步，就不会因为缺乏动力而意兴阑珊，也更容易想出周全的方案。

第四考量：制定教案主题。

"请为这篇文章定一个主题。"

到这一步，我们可以开始写教案，并准备教学方案。如果这是一个研究项目，我们这时已经可以想出一个写在申请书当中的主题了。

"主题"跟"议题"有些不同。"主题"指的是教案的名字，就像一本书的书名；"议题"指的是教案要探讨的核心概念，也就是一个我们要探讨的哲学问题。

以小华和爸爸的对话为例，我们可以把主题定为"爸爸说谎了吗"，而我们要讨论的议题是"什么是说谎"，又牵涉到"人可以说谎吗""说谎有例外情况吗"等延伸议题。或者也可以定个主题叫"好爸爸与坏爸爸"，借以讨论"能满足孩子的就是好爸爸吗""爸爸的责任是什么"等议题。

有了议题，再接续到哲学领域，就形成了儿童哲学的一个课程主题。

比如关于说谎，牵涉到伦理学的问题，如《中庸》论"诚"，或者苏格拉底谈"信用"的对话篇章。

关于责任，可以谈社会哲学的问题，如哲学家罗尔斯的《正义论》等。

提问的策略

提问的本质："感兴趣"加上"无知之知"

在提出那些看起来"很厉害"的技术名词之前，我想强调一点：关于提问，任何技术都是形式，提问的本质永远比形式更重要。

分享一个我在教学现场的实例。

在我的课堂教学活动中，会让学生来担任助教。第一次让学生当助教之前，我会花时间跟学生讨论："助教的工作是协助教师上课，请问助教该干些什么？"

学生们踊跃举手，有的说"帮教师写板书"，有的说"帮教师发上课资料"，其他答案如"帮教师管秩序""举报那些上课偷写作业的人""帮教师拿饭盒"……五花八门，一整面黑板都写不完。

接着，我开始问学生："所以助教就是'教师要他做什么，他就做什么'。是这样吗？"

有些学生点头表示肯定。我接着问："如果教师让助教去他家打扫卫生，助教也要去吗？"

这时开始有学生表示反对，于是我接着问："所以助教绝对不是教师要他做什么，他就做什么。是吗？"

学生们基本赞成这个想法，因为他们意识到，助教的工作范围只限于帮教师上课。接着我跟学生讨论："助教该做点什么才能把课上好？"这时学生们已经意识到，他们一开始提出的意见可能有些跟教学无关。

然后我开始逐条问学生："助教不帮教师写板书，这课就上不好了吗？""助教不帮教师发资料，这课就上不好了吗？"……

学生们逐条否定了他们一开始认为的那些助教该干的活儿，开始思考"助教如何帮教师把课上好""什么叫'把课上好'"。

经过讨论，学生们理解了，助教做的事情肯定要对教学有帮助，不然不如不做。如果助教做的事情只是给教师方便，但反而影响教学，那也是不对的。

这时我又问："只靠助教一个人，就能帮教师把课上好吗？"

学生们讨论后，意识到一堂课不可能只靠一个人就能上好。实际上，每个班级成员都是助教，都有责任把课上好。

此时，学生们在苏格拉底对话中推导出了"助教的职责"。接下来，综合我对"本质与形式"的哲学概念讲述，学生开始把刚才的看法分类。

"助教要帮教师写板书""助教要帮教师发上课资料""助教要帮教师管秩序""助教要举报那些上课偷写作业的人""助教要帮教师拿饭盒"……这些都是助教工作的形式。而助教工作的本质是"协助教师提升教学效果，同时帮助同学提升学习成效"。

在教师培训的场合，教师们最关切的就是"技术"。他们想知道我是怎么引导学生讨论，怎么一个问题扣着一个问题的，怎么做到非常自然地、游刃有余地带领学生进行探究的，就像我提前预知了学生们讨论的方向。

我没有读心术，我只是尽可能地作好准备。所以只要你愿意投入，学习儿童哲学的教学方法，并加以实践，你完全可以在课堂里做到这些，而且能比我做得更好。

提问的本质是什么？提问的本质基本离不开教学的核心：从直觉出发、重视感受，然后才是理性和技术。

这只需要教师发自内心、真诚敞开地去问：

● 问自己感兴趣的问题。
● 问自己不知道的问题。

第一，如前面所说，感兴趣的问题，也就是让我们好奇答案是什么的问题，这是最接近哲学本身的提问动机。感兴趣，教师才能保持和学生一起探究问题的动力。

第二，去问自己不知道的问题，就可以放下对课堂的操控，避免让学生去"猜"教师要的答案。问自己不知道的问题，并不是要教师不作准备就来上课，让学生处在"茫然无措"的风险中。

教师当然要对课程内容作好准备，但这些准备只是展现哲学家、相关研究、教师本身的认知和立场，还有一些未知的观点和思考的空间，有待学生和教师一起激荡。

教师问的不是"一加一等于多少"的数学问题，或是抖机灵的笑话，而是一个没有标准答案，但又在生活中会遇到，需要我们仔细思考的问题："如果今天大家都说一加一等于三，只有你说一加一等于二，你会坚持自己的看法吗？为什么？"

同样是跟"一加一"有关，后者变成了一个可以用来探讨"勇气"的伦理学问题。有时候，我们确实因为群体压力，不敢说真话，但我们能说这样做肯定是错的吗？无论是哪一方的立场，学生背后怎么想、为何这么想都值得师生一同探究。

让讨论哲学化的方法：论证与辩护

有了上述提问策略，就可以逐层引导学生进行对话。通过演练这些提问策略，学生自己也会逐渐熟悉，并应用于课堂的小组对话或日常生活的其他方面。

对话之后，会形成概念和暂时性的观点。无论是小组讨论还是全班讨论，在概念与观点敞开在所有人面前后，接着要做的就是检验这些概念与观点。通过"论证"与"辩护"的交流，逐步达成越辩越明、去芜存菁的认知升华。

● 论证，简单说就是为自己的主张提出支持性的观点或证据。
● 辩护，简单说就是在驳斥他人质疑时提出支持己方主张的观点或证据。

大体而言，教师要让论证和辩护成为课堂讨论的常态，才能使学生的思维保持在活跃状态。

在传统授课中，学生表达完意见后往往保持沉默。有些学生则开始不专心，做自己的事情或和旁边的同学讲话，因为他们觉得自己已经完成了课堂的任务，剩下的是教师的工作或其他人的事情，与自己无关。

在这种传统授课中，学生表达完后往往等着教师"发落"，教师只需告诉学生说得对或不对。这时，教师成了法官，学生只能等待判决，这个课堂就会缺乏"让学生自己动起来"的内驱力。

儿童哲学课堂要保持学生的专注，就要告诉学生，每个人都是课堂的参与者，参与的时间不限于教师叫到你时，而是贯穿整个课程的每一刻。

这需要一些方法，而论证和辩护就是最好的引导方式。两者来回引起的讨论，会让所有在场的学生知道"事情还没结束""我表达完，别人还会有反馈""我要听别人说，因为可能会有我不同意的看法"等。

随着探讨的内容深度与广度不断扩展，每个人都要参与进来，直到课堂暂时结束。因此，帮助学生习惯论证和辩护的对话，是唤起学生自主学习的方式之一。

下面我们就来了解对话的原则和具体策略。

尼尔森式的苏格拉底对话强调哲学论证与辩护要符合四个基本原则。在我们引导学生时，这四个原则要放在首要位置：

1. 至少且必须没有违背逻辑学或概率学的定律。
2. 不应该违反我们已知的科学定律和理论（哲学家没有资格否定科学理论或定律）。
3. 尽量避免挑战日常直觉（仅仅是挑战，对挖掘真相可能没有帮助）。
4. 在理性上能说服他人。

哲学的态度是谦逊的，是基于事实和原理作出判断。这并不表示哲学是无情的，而是哲学需要恪守"求真"的本分。哲学讨论需要想象力，但不能因此就把哲学摆在一个"万灵丹"的位置。

同样的，教师再厉害也不可能完全理解学生的生活，以及他们的生活经历和感受。上述四个原则都在呈现谦卑、谦逊的态度。这就是为什么哲学讲求理性讨论，并在讨论中要有论证，且要给彼此辩护的空间。因为这能避免我们陷入一己之私，或因为个人生活的有限性形成错误的认识。

更进一步说，教师在儿童哲学课堂中是引领者，引领者应该更多地扮演"提问者"的角色。提问旨在帮助学生想通道理，而不是让学生记住教师说的道理。提问是帮助学生了解自己，而不是让教师告诉学生"你是什么样的人，你该怎么想，你该怎么做"。

总之，教师需要带着一颗赤诚的心，放下表达自我的冲动。下面我们就来尝试论证的方法，用引导代替灌输，用提问代替直接给答案。

建构论证有三类：

1. 倡议型。

对话者就某项主张提出具体陈述，以及一些令人信服的理由，使他人在接受这些理由的情形下，接受其主张。

2. 批驳型。

提出理由以反对或否认对方某个主张。可分为"拒斥"和"削弱"。

拒斥：能提出实质上的相反理由。或从逻辑上指陈对方论证的无效。

削弱：指出对方理由的不恰当，或论据不足以支持论证逻辑，或其归纳强度不足。

3. 诱思型。

既不倡议某项论述，也不批驳某项主张。而是借由论证活动，诱导参与者针对某个议题来思考，以发展出新的想法。

对这三者的差异，以及教学现场的情况，我以一个简单的刺激物为例进行说明。

假设我们要让小学低年级的孩子分辨"偷"和"拿"的不同，可以先举一个例子：

教师前一天交代小明，隔天要交一笔教材费。小明忘记了，于是上课当天早上，他情急之下，从爸爸书桌的抽屉里拿了一百块钱，交给教师。之后小明忘了这件事。回到家，爸爸气急败坏地问小明："你是不是偷了我的钱?"小明这才想起来,于是把拿了爸爸一百块交教材费的事情告诉了爸爸。

请问:小明做的这件事算是"偷",还是"拿"?

课程开始,教师先邀请学生分享他们的想法。接着,教师让持不同主张的学生分别进行倡议型的表达,也就是说,提出"我为什么这样认为"的见解。比如"偷就是拿了别人的东西,没有告诉对方",或者"拿走了东西,如果对方没有损失,就不算偷"等。

接下来,可以由教师引导或者学生自主展开讨论,就不同的主张和想法进行批驳型的对话。例如:

甲:没有跟爸爸说,就是偷。
乙:可是后来小明跟爸爸说了,所以是拿。
甲:但是为什么一开始不说呢?
乙:一开始小明找不到爸爸。所以只好之后再说。
甲:可是万一小明一开始跟爸爸说,爸爸不给他,那怎么办?
乙:可以找妈妈要。
甲:要是妈妈也不给呢?
……

学生互相寻找对方论述中的弱点,拒斥和削弱对方的观点,这时他们会对自己原本的论述产生更多的思考。

当讨论到了一个难以达成共识的分歧点,教师可以适时介入,使用诱思型的问法,引导学生为各自的想法进行论证和辩护。换言之,论证和辩护的意义不在于打击对方,而是通过持续的对话丰富学生的思维,使学生不断增进对问题的认识。

比如,当学生对"偷"和"拿"的看法停留在某个问题上时,教师可以使用诱思型的问法:

万一小明没有想起来这件事，爸爸也没有发现少了一百块钱，那怎么办？

如果"之后再说"和"一开始就说"是一样的，那是不是以后你拿了同学的钱，之后再告诉他就不算偷了呢？

除了"偷"和"拿"，有没有其他类似的行为，既不是偷，也不是拿呢？如果今天我拿了别人的钱，之后还给他，这样算"偷"还是"拿"？还是"借"呢？

论证和辩护就在倡议、批驳、辩护，以及教师的诱思中展开。当我们对一个问题的理解有所进展后，可以重新循环这个步骤，辩证性地增进对问题的理解。

下面将分四个步骤进行说明。

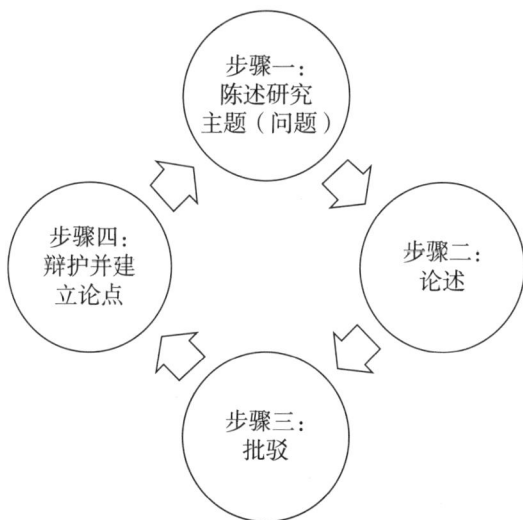

图 6.3　辩证性对话的四个阶段

步骤一：陈述研究主题（问题）。

课程开始，通常是教师给予刺激物，并且提出第一个问题，接着引导学生表达主张。

有时刺激物本身已提供多个主张，可以带动学生思考。对于复杂、困难、抽象的问题，刺激物最好本身带有主张。

比如谈到"人性善恶"的问题，我们举出一个故事或者一个新闻作为刺激物，并且列出孟子、荀子、告子关于性善说、性恶说、性无善无恶说的主张及相关论述。这样，学生在讨论这个较为抽象的问题时，就能从三位哲人的立论点出发，不至于随意猜想，导致讨论停留在"想到什么说什么"的阶段。

如果问题本身具体、容易理解且与学生生活相关性很高，就不一定要列出他人的主张，因为刺激物本身已能带动学生思考。

为了推动学生更多地表达他们的主张，教师可以在这部分运用诱思型的问法。实际上，教师在课程开始提出的第一个问题，本身就带有诱思的作用。

这个诱思问题要与探讨的主题和议题结合在一起。同样的刺激物，会因为探讨的主题和议题不同而带来不同的诱思方向。

比如，今天的刺激物是《论语·学而》中的一段文字：

有子曰："其为人也孝弟，而好犯上者，鲜矣；不好犯上而好作乱者，未之有也。君子务本，本立而道生。孝弟也者，其为仁之本与！"

教师提出的第一个问题，可以带出不同的主题和议题。比如想探讨"什么是好公民"的主题，就与社会哲学和伦理学相关。

教师若想探讨"判断好公民是通过观察他们的行为进行的吗？"的诱思问题，可以这样问："依据孔子的看法，我们是否可以通过一个人孝顺的行为，判断他是一位懂法守纪的好公民？"

教师若想探讨"德行论"，讨论好公民的内在修养和人格养成，就可以这样问："依据孔子的看法，我们专注修习我们的本心，就能成为一位好公民，对吗？"

假如教师希望先帮助学生充分理解文章，以学生对孔子这段话中各个概念的理解作为今日课程的重点，那么就可以这样问："依据孔子的理论，培养好公民的教育要素有哪些？"

步骤二：论述。

厘清并确定研究主题后，可以对研究主题的"正反立场"进行论述，列出正反立场各有哪些支持或反对的理由，并搜集相关争论的议题与子议题。

在这部分，教师要充分搜集学生的问题，尽可能地照顾到每个学生的发言权。我的做法是，无论是个人还是小组，最后都要把他们的"主张"和"支持主张的论点"整理在黑板上，或者写在大家都能看到的海报纸上，好让学生们了解彼此的想法。

步骤三：批驳。

通过"拒斥"和"削弱"，驳斥不合理的主张。

常用的方法包括但不限于以下几种：

1. 指出逻辑违反同一律、矛盾律、排中律。

同一律：主张前后不一致。例如，在讨论"爱"的议题时，前面论证时用母爱为论点，后面却用爱情为论点。

矛盾律：主张出现矛盾。例如，一开始说"不诚实是不道德的"，后面又认为"善意的谎言是道德的"。

排中律：主张不存在其他解释。假如出现其他解释，就意味着提出该主张的人的主张并不周全。例如，讨论"知行合一"，也就是一个勇敢的人不只是思想上知道什么是勇敢，也会做出勇敢的行动。那么只要一个人说自己勇敢却不行动，或是做了却不知道自己在做什么，那么他就不是知行合一的人。如果一个学生说他是个知行合一的人，但又说有时候他知道什么是对的却不敢去做，那么他这部分的主张就不周全。

2. 寻找谬误：看概念（理论）是否相容、蕴涵或可能。

简单来说，有时学生认为相容、蕴含或可能的观点，实际上是不相容、不蕴涵也不可能的。明晰这一点，学生才有反思和修正观点的机会。

例如，"正义是一种德行"，当我们谈到一个无关正义的行为时，我们就不该用正义去判断它。

又如飞行不是人天生蕴涵的能力，但是制造一辆可以载人飞上天的工具，是人天生蕴涵的能力。

再如，学生探讨到"敬神"的议题，有学生站在人超越神的立场论述，但这样的论述不符合神的定义（神是绝对完美者，如果有人能超越，那么神就不是绝对完美的），以此延伸的论证就难以成立。

3. 挑战预设：指出对方前提的漏洞。

检视提出主张的人，他推论出主张的前提是否有漏洞。

例如，有学生认为："母爱是无条件的给予。"如果学生的这个主张的前提有漏洞，那么就有必要反思与重新调整他的主张。如社会中确实有母亲抛弃了自己的孩子，也有母亲总要孩子达到她的要求才给予照顾。

4. 使用消去法：逻辑可能、概念可能、形上可能、物理可能。

消去法的用意是"去伪存真"。无论是从逻辑、概念、形上或物理层面下手，目的都是把正确的、真的、可信的部分凸显出来。对话一方通过指出对方应当消去而没有消去的部分，使对方意识到自己论证的不周全之处，致使对方无法自圆其说。

例如，探讨"未成年人犯罪，应该不应该和成年人适用同样的法条"，赞成的一方论证时说"现在未成年人的认知能力与成年人一样成熟"，那么反对的一方可以从认知心理学的角度以及相关研究文献出发，论证"未成年人的认知能力比不上成年人"，促使赞成的一方修正本来的主张。

5. 建立反例：提出概念可能性，或提出实际反例。

反例的意义在于使参与者意识到他的主张过于单一、决断。有时，提出反例是尝试性的，可以激发双方的思考。

例如，有些学生认为"信用"就是"有借有还"，守信用是对的。苏格拉底就提出质疑："万一你今天跟朋友借了一把刀，要还他时发现他疯了，可能会拿刀伤人，这时候还该还吗？"那么学生就会意识到，可能还有比守信用更重要的价值，守信用不见得永远是对的，进而反思原本的主张。

6. 思维实验法：反证法或归谬。

这种方法与建立反例的主要差异在于思维实验法是针对"我们暂时都不清楚的情况"进行思维实验，然后回头论证原本的主张是否周全。

例如，班上一部分学生认为"美好的事情容易被记住"，另一部分学生认为"不美好的事情更容易被记住"。这时，比起直接进入讨论，不如进行思维实验。我的做法是现场给学生提供纸张，先请他们写下"记得的美好事情"，能写多少写多少，再请他们写下"记得的不美好的事情"，同样能写多少写多少。最后收集全班同学的答卷，再通过统计结果得出真实的结论。

还有一种思维实验的方式，就是对来自现实生活中难以确知或难以有效获得答案的议题，通过模拟的方式来推导出原先问题可能的答案。

例如，对于"当一个人说他讨厌某样东西，会不会口是心非"这个问题，我们可以借用心理学上的"白熊效应"，让学生都闭上眼睛想象，但要提醒"不要想一头白熊"，然后问他们："当你试图不想一头白熊，是不是脑中反而一直出现白熊呢？"以此来反证前面口是心非的假说。

争论不下时，还可以通过现场问卷等方式，通过实验的结果来论证不同主张是否为真。

步骤四：辩护并建立论点。

对话者提出自己的主张与论证，并对反对自己主张的理由和论证提出有理有据的反驳。

如前所述，到了步骤四，并不是讨论的结束，而是下一个循环的开始。

促进思维的对话技巧——"530 对话技巧"

对话的作用在于"促进讨论"，这是促进者的责任和任务。换句话说，就是让苏格拉底对话辩证性地在提问中滚动，进而达到解决问题的预定目标。

论证与辩护如果不得要领，就会让对话变成泛泛之谈，词不达意，或者双方都在猜对方想什么，也可能明明有很多想法却说不清楚，导致讨论过程中产生诸多误解，也让参与者越说越灰心，后来就不想说了。

确实，如果手边有一些具体可操作的方法，教师在引领讨论时会安心许多，学生也能够尝试用手边的方法来整理自己的思绪。

哲学课堂的对话，经常始于教师的提问。提问的目的不是问倒学生，彰显教师的高明，让学生感到压力，也不是用责备式的问法让学生难受，成为变相的惩罚。

相反，教师应该通过苏格拉底式的对话促进学生的逻辑思考，对自己的表达进行反思和整理，发现自己的盲点并加以补充，以推动讨论，并引导学生群体对问题形成更深入的认识。

然而，由于经验不足，教师有时会"卡住"，不知道该如何推进。在此，建议你将从苏格拉底对话、PBL，以及逻辑学、诠释学、现象学等哲学方法中提炼出来的"530 对话技巧"打印出来，放在手边，随时参考。

教师在引导学生回答时，应秉持真心想知道答案的态度，对学生的看法表示兴趣，同时提供足够的安全感，让学生知道即使他表示"不想回答""要再想一想"，或者回答得不是很充分，教师也会期待他下一次的表现。

唯有教师摆正育人的心态，才能让课堂讨论发挥作用。如果学生站在教师的对立面，自然态度消极，不想回答或抗拒回答，这时不可能产生有效对话，更不用提讨论和探究了。

以下是"530 对话技巧"介绍，分为五大类，每类各六项，总共有 30 种对话技巧要领。建议教师不用一次全部尝试，而是先挑一两个，多加思考与练习。

表 6.2 "530 对话技巧"概览

第一类	提示	符合	分析	综合	演绎	归纳
第二类	归谬	类比	拓展	随想	反证	自否
第三类	目的	悬搁	假设	暴露	故事	暂停
第四类	转移	翻译	转化	抽象	具象	脉络
第五类	观察	求助	竞争	表演	还原	放弃

第一类：学生有想法，但不知如何统整、梳理。教师需要帮助学生整理问题，澄清概念，让所有参与者更能抓住讨论的主轴。

1. 提示。

学生可能因为紧张或其他原因，不知道该怎么表达。教师给予行动上比较明确的指示，可以让学生有所依据。另外，当教师觉察到学生欲言又止时，这是学生"我还有话想说，但不知可不可以说"的信号，要明确地请学生接着说。例如：

- 你记得老师刚刚说了什么吗？
- 看看讲义的第三行。
- 是，有时我们不一定要诚实。比如什么情况呢？
- 你反对他的看法，然后呢？

2. 符合。

在苏格拉底对话初期，学生尚不明确如何讨论或是开展新的主题，还不清楚讨论的新概念。这时可以通过预设的问答，让学生获取这次主题的预设前提。当然前提可以打破，但不是现在。如果一开始教师给予的文本就没有一个固定前提，就像导航没有起点，学生可能会很迷茫。例如：

- 讲义上提到孔子说"益者三友"，谁可以告诉我是哪"三友"？
- 按照孔子的定义，你身边有谁算是你的益友呢？

3. 分析。

把一个讨论对象加以拆解，变成可以分开讨论的个别概念。例如：

- 人的脸上除了眼睛，还有哪些器官？
- 一所学校的组成，除了要有教室、课桌椅，还需要什么？

4. 综合。

把不同概念加以组合，使其在一个类别或项目下进行讨论。教师需要具有分类的基本概念（如生物学中的界、门、纲、目、科、属、种），不能乱分。例如：

- 红色、球体、质地坚硬，这三个条件加在一起会让你想到什么东西？
- 前面谈了孟子说的仁、义、礼、智，一个实践这四点的人，可以称为什么？

5.演绎。

层层推理，有逻辑地递进讨论的概念。例如：

● 天下雨，所以地湿。下雨是因，地湿是果。但我们可以从地湿推论出肯定是因为下雨吗？

● 如果你今天回家不写作业，隔天教师知道了会发生什么事？

6.归纳。

从许多概念中整理出共同点，从许多看起来相同的概念中找出相异点。例如：

● 为什么你们都被分到这个班，是你们自己选的吗？还是依据入学成绩？还是有别的因素呢？

● 这棵树上有好多只鸟，这些鸟有什么共同特征呢？

第二类：学生的想法不够多元、立体。教师想帮助学生扩大视野，刺激更多的思考。

1.归谬。

归谬，又称为"反诘"，是就对方"从前提到结论"的推论，提出反例，使对方意识到自身的推论有不周延之处。在柏拉图的《对话录》中，苏格拉底就经常使用此法。例如：

● 你说人都是自私的，所以为国捐躯的爱国志士也是自私的喽？

● 如果以前的人看见的天鹅都是白的，现在出现一只黑的，这只黑天鹅算天鹅吗？

2.类比。

逻辑学将类比分为归属类比和比例类比。通过将不同类型但可比的概念作为比较的标尺，来澄清概念。例如：

● 我们用"温暖"形容对空气温度的感受，但是不是也能用"温暖"形容我们对别人的情绪感受呢？

● 你喜欢数学还是语文？假如 0 分是非常不喜欢，10 分是超级喜欢，你会分别给它们打几分呢？

3. 拓展。

拓展使讨论的范围延伸，将讨论议题从目前牵涉的范畴，延伸到其他相关范畴。例如：

你说每个人都是独一无二的，但如果复制一个和我一模一样的人，我还是独一无二的吗？如果不是，是不是说这个复制人就不符合"和自己一模一样"的定义了呢？（从本体论延伸到逻辑学）

4. 随想。

运用直觉，将对话中直觉的反应表达出来。有时候对话进行不下去，可能是对话双方想太多了。例如：

● 你刚刚的表达让我想起我妈妈经常对我说的话……

● 你今天特别沉默，是不是遇到了什么事？

5. 反证。

从反面证明一个命题是正确的。例如：

你说爱会让人快乐，又说爱就是对一个人好。但有时我们对一个人好，不见得会让对方快乐。比如爸妈为了保护我们的眼睛，不让我们一直用手机打游戏。不能打游戏，我们可能会不快乐。这是不是可以说，爱不见得会让人快乐呢？

6. 自否。

有时教师看见自己的表达有不周全之处，但学生没有发现，或是教师发现学生有一个认知谬误，可以先提出来，然后通过提出自身观点的逻辑瑕疵，使学生意识到问题所在。例如：

确实！有时我们遭受不公平的对待，会忍不住迁怒别人。可是如果教师因此迁怒到你们身上，岂不是对你们不公平？这样我是不是会变成自己不想成为的人呢？

第三类：学生的想法脱离当下，尤其脱离与现场其他参与者的联结，陷入个人的情绪或执念时，教师想让学生回到当下，重建联结。

1. 目的。

亚里士多德对于万物生成提出了"四因说"，即万物生成基本来自质料、形式、动力和目的四种原因（比如一张用木头制成的、由木工为了卖钱打造出来的椅子）。

有时学生的表达令人难以理解或接受，可能是有意为之，我们可以去探究学生表达的目的，这会让学生感觉受到关注，并且厘清表达内容背后的个人想法。此外，部分人性论的议题可以通过目的提问法刺激学生思考。例如：

● 谈到公平这个话题的时候，你大吼："这个世界根本不公平！"你为什么这么激动？

● 刘禅为什么乐不思蜀，而不选择像勾践一样卧薪尝胆？

2. 悬搁。

课程会有一个主轴，需要厘清一些相关问题才能推进，但有时一些问题离主轴太远了，或者跟课程无关。这时我会跟学生建立新的规则，把这些问题扔进一个"篓子"里，告诉学生这些问题将留到以后讨论。例如：

● 请大家课后回去查一查，最好问问你的妈妈"怀孕的感受是什么"。带着你的答案，下节课回来跟大家分享。现在，我们先就我们已知的来讨论……

● 你的问题很好，但我们先讨论今天的课题。我们下节课谈你的问题。

3. 假设。

对于某些情境，我们可以通过假设的问题，引导学生扩展思考，而不是直接给学生一个答案。例如：

● 假设能够回到一年级第一天，你会怎么度过你的小学生涯呢？
● 假设人死后没有来生，是不是祭拜祖先就没有意义了呢？

4. 暴露。

借鉴心理咨询的方法，有时教师可以通过分享自己的人生事件，引发学生的共鸣与思考。相反，教师请学生在安全的情况下，分享个人经验乃至心里话，往往能带来更让人共情的议题。例如：

● 我知道你很委屈。老师以前读初中的时候，有次考试考得特别好，结果班主任怀疑我作弊，让我很伤心。
● 前面大家似乎都同意，不是对父母都要孝顺，有些父母不尽责，那么子女不一定要孝顺。有人愿意分享自己的实际经验吗？或者分享你身边的例子？

5. 故事。

有时我们讨论的议题，可能难以举出实例，或缺乏趣味性，或学生的认知能力一时不足以掌握内容。为了帮助学生，可以用故事来带动讨论。故事可以是真实的，也可以是虚构的，但无论使用哪一种故事，都要告诉学生是真实的还是虚构的，以免学生误解。例如：

如果做坏事都不用负责任，我们真的会比较快乐吗？老师讲一个叫《浮士德》的故事，我们一起来思考。

6. 暂停。

讨论受阻的情况有很多，其中一种情况是课程的长度或讨论的难度已经超出学生的认知负荷，这时需要让学生休息一下。另外，如果讨论过程中学生有了火气，或是现场发生突发事件，可以适当暂停一下。例如：

- 对于三段论，大家懂了吗？我给大家两分钟看看笔记，想一想。
- 我们停一下……（走到某位同学旁边）……你怎么了，身体不舒服吗？

第四类：当讨论的议题经过一段时间的推展，教师发现讨论的内容越来越偏离主轴，或是参与者对于共同讨论的概念没有共识，这时需要帮学生重新认清讨论的发展历程。

1. 转移。

如果讨论的节奏有时缓慢，有时急遽，或是讨论的方向变化太快，教师要把控一下现场。尽管教师给予学生讨论的自由，但如果讨论气氛热烈，场面却混乱，出现部分学生跟不上的情况，这时，转移是控制讨论节奏的有效方式。

此外，如果议题有可能对学生造成心理上或者其他方面的危害，教师有必要快速转移讨论的方向和议题，保护学生。例如：

- 谢谢小江分享他的故事，现在让我们回到前面的讨论。
- 大家说了很多助人的经验，下面有没有人分享一下接受别人帮助的经验？

2. 翻译。

哲学家路德维希·维特根斯坦（Ludwig Wittgenstein）曾说："哲学的问题基本是语言的问题。"有时讨论进展不顺，症结在于对话者表达的语意不清。这时教师需要协助学生表达清晰。这里的"翻译"不只是翻译外语，也包括把成人的用语调整成适合学生认知水平的用语，用本地文化的概念解释异地文化的概念，把学生误用的语言加以修正等。例如：

- 你说的迷恋，跟盲目崇拜有什么不一样呢？
- 你刚刚说的概念，比较接近晚辈对长辈的尊敬，还是人与人之间的尊重呢？

3. 转化。

把哲学概念转化为非哲学概念，或者反过来，将非哲学概念转化为哲学概念。前者是一种譬喻性的转用，后者是一种创造性的诠释。在过程中使学生理解概念的固有定义和潜在的可能性。例如：

- 人有生有死，花有开有落，世间万物是不是都有生有灭呢？
- 杜甫这首诗中，哪一句让你感受到"无可奈何"的惆怅？

4. 抽象。

当我们需要将讨论从具体经验上升到抽象概念，进而就概念来讨论时可以这样做。例如：

- 我们眼前有红苹果、红粉笔、红色书包。有没有人可以把"红色"拿给我？
- 小明的成绩比小华好，小刘的成绩比小明好……如果总是有人的成绩比另一个人好，那么什么是"最好"？

5. 具象。

当话题过分抽象，学生难以理解，导致讨论难以进展时，可以将抽象概念具象化，使其变成更容易被感官感知的讨论对象。鼓励学生在课堂中写笔记是把想法具象的手法之一，而且对学生保持讨论的专注度非常管用。例如：

- 你说的坚强是像石头一样坚强吗？
- 有人说焦虑就像头上悬着一把剑，但你不知道这把剑什么时候落下来。

6. 脉络。

在讨论过程中，我一般会在黑板上画一个思维导图。这样，无论讨论进行到哪里，都能随时帮助学生找到来路。所有局部的讨论，最终都要帮助我们和全局讨论不断互相参照，以免讨论看似精彩，实则松散。例如：

大家记得我们是怎么一路讨论到这里的吗？我们本来在讨论"敬"是什么，然后讨论到"敬老尊贤"，讨论到哪些对象值我们表示敬意，然后又谈到什么样的人不值得尊敬。现在回到原本的问题，看看经过前面的讨论，如何回头来修正我们对"敬"的理解。

第五类：共学句式。当讨论中出现"冻结"或接近失控的情况时，我们要推动讨论进行，就需要激活学生的参与度，或积极介入。

1. 观察。

讨论不只是表达和倾听，也包括观察学生的"非口语"表达。有的学生用皱眉表示不同意，有的学生对某个议题特别认真。有时课堂陷入沉默，教师不要着急，可以充分观察学生，找出感兴趣的学生来回答。当部分学生发言的时候，也要观察那些不发言的学生，确认他们的状态。

同时，我们也可以拿出方便讨论的实物，教学生对其进行观察，以推动思考。例如：

● 小陈，我注意到当小徐在说话的时候，你一直不停地摇头，你有什么想法？
● 谈到"白色"的概念时，我们想到的"白色"都一样吗？现在请大家观察一下，教室里有哪些东西属于"白色"？这些东西的白色都一样吗？

2. 求助。

教师不是万能的，有些问题实在答不上来，直言不讳也无妨。表达之后，可以跟学生一起探究问题的答案。另外，如果在教学活动中遇到难题，可以在课堂之外向其他教师、专家求助，或在工作坊中与其他教师讨论，都会对课堂有很大的帮助。

另外，教师也会遇到个人困难。当教师因为课堂以外的原因陷入困境时，也需要适当求助。比如教师碰到家里的长辈过世，没有心情上课，这时可能需要心理咨询的帮助，或让其他同事分担工作。

求助也是一种智慧和勇气的表现，有助于营造积极的学习氛围。例如：

● "光年"是距离单位还是时间单位，这个问题应该问物理教师，谁去办公室问一下？

● 上次我们谈到音乐的美，有人说现场听跟听音频的美不一样。今天我请到一位朋友，她是一位古琴教师，我们请她现场为我们演奏，然后与音频比较看看。

3. 竞争。

有时讨论缺乏动力，可以通过刺激学生的竞争心来实现。竞争不只是人与人、组与组、班与班的竞争，也可以是个人自我的竞争。例如：

● 之前谈到这个问题，隔壁那个班写出 20 点。你们能想得比他们更多吗？

● 老师记得学期初，你特别认真，但最近两次上课，你都在跟同学讲话。学期初那位认真积极的同学到哪里去了呢！

4. 表演。

教师有时需要一点戏剧表现来增进课堂讨论，包括营造课堂气氛。比如，情绪管理方面有个"6、8、10 原则"——六分生气的时候，演出八分生气的样子，使学生意识到该自我约束一下，以此避免教师十分生气，做出失控的行为或说出不当的言论。还有一种做法是让学生来表演，结合教育戏剧，提升教学成效。例如：

● 有些人生气的时候，会想："对方怎么还不来安慰我？"（教师演出一边生气，一边用余光偷瞄旁人的样子）

● 现在我想请同学们两两一组，一位演苏格拉底，一位演高尔吉亚，我们一起看看哪一组接写他们未完的对话接得最好。

5. 还原。

我们外出旅行，有时候会迷路，这时继续前进可能不是一个好主意。我们需要往后退，回到之前能把握的一个定点，重新选择另一条路。讨论也是如此，有些讨论进展不顺，可能是我们"走错路"了，这时不该蒙着头继续前进，可以把讨论往回倒。

另一种情况是，教师将一个复杂概念还原成简单概念，但这需要教师对讨论的问题有相当理解才能执行。例如：

● 今天我们谈了很多好人应该有的行为，但这让我们感觉当个好人太难了。现在重新审视一下我们的想法，哪些行为去掉之后，其实也不影响一个人是个好人呢？

● 前面我们讨论了人的负面心理活动，如嫉妒、骄傲、仇恨等，又讨论了人的正面心理活动，如希望、祝福、同情等。那么人的"心理活动"本身是什么？

6. 放弃。

教师会遇到课程进展不顺的时候。人无完人，教师也不是万能的。有时可能因为课程设计、评估有误、突发事件或其他因素，导致当天课程进行得非常不顺。这时，可能需要教师适当地放弃原先的计划，包括放弃一个已经进展了一段时间的讨论，用其他课程计划或其他主题来代替难以进展的教学活动。例如：

有一次上课，学生特别不在状态，非常吵闹。原本准备的课程主题引不起他们的兴趣，于是我停下教学，了解他们今天怎么了，然后改用另一个跟他们更加相关的主题来上课。

融会贯通：12 种提问与对话的教学方法及其动态结构与原则

正所谓"行百里者半九十"，到这里我们已走过大半旅程。在前面的内容中，我们对儿童哲学的历史有了一定的了解，对哲学提问与对话的方法也有了初步的认识。我们领悟了对话的本质，也学到了一些提问与对话的技巧。接下来，就让我们融会贯通，把所学的知识整合成 12 种提问与对话的方法。

表 6.3　12 种提问与对话的方法概览

A 线性对话教学法	B 漩涡型对话教学法	C 跷跷板对话教学法	D 共同搬砖对话教学法
E 三幕剧对话 教学法	F 叙事对话教学法	G 连环钩对话教学法	H 运用好奇心的对话 教学法
I 运用想象力的对 话教学法	J 心理照护对话 教学法	K 例外情况（当对话 必须中断）	L （　　　）对话教学法

这 12 种方法不仅是对话的技巧，更是思考的架构。换言之，每一种架构都足以支撑起一堂精彩的课程，但其意义却不止于此。当你熟练运用这些策略后，你会发现它们之间是相通的、可以重组与再创造的。

我相信，经过不断地练习与反思，你终将形成属于自己的儿童哲学教学方法，甚至能超越哲学的范畴，发展出独特的提问与对话的结构或方法。到那时，你不仅是一位专业的老师，更能像我一样，成为许多教师的良师益友。

现在，就让我们一起踏上学习之旅，一步一个脚印地探索这 12 种提问与对话的方法吧！相信这段旅程会带给你全新的视野与感动，开启通往智慧的大门。

【A. 线性对话教学法 】

线性对话教学法是苏格拉底对话教学法的应用之一，旨在让对话能有脉络地延续下去。教师可以用简单的概念作为讨论起点，透过不断追问概念中不清楚的地方，帮助学生澄清概念，扩大对概念的新认识，同时摒除旧有的认知，直到已知的概念内涵都被厘清，形成一个暂时的定义。尚未澄清的问题则可暂时悬搁。

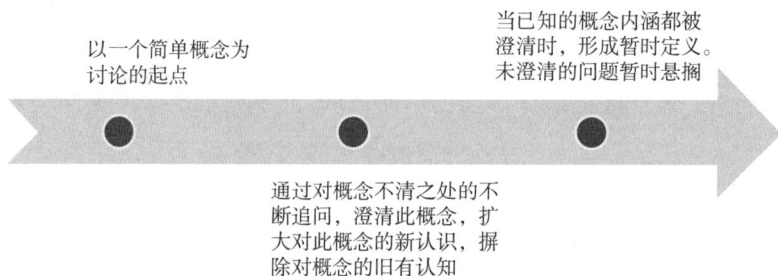

以一个简单概念为讨论的起点

当已知的概念内涵都被澄清时，形成暂时定义。未澄清的问题暂时悬搁

通过对概念不清之处的不断追问，澄清此概念，扩大对此概念的新认识，摒除对概念的旧有认知

图 6.4　线性对话教学法的步骤

这种对话法的目的，是以总结与提问来重建学生的认知。教师引导学生通过三段论（大前提、小前提、结论）的推理方式，修正原有的想法，建立新的认识。

所谓"三段论"，是指我们对万事万物的判断可以基于"大前提""小前提"和"结论"为一个推论的模型。

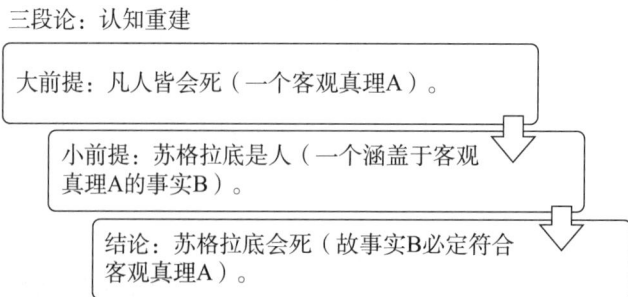

三段论：认知重建

大前提：凡人皆会死（一个客观真理A）。

小前提：苏格拉底是人（一个涵盖于客观真理A的事实B）。

结论：苏格拉底会死（故事实B必定符合客观真理A）。

图 6.5　三段论推演说明：苏格拉底之死

　　而每一个结论，又会形成新的大前提，因此我们可以不断延伸我们的推论，进而延伸我们的讨论。

　　之前我们在"让讨论哲学化的方法：论证辩护"的部分谈到"'偷'跟'拿'的区别"的课题，呈现了如何通过诱思进行对话。我们也可以把诱思转化为三段论的形式，以更清晰地把握通过提问引导学生对话与讨论的历程。

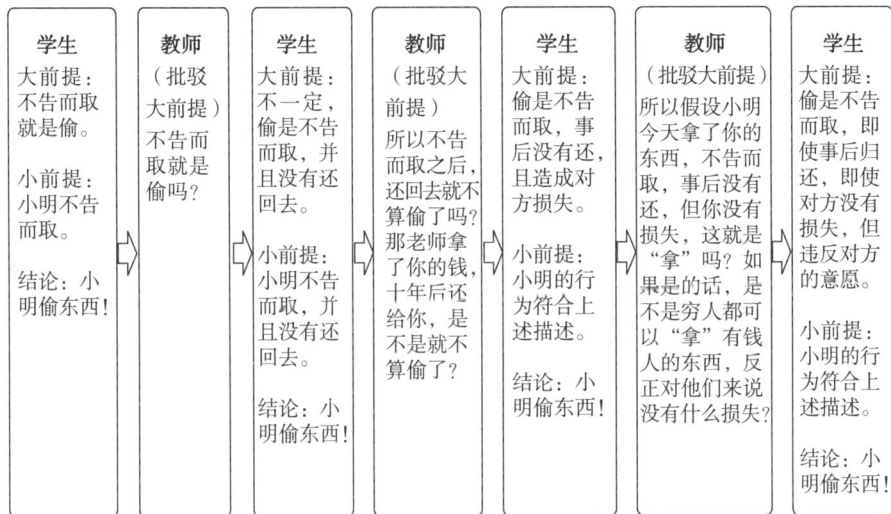

学生	教师	学生	教师	学生	教师	学生
大前提：不告而取就是偷。 小前提：小明不告而取。 结论：小明偷东西！	（批驳大前提）不告而取就是偷吗？	大前提：不一定，偷是不告而取，并且没有还回去。 小前提：小明不告而取，并且没有还回去。 结论：小明偷东西！	（批驳大前提）所以不告而取之后，还回去就不算偷了吗？那老师拿了你的钱，十年后还给你，是不是就不算偷了？	大前提：偷是不告而取，事后没有还，且造成对方损失。 小前提：小明的行为符合上述描述。 结论：小明偷东西！	（批驳大前提）所以假设小明今天拿了你的东西，不告而取，事后没有还，但你没有损失，这就是"拿"吗？如果是的话，是不是穷人都可以"拿"有钱人的东西，反正对他们来说没有什么损失？	大前提：偷是不告而取，即使事后归还，即使对方没有损失，但违反对方的意愿。 小前提：小明的行为符合上述描述。 结论：小明偷东西！

图 6.6　三段论推演说明：以澄清为目的的总结
与提问——"偷"还是"拿"

教学实例：论正义

　　以下是一个运用线性对话教学法探讨"正义"概念的教学实例，我们可以按照这个脉络依序操作。

　　第一步：以柏拉图的《高尔吉亚》篇中苏格拉底与高尔吉亚的对话作为讨论的刺激物。

　　苏格拉底：您自称演说家，高尔吉亚。请问修辞术究竟制造何种成果？
　　高尔吉亚：修辞术赐予人"说服力"，尤其关乎正义与不正义之事。
　　苏格拉底：若如此，演说家自身必通晓正义？

高尔吉亚：我能教人如何在法庭上辩说正义，却未必人人真正理解正义。

苏格拉底：假如某人凭雄辩诱使大众支持不义之事——他仍算正义吗？

高尔吉亚：若修辞为私利而滥用，便成为不义的工具。

苏格拉底：既然如此，我们当先求明白"何为正义"，再谈修辞何以服务正义，而非凌驾法律。

高尔吉亚：你的追问使我承认：正义须以灵魂的秩序为本，而修辞应当顺从此秩序。

苏格拉底：若无正义之魂，最华丽的言辞亦只是空洞欺骗。

第二步：通过一系列线性问题引导讨论，这些线性问题通过不断延伸的三段论来推进。

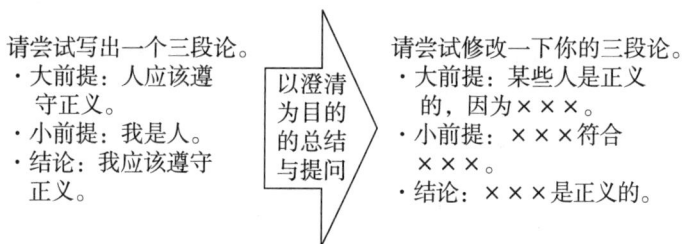

图 6.7　三段论推演说明：概念澄清的结构

下面通过对"正义"的对话，逐步讲解如何在课堂中利用三段论推演的方式促进讨论。以下几种不同的问法，教师们可以斟酌使用：

● 正义的对象除了遵守法律，还包括哪些？（此问题旨在引导学生思考正义的各个维度，为接下来探讨正义的本质作铺垫。）

● 你们认为正义形成的根本原因是什么？（承上题，引导学生探讨正义形成的原因，引导思考正义的本质。）

● "正义"与"合法"有何不同？（通过比较两个相似概念的异同，帮助学生更精确地掌握正义的意涵。）

● 我们遵守法律是因为法律本身是正义的，还是因为社会期望我们这样做？（引导学生思考正义的本质是由法律决定还是由行为本身的正确性决定，借此厘清正义的实质。）

● 正义是出于情感、道德或是利益？（承上，进一步讨论正义背后的心理动机，分别探讨情感、道德或利益在正义观中的角色。）

● 就你个人而言，追求正义的动机主要是什么？（请学生反思自身追求正义的动机，理解正义因个人背景和信念差异而有不同的意涵。）

● 个体观点与倾向的差异会带来什么影响和后果？（总结上述讨论，引导学生思考不同正义观的意义与影响，帮助他们认识到个体观点对正义概念的影响。）

● 高尔吉亚的观点更接近哪一种对正义的理解？（回到讨论的原点，请学生思考高尔吉亚对正义的看法，深化对原文对话和正义概念的理解。）

第三步：透过上述步骤和问题讨论，教师可以带领学生一同探索"正义"这一概念，从对象、原因、本质、个人倾向等不同角度进行分析和了解，帮助学生厘清"正义"的多重意义。

第四步：布置延伸的作业，让学生进一步思考相关议题。

线性对话教学法要点

表 6.4　线性对话教学法要点与注意事项

适当的问答法	不适当的问答法
● 参与者对主要概念有足够了解。 ● 话题推进有助于厘清原初问题。 ● 相关议题、概念与主题有所联结。 ● 对话以逻辑关联性延续。	● 参与者理解不足时仍推进对话，导致脱落。 ● 谈论多个话题，但对主题认识无帮助。 ● 某些议题与主题缺乏关联。 ● 对话仅以问答联结，但无关联。 ● 对话流于形式，只是推进时间和程序。

供教师反思的三个问题

问题一：你认为成为一位教师的"前提"是什么？

（思维线索：前提可以不断修正，完善我们的职能。）

问题二：你在教学生涯中遇到最大的困难是什么？

（思维线索：你怎么看待困难的出现和你的关系？）

问题三：你认为理想与现实是矛盾的吗？

（思维线索：差异不等于矛盾。）

【B. 漩涡型对话教学法】

漩涡型对话教学法旨在让讨论转动起来，透过不安、怀疑、寻求答案、形成假设、对照经验、消除怀疑，最终达到安定，引导学生进行辩证思考。这个过程可以概括为：最初的不安感促使我们产生怀疑，进而寻求答案。我们形成各种假设，并与经验对照，以检验假设的合理性。经过反复论证，怀疑得以消除，我们重新获得安定。

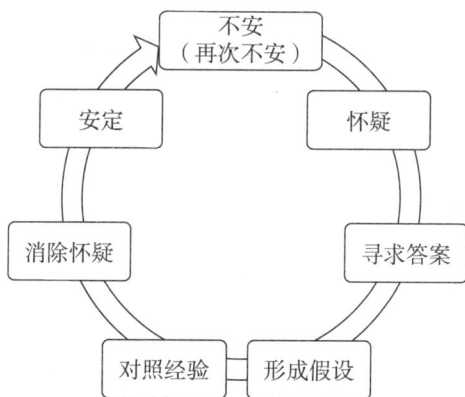

图 6.8　以内在不安为起点的辩证性对话历程

漩涡型对话教学法强调讨论过程的辩证性，鼓励学生提出暂时性的结论、否定和提升，不断深化对议题的理解。现实操作中，我们也可以把漩涡状的图案（包括格子和方向线条）描绘出来，通过可视化的呈现，和学生一起讨论。

整体；暂时性的提升　合　　　　正　实在；暂时性的肯定

反

非实在；暂时性的否定

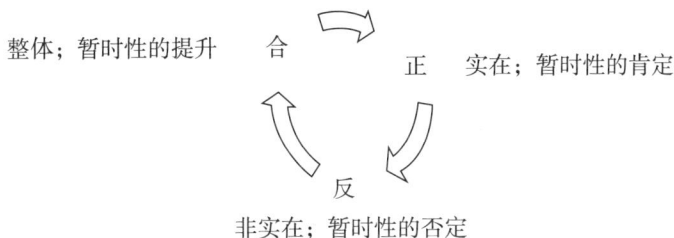

图 6.9　漩涡型对话教学法的发展架构

教学实例：论活着

第一步，以欧亨利的短篇小说《警察与赞美诗》改编的故事《苏贝的愿望》作为讨论的刺激物。

苏贝的愿望

苏贝是头懒惰的小猪，每年冬天他都会想办法进猪猪监狱避寒。这一年，他又开始筹划入狱的"大计"。

苏贝先是去了一家高档餐厅，想吃霸王餐然后被警察逮捕，没想到还没进门就被侍者揍了出来。接着，他砸了一家商店的橱窗，可是警察却去追赶另一个逃跑的可疑人物，根本不理会他。

无奈之下，苏贝走进一家平价餐馆大吃一顿，吃完后他告诉侍者自己没钱付账，叫他们去找警察来逮人。谁知侍者二话不说，直接把他丢出了餐馆，连警察都懒得叫。

苏贝不死心，又故意在一个警察面前骚扰一位女士，以为这下肯定会被逮捕了。没想到女士竟主动挽着他的手臂，要他请她喝酒，警察也只当没看见。苏贝又在大街上装疯卖傻，警察只以为他是在庆祝球赛获胜，依然不予理会。

绝望之中，苏贝走进一家雪茄店，当着警察的面偷了别人的雨伞就跑。伞的主人追出来理论，苏贝说你认为是你的伞就去叫警察啊！结果那人反而心虚了，说可能是自己搞错了。

沮丧的苏贝最后来到一座古老的教堂前。教堂里传出优美的风琴声，让久在泥潭中挣扎的苏贝心生向善之念，他开始忏悔自己的堕落，决心洗心革面，重新做人。

就在这时，一个警察拍了拍他的肩膀，不由分说地把他带走了。第二天，法官宣判苏贝在监狱里关押三个月。

第二步：提问与对话。

提问一：为什么苏贝一心想要被捕？这个问题会引发学生的不安感，并让学生产生怀疑——苏贝为什么要故意犯错？

学生开始寻求答案，形成各种假设——苏贝疯了、苏贝放弃自己、苏贝好逸恶劳……

学生将假设与个人经验对照——通常没有人会故意犯错，我曾经故意犯错，因为……

经过讨论，学生逐渐消除怀疑——苏贝其实也想被肯定、被喜欢，他也不想住监狱。

学生的认知达到新的安定——当一个人有把事做好的自信，他就不会故意犯错了。

提问二：为什么警察一开始不抓苏贝？教师导入存在哲学中"意向"与"需要"的概念，利用红贴纸（代表意向）和绿贴纸（代表需要）让学生选择。

提问三：（确认学生对"意向"和"需要"概念的理解，并协助他们修正理解）吃甜点是意向还是需要？

提问四：（进一步确认学生的理解）睡觉是意向还是需要？

提问五：通过对意向和需要的理解，分析苏贝的可能选择，哪些是出于意向，哪些是出于需要？

提问六：我们都没有读心术，如何确知一个人（如苏贝）的意向？

提问七：你觉得苏贝清楚自己的意向吗？

提问八：是否有时我们内心清楚自己的意向，却因为一些心理因素，导致我们不敢去面对内心的意向呢？（比如明明想要考好，但因为害怕失败而逃避，干脆摆出一副不认真的样子，这样即使考不好，也有一个安慰自己的借口。）

第三步：总结讨论要点。

当讨论到一个暂时性的结论时，教师就要带领学生回顾一下之前的历程，让学生了解他们是如何一步步"走"到这里的，并指出他们思维的历程与方法，尤其是有所突破的部分，好让学生能够记住使用的方法，让学习变成有形的内容。这个历程如下图所示。

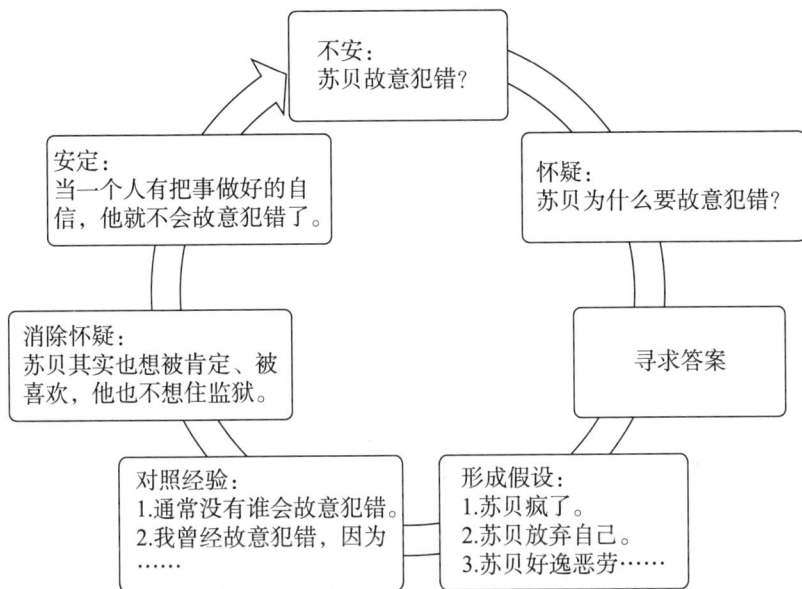

图 6.10 以不安为起点的漩涡型对话历程示例与说明

第四步：布置延伸作业，让学生进一步思考相关议题。

漩涡型对话教学法要点

表 6.5 漩涡型对话教学法要点与注意事项

适当的问答法	不适当的问答法
● 讨论始终与核心问题保持"牵引"。 ● 概念思考与个体经验相符程度不断提高。 ● 通过"否定"搅动对话的批判与辩证性，深化对主要议题的理解。 ● 确保参与者的辩证思维始终保持一定的活跃度。	● 议题过度发散，缺乏讨论的焦点与重心。 ● 讨论无助于概念与个体经验的相互印证。 ● 讨论历程只有单向的肯定推进，造成表面的顺畅与空洞共识。 ● 参与者的思维得不到足够刺激，后续讨论结果可预期。

供教师反思的三个问题

问题一：什么是"不安"？

（思维线索：我们经常理性思考，但我们了解自己的感受吗？）

问题二：当你不安时，会怎么做？有用吗？请举例说明。

（思维线索：大人遭遇的生活困境，会不会有时也是孩子的难题呢？）

问题三：我们该如何将学生的"怀疑"能力转化为学习的动力呢？

（思维线索：当我们希望调动孩子的好奇心时，我们自己是否还保有好奇心呢？）

【C. 跷跷板对话教学法】

跷跷板对话教学法的核心理念在于将具有对立性、冲突性、莫衷一是的议题作为对话的"支点"，讨论中通过这个支点刺激学生思考与对话，以寻求平衡。这种方法的独特之处在于它不追求单一的答案，而是鼓励参与者在对立的观点之间探索，从而达到更深入、更全面的理解。

常见的对立性议题有以下四种情境与目标。

情境一：将因"概念不清"而产生观点对立的议题导向概念澄清。教师可以通过提出一些定义模糊或有争议的概念，引导学生思考并澄清这些概念的内涵和外延。

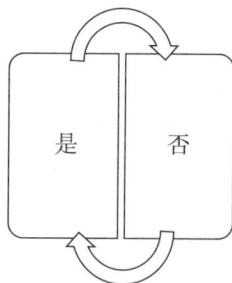

图 6.11 对立性议题：概念澄清

情境二：将利弊得失复杂的两难问题，经由教师对学生的"价值判断"的指导，使其学会如何估算得失，化解困境。尤其对一些看似矛盾的情况，要鼓励学生深入思考，寻找可能的解决方案或新的视角。

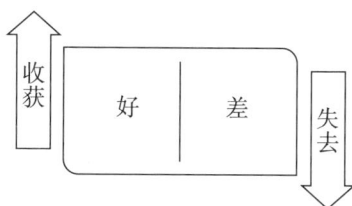

图 6.12　对立性议题：估算得失

情境三：帮助学生面对他们内心具有"内在冲突"的问题。内在冲突指的是个人在价值观、信念或决策中遇到的矛盾和困扰。

在课堂中，开启内在冲突的议题能引导学生明辨立场，懂得探讨立场背后的价值观，探讨个人价值观或信念中的矛盾之处、问题的复杂性，不再只是"有立场，无想法"，进而使学生能表达立场，能和他人交流背后的价值观，亦懂得理性地捍卫自己的立场，避免只会情绪输出。

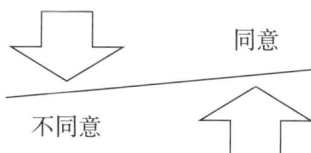

图 6.13　对立性议题：立场价值观

情境四：此对话法之教学目标，在于让学生了解我们对事物的认知与思考，不在于知道更"多"，而在于知道得更"完整"，用知道得更完整取代以数量多为好的固有思维模式。因此课堂中学生的彼此交流，可以促进现场原本持不同态度、立场、价值观、知识背景的学生，获得对该议题更完整的认知，达成学习成效。

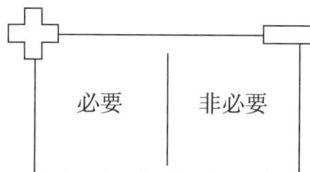

图 6.14　对立性议题：完整性

教学实例

教学实例一："正常"与"异常"

这个实例旨在引导学生思考"正常"和"异常"的概念，以及它们之间的关系。通过一系列问题，学生将被引导深入思考这些概念的定义和界限。

安妮得了什么病？

安妮是一个初一学生，她经常带着各种问题去"骚扰"身边的人，包括她的父母、老师、同学。她成天追问各种问题：宇宙的起源是怎么回事？我从哪里来？人为什么会死？死后要去哪里？为什么有些人做坏事，却没有得到惩罚？为什么人会说谎？身边的人都被安妮烦得受不了，安妮的父母很担心她，把她送到心理咨询师那里接受诊治，后来还送她到精神科，接受药物治疗。但这些并没有使安妮的"病情"好转。后来，她的父母听说有个哲学教授会做咨询，于是抱着一丝希望来到哲学系彼得·瑞比（Peter Raabe）教授的办公室……

问题一：安妮有病还是没病？

以这个问题为起点，引导学生思考"病"的定义。教师可以提供一些安妮的背景信息，如她的某些行为或症状，让学生基于这些信息进行判断。

讨论要点：

● 什么样的症状或行为被认为是"有病"的表现？

● 我们如何判断一个人是否患病？

● 社会对"正常"和"异常"的定义如何影响我们的判断？

问题二：什么是"病"？

这个问题深入探讨"病"的本质，引导学生思考医学、社会和文化对"病"的不同定义。

讨论要点：

- "病"的医学定义是什么？
- 社会和文化如何影响我们对"病"的理解？
- 心理疾病和生理疾病在定义上有什么区别和联系？
- 生病属于"正常"还是"异常"？

问题三："病"的反义词是什么？

这个问题引导学生思考"健康"的定义，以及健康与疾病之间的关系。

讨论要点：

- "健康"是否仅仅意味着没有疾病？
- 世界卫生组织（WHO）对健康的定义是什么？我们如何理解这个定义？
- 在不同的文化背景下，人们对"健康"的理解有何不同？

总结：通过上述一系列问题，学生能够——

- 了解"病"与"非病"的整体关系。
- 认识到这些概念的复杂性和多面性。
- 培养对医学、社会和文化议题的批判性思考能力。

教学实例二：人生四季

这个实例通过对比两种截然不同的生活哲学，旨在引导学生思考生命的意义和对生活的态度。

虫与松鼠

虫子和松鼠在对话。松鼠每天储藏松果，作为冬天的粮食。他看见虫子每天吃、睡、晒太阳、和伙伴玩乐，便提醒他要放眼未来，记得储藏冬天的食物，以免无法抗过冬季。虫子笑着说："我不知道什么是冬天，我从生到死的时间不到一季，我为什么要和你一样呢？"

问题一：你赞成虫子的生活哲学，还是松鼠的生活哲学？

以这个问题为起点，让学生初步表达自己的倾向。教师可以简要介绍虫子和松鼠的生活方式，如虫子活在当下，松鼠为未来储备食物。

讨论要点：

● 你更倾向于哪种生活方式？为什么？

● 你认为哪种生活方式更适合人类？为什么？

问题二：虫子的生活哲学有什么优点与缺点？

这个问题引导学生深入思考"活在当下"这种生活态度的利弊。

讨论要点：

● 活在当下的好处是什么？

● 这种生活方式可能带来哪些问题或风险？

● 在现代社会中，完全活在当下是否可能？为什么？

问题三：松鼠的生活哲学有什么优点与缺点？

这个问题引导学生思考"未雨绸缪"这种生活态度的优劣。学生经常听到大人对他们提要求，而"为未来作好准备""你现在这样，以后怎么办"之类的观点，早已成为学生心中难解 —— 同时需要解决 —— 的困惑。

讨论要点：

● 为未来作准备有哪些好处？

● 过分关注未来可能带来哪些问题？

● 在现代社会中，如何平衡当下和未来的需求？

问题四：虫子和松鼠代表了不同的生命哲学，讨论到这里，重新思考"问题一"。

这个问题让学生重新审视自己的初始选择，考虑是否有了新的认识或改变了看法。

讨论要点：

● 经过讨论，你的看法有什么变化吗？为什么？

● 你认为是否可能在这两种生活哲学之间找到平衡？如何做到？

● 这两种生活哲学对你理解生命的意义有什么启发？

总结：通过对两种生活哲学的比较与反思，学生能够——

● 更全面地理解不同的生命态度。

● 认识到每种生活方式都有其优点和局限性。

● 学会在自己的生活中作出更理性的选择。

● 培养批判性思维和辩证思考能力。

跷跷板对话教学法要点

表 6.6　跷跷板对话教学法要点与注意事项

适当的问答法	不够适当的问答法
● 点出立场差异：明确指出不同观点之间的差异，为讨论提供清晰的焦点。 ● 公平公正：给予不同立场同等的重视和讨论时间，避免偏袒任何一方。 ● 给予充分的表达空间：让持不同立场的成员有足够的机会表达和澄清自己的观点。 ● 推进讨论：在双方进行澄清与辩驳时，引导讨论不断深入，如同跷跷板越跳越高。 ● 整合：引领不同立场的成员朝向"问题整体"前进，使双方最后都对同一议题有更完整的认识。	● 未凸显立场差异：如果没有有效地凸显不同立场之间的差异，讨论可能缺乏批判性思考的焦点。 ● 偏私：偏袒某一方观点会影响讨论的公平性和有效性。 ● 过早推进：在成员充分表达之前就急于推进讨论，可能导致某些重要观点被忽视。 ● 表面激烈：讨论虽然看似激烈，但如果无助于加深双方对问题的理解，就失去了意义。 ● 片面认识：如果讨论结束后，不同立场的成员对原初问题仍然只有片面的认识，那么讨论就没有达到预期效果。

供教师反思的三个问题

问题一：什么是"内在冲突"？

（思维线索：内在冲突是指个人在价值观、信念或决策中遇到的矛盾和困扰。思考这个问题可以帮助教师更好地理解学生可能面临的心理挣扎，从而更有针对性地设计讨论的问题。）

问题二：当内在冲突变成可见的讨论议题，如何帮助学生分辨"讨论"和"争吵"的不同？

（思维线索：这个问题旨在帮助教师引导学生进行"建设性"的对话，而不要陷入无意义的争执。那么，有效讨论有什么特征？如何教导学生以尊重和开放的态度参与讨论？当讨论变得情绪化时，教师应如何调节课堂氛围？）

问题三：当学生表达自己受到不公平对待时，怎么处理比较妥当？

（思维线索：这个问题涉及如何在课堂上处理敏感话题和个人情绪，对于维护良好的学习氛围至关重要。那么，如何创造一个安全的环境，让学生敢于表达自己的感受？）

【D. 共同搬砖对话教学法】

共同搬砖对话教学法旨在通过协同合作，促使每个参与者共同为学习助力。

这种方法强调团队合作，而不是单打独斗。鼓励学生在共同体中互相支持和补充，从而达到更好的学习效果。教师可以不断改进自己的教学方法，使共同搬砖对话教学法在课堂上发挥更大的作用。

这种方法不仅能提高学生的学习效果，还能培养他们的社交能力、同理心和团队合作精神，为他们未来的发展奠定良好的基础。

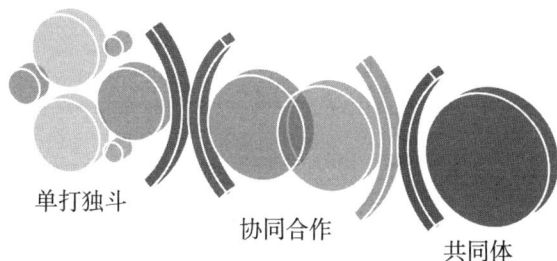

单打独斗　　协同合作　　共同体

图 6.15　从个体到共同体的课堂形式：如何突破内卷

共同搬砖对话教学法的核心在于将学习过程比作一个共同建设的过程。每个学生就像一个搬砖工人，为整个建筑（即学习目标）贡献自己的力量。这种方法强调：

● 每个人的贡献都是重要的。
● 通过合作，我们可以建造比单独工作更宏伟的建筑。
● 学习不是一个人的孤军奋战，而是一个团队的共同努力。

更进一步说，它包括以下四个面向：

协同合作。通过团队合作解决问题，打破单打独斗的学习模式。这种方法强调每个学生都是学习过程中的重要一员，通过共同努力可以达到比个人学习更好的效果。

共情与换位思考。在讨论中，鼓励学生理解和感受他人的立场和观点。这不仅能够培养学生的同理心，也能帮助他们从多角度理解问题，形成更全面的认知。

超越竞争。将竞争转化为合作，通过共同努力实现目标。这种方法旨在创造一个非零和游戏的学习环境，让学生意识到彼此的进步对整个群体都有益处。

共同体建设。通过协同合作，建立一个互助互爱的学习共同体。这种共同体不仅能够提高学习效率，还能培养学生的社交能力和团队精神。

教学实例：论平等

分 班

　　浣熊巴弟进入缤纷中学就读六年级。缤纷中学六年级有三个班、樱桃班、草莓班和橙子班。老师把巴弟分到草莓班。年级成绩排名前二十的学生会被分到樱桃班，倒数二十的学生会被分到橙子班，排名在两者中间的学生会被分到草莓班。除此之外，来年要是学生们的成绩排名有变动，就要按照成绩换班。巴弟的爸爸听说孩子被分到草莓班，感到很生气，要老师把巴弟分到樱桃班。老师表示规定就是规定，不能只凭一个人的想法来改变。巴弟的爸爸不认同老师的想法……

　　这个教案旨在引导学生思考"平等"的概念，特别是在教育资源分配方面的平等问题。

　　浣熊爸爸希望孩子能够进入一个优秀的班级，而老师认为应该按照公平原则分班。双方为此发生了争执。

　　问题一：浣熊爸爸有理吗？

　　以这个问题作为起点，引导学生初步思考家长的诉求是否合理。

　　讨论要点：

● 分班是否应按照家长的意愿？
● 公平分班的标准是什么？

　　问题二：教师的立场是什么？

　　这个问题引导学生思考如何从教育工作者的角度看待分班问题。

　　讨论要点：

● 公平分班对学生和学校有哪些好处？
● 如何平衡家长的期望与学校的政策？
● 教育公平与教育效率之间的关系是什么？

在学生于上述讨论中对分班的议题有了更多的认识后，便可进行"模拟辩论"环节。

辩论能让学生练习与发挥批判性思维的技巧，实现以下作用：

1.引导多角度思考。学生需要同时考虑家长对孩子未来的期望和教育工作者对公平分班的坚持，这有助于理解问题的复杂性。

2.提升论证能力：在辩论中，学生需要为不同立场构建有力论点，如为家长选择权辩护或论证公平分班的必要性，这可以锻炼他们的逻辑推理能力。

3.识别认知偏见：当学生扮演与自己原有立场相反的角色时，可能会发现自己之前忽视的观点，如过于关注个人利益或过于理想化。

4.提高问题解决能力：在尝试调和浣熊爸爸和老师的立场时，学生可以学会寻找共同点，如设计更透明的分班机制。

5.发展元认知：整个过程可以让学生反思自己如何形成观点，理解知识是通过对话和辩论构建的。

辩论规则：

● 将学生分成两组，一组支持浣熊爸爸的立场，另一组支持老师的立场。

● 给予学生时间进行小组讨论，准备论点和反驳。

● 双方分别讨论并提出说服对方的观点。

● 进行辩论，每方轮流陈述观点和反驳对方观点。

重新分组并交换立场：

● 第一轮辩论结束后，让学生交换立场，重新组织论点。

● 对前面的观点进行补充与修正。

● 进行第二轮讨论，鼓励学生打破固有的认知，从崭新的角度思考问题，进而获得对事物更全面的认识。

通过辩论，学生扩大了原有的认知，观点也更多元。接下来，教师通过"表示法"，说明"效益主义"概念，以此作为学生继续思考平等议题的理论参考。

通过具有思维参考价值的效益主义的模型，分析分班对相关群体的影响，引导学生利用哲学概念与图表整理的方式，将各种不同思考的利弊得失放在一起进行完整思考，使学生至少有以下收获：

收获一：理解分班问题的复杂性。

收获二：学会在决策中考虑多方利益。

收获三：认识到教育决策对不同群体的影响。

收获四：培养多角度思考和权衡利弊的能力。

问题三：讨论分班对不同群体的影响。通过效益主义的观点，分析分班对教师、家长和学生的正面与负面影响，并做成一个"分班效益表"。

表 6.7　分班效益表

	教师的立场	家长的立场	学生的立场
加分项			
减分项			

在表 6.7 中，"教师的立场"引导学生思考分班对教师工作的影响。

讨论要点：

● 分班对教师工作的影响是什么？

● 如何平衡工作量和教学效果？

● 不同能力水平的学生混合在一起，对教师的教学策略有什么影响？

"家长的立场"引导学生思考分班对家长期望和家校关系的影响。

讨论要点：

● 分班对家长的期望和信任有什么影响？

- 家长如何看待自己孩子被分到不同类型的班级？
- 分班政策如何影响家长对学校的支持度？

"学生的立场"引导学生思考分班对学生本身的学习和发展的影响。

讨论要点：

- 分班对学生的学习和社交有什么影响？
- 不同能力的学生混合在一起，对学生的学习动力有什么影响？
- 分班如何影响学生的自我认知和未来发展？

共同搬砖对话教学法要点

表 6.8　共同搬砖对话教学法要点与注意事项

适当的问答法	不够适当的问答法
<ul><li>换位思考：鼓励学生站在不同角色的立场思考问题，培养同理心。</li><li>强调共情：引导学生不仅理解，还要感受不同立场背后的情感和动机。</li><li>超越竞争：将课堂讨论从竞争转化为合作，强调共同学习和进步。</li><li>使用效益主义的思维模型：引导学生考虑决策对各方的影响，权衡利弊。</li><li>共同协作：学会修正、增补与总结，鼓励学生在讨论过程中互相补充、修正观点，共同得出更全面的结论。</li></ul>	<ul><li>学生缺乏转换思维的养分。（如果不给予足够的背景信息和思考时间，学生可能难以进行换位思考。）</li><li>过于理性而缺乏对课题相关角色的关怀与代入感。（讨论不应只停留在理性分析层面，还应鼓励情感上的共鸣。）</li><li>过度强调胜负，而非对个人思维等素养的启发。（讨论的目的不是分出对错，而是促进思考和理解。）</li><li>议题与讨论缺乏两难与冲突，导致讨论缺乏动力。（选择适当的议题很重要，议题应具有一定的争议性和复杂性。）</li><li>课堂沦为少数成员的"表演"，其他人只是"观众"。（应确保每个学生都有机会参与讨论，表达自己的观点。）</li></ul>

供教师反思的三个问题

为了更好地应用共同搬砖对话教学法，教师可以思考以下问题：

问题一：什么是"学习共同体"？

（思维线索：学习共同体强调的是共同目标和协同合作。教师需要思考如何在课堂上建立和维持这种共同体，即如何创造一个让所有学生都感到被包容和重视的学习环境。）

问题二：如何理解学生之间的"良性"竞争与"恶性"竞争？

（思维线索：教师需要引导学生在竞争中互相促进，而不是互相排挤。例如，什么样的竞争可以促进学习，什么样的竞争会阻碍学习？如何帮助学生正确看待竞争，培养健康的竞争意识？）

问题三：如何促进学生之间的互助合作，让班级真正实践探究团体的合作学习目的与价值？

（思维线索：教师需要设计课堂活动和评价机制，以鼓励学生之间的合作和互助。例如，如何设计小组活动，确保每个学生都能发挥自己的长处？该如何评价学生的合作表现，而不仅仅是个人成绩？）

【E. 三幕剧对话教学法】

三幕剧对话教学法的核心理念在于通过三幕剧结构，将对话过程分为开场、过程和结尾，逐步引导学生面对和解决"危机"与"冲突"。这种方法利用戏剧性情节，激发学生的兴趣和参与度，促进他们在解决问题的过程中提高思维能力和情感共鸣。

三幕剧包括"开场""过程"与"结尾"，就像一部电影或话剧，开场引人入胜，一开始就让观众聚精会神，并且因为能掌握影片的主旨，不会在开始就产生心理上的抵触。

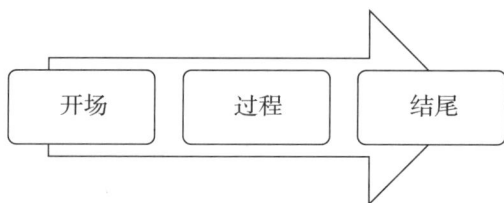

图 6.16　三幕剧的结构

过程则强调情节的变化与跌宕起伏。好的戏剧作品，每个过程都有巧妙的设计，让人看得聚精会神，并随着情节的深入而跟着影片的意图前进；在内容上也不会顾此失彼，导致个别场景精彩，作品整体却显得残破不堪。

结尾也是一部戏的重点。恰如其分的结尾能让人意犹未尽，糟糕的结尾则让人大失所望，甚至会导致前面的内容被否定。

善用三幕剧结构，能帮助教师把握课堂的节奏，让学生始终有足够的动力跟随课程内容前进。我们可以把三幕剧结构转为课堂的结构：

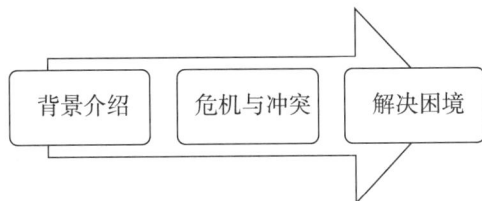

图 6.17 三幕剧对话教学法的结构

对三幕剧对话教学法结构的说明

第一部分是背景介绍。

在这部分，我们需要设定场景和主题：提供相关文本，引导学生进入课程情境。借由与课程主题相关的文本，包括绘本、影视作品等案例，让学生了解讨论的主题和背景。

第二部分是危机与冲突。

引入问题和冲突，通过一系列问答，激发学生思考和讨论。通过"正、反、合"辩证展开的问答串，提出具体问题，并引导学生表达观点，捕捉和利用学生观点之间的冲突，促进学生讨论和辩论。

第三部分是解决困境。

这个阶段进入课程收尾，目标是帮助学生通过前述讨论，达成暂时性的结论或解决方案。这对时间把控有一定的要求，因为我们要在最后阶段总结讨论结果，形成共识，解决课程中的问题或冲突，至少要预留十分钟的时间。

有了对课程三幕剧结构的基本认识，下面我们将它三等分，再按照不同的课程方向切分，更细致地了解如何有效地利用问题串去推进课程的进展。

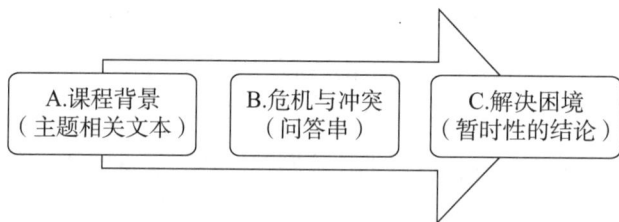

图 6.18　三幕剧对话教学法的应用：从文本导入到问题结束

下面是我整理的整个课程历程的图表（图 6.19 和 6.20），供各位读者参考。通过这两个图，我们可以发现，课程的开头必然要有一个"开局"，但开场不是随便开，而是要带着"假设课程背景"的意识去准备。无论是课前还是授课中，我们要每每意识到，课程是有场景和剧幕的，是有结构的，我们要提前对这一切有清楚的认知，而不是上到哪里想到哪里，或想到哪里上到哪里。比如，在图 6.20 中，我们通过"小鸭子不见了"的事件，引导学生思考"如何把小鸭子找回来"，那么问题就应紧扣这个场景，不会中途跳到其他场景，例如跳到三只小猪。这种通过具体事件、故事、报道等引导孩子思考抽象问题的方式，便是一种引领孩子进行哲思讨论与探究的思路。

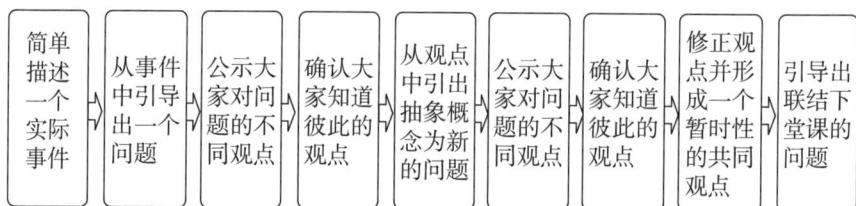

图 6.19　三幕剧对话教学法的取材与应用：从具体到抽象的问题流程

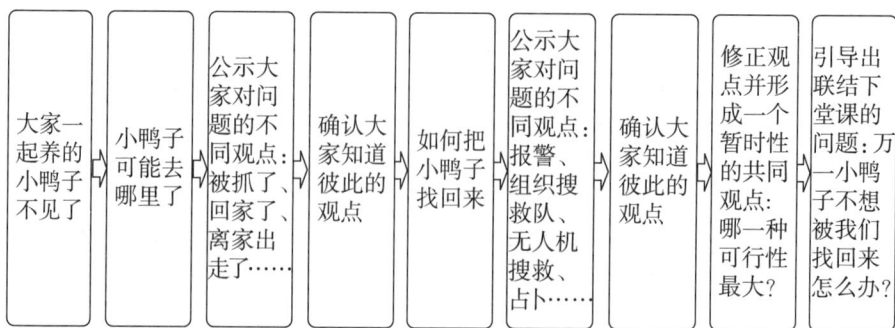

图 6.20　三幕剧对话教学法的取材与应用示例：小鸭子不见了

思路一：先具体，再抽象。这种思路有个好处，那就是当我们想要跟学生讨论抽象概念，比如"正义""爱"时，先从具体开始，逐渐深入，学生不会因为一开始思考难度太大而失去后续讨论的耐心。

- 具体事件：简单描述一个实际事件，引导学生进入情境。

例子：大家一起养的小鸭子不见了。

- 问题引导：从事件中引导出具体问题，公示大家对问题的不同观点。

例子：小鸭子可能去哪里了？

- 观点确认：确认大家知道彼此的观点，并从观点中引导出抽象概念为新的问题。

例子：如何把小鸭子找回来？

- 修正观点：修正观点并形成一个暂时性的共同观点，引导出联结下堂课的问题。

例子：万一小鸭子不想被我们找回来怎么办？

思路二：运用"生活时间轴"。在这种课程思路下，课程内容与学生的具体生活相结合，比较容易引起学生的共鸣。同时，在文本准备上也相对简单。有些老师总想找一些经典文本，却忽略了最好的文本俯拾即是，就在生活当中。

- 客观时间：以时间为脉络，描述具体情境，引导学生思考和讨论。

例子："小明的一天"，以时间为线索，描述他遇到的各种情况和问题。

- 问题讨论：根据具体情境提出问题，引导学生讨论和解决。

例子：小明早上起床，看见窗外树上有只乌鸦，树下有只黑猫，他该怎么办？

……（列出小明一天中每时每刻可能遭遇的生活难题，挑出其中最值得讨论的，作为课程讨论的要点。）

| 客观时间 | 学校作息 | 家庭生活 |
| 年龄 | 特定日子 | 人生阶段 |

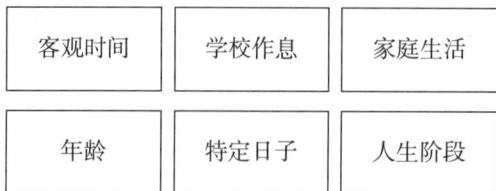

图 6.21　三幕剧对话教学法的取材与应用：生活时间轴

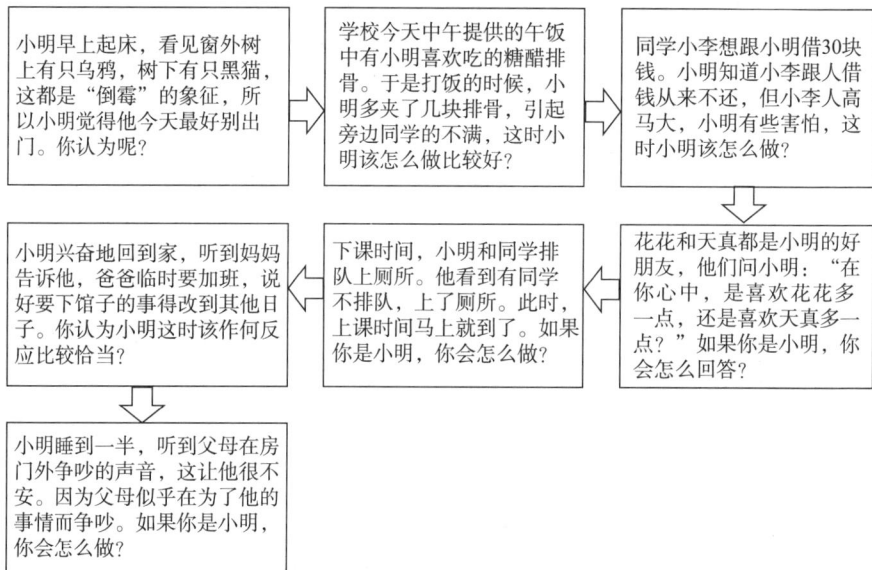

小明早上起床，看见窗外树上有只乌鸦，树下有只黑猫，这都是"倒霉"的象征，所以小明觉得他今天最好别出门。你认为呢？

学校今天中午提供的午饭中有小明喜欢吃的糖醋排骨。于是打饭的时候，小明多夹了几块排骨，引起旁边同学的不满，这时小明该怎么做比较好？

同学小李想跟小明借30块钱。小明知道小李跟人借钱从来不还，但小李人高马大，小明有些害怕，这时小明该怎么做？

花花和天真都是小明的好朋友，他们问小明："在你心中，是喜欢花花多一点，还是喜欢天真多一点？"如果你是小明，你会怎么回答？

下课时间，小明和同学排队上厕所。他看到有同学不排队，上了厕所。此时，上课时间马上就到了。如果你是小明，你会怎么做？

小明兴奋地回到家，听到妈妈告诉他，爸爸临时要加班，说好要下馆子的事得改到其他日子。你认为小明这时该作何反应比较恰当？

小明睡到一半，听到父母在房门外争吵的声音，这让他很不安。因为父母似乎在为了他的事情而争吵。如果你是小明，你会怎么做？

图 6.22　三幕剧对话教学法的取材与应用示例：小明的一天

思路三：把课程内容类比成一个舞台场景与剧幕。这样做的好处在于我们可以在教案阶段，就把内容框定在一个范围，让学生在这个范围内展开，那么即使展开的层次比较丰富，也不至于脱离讨论的主线。

● 场景设定：描述具体场景，引导学生进入讨论情境。

例子：动物园的可爱动物区和凶猛动物区。

● 问题讨论：根据场景提出问题，引导学生讨论和解决。

例子：两只有刺的动物如何互相取暖？为什么有人觉得老鼠可爱，有人觉得老鼠恶心？老鼠究竟可爱还是令人恶心？最凶猛的动物就是最强大的吗？

　　既然课程的结构如戏剧，那么就要有起承转合、高潮迭起的情节。我们要善用危机与冲突形成问题串，讲求故事性。故事性越丰富，课堂往往就越精彩。这里的"精彩"，指的是能够让学生充满"我想听下去""我想持续参与"的动力。

　　在此，我们讲解一下故事性的内涵与作用。

　　第一，故事与故事性的差异。

　　在课程中，故事与故事性各有其独特的作用。

　　故事通常是"既定的"，有清晰的脉络和鲜明的角色，由作者设计，具有可重复性，并具有时代与文化特征。故事的内容大于感受，强调情节的发展和角色的经历。书籍、绘本、影片和戏剧都是典型的故事素材。

　　相较之下，故事性则是"非既定的"，强调关系中心和发展的过程，以对话者为主角，随着对象与现场调整。故事性的感受大于内容，是随机的，能够随着现场情况的变化而进行调整。故事性素材包括话题、新闻、生活事件和孩子的作品等，它们能够引发学生的共鸣和讨论。

表 6.9　故事与故事性的比较：基本概念

故事性	故事
● 非既定的 ● 关系中心 ● 发展的 ● 以对话者为主角 ● 随机的 ● 随对象与现场调整 ● 感受大于内容	● 既定的 ● 作者中心 ● 脉络清晰的 ● 角色鲜明 ● 可重复的 ● 保有时代与文化特征 ● 内容大于感受

　　第二，按下述要点打造课程。

表 6.10　故事与故事性的比较：文本取材

故事性素材	故事素材
● 话题 ● 新闻 ● 生活事件	● 书籍 ● 绘本 ● 影片

故事性素材	故事素材
● 孩子的作品……	● 戏剧表演……

表 6.11　故事与故事性的比较：主题设定

故事性主题	故事主题
● 价值 ● 差异 ● 感受（正面与负面的） ● 想象力 ● 关系议题 ● 起点、过程、终点	● 节日 ● 文化 ● 伦理与道德 ● 喜剧与悲剧 ● 冒险……

步骤一：引入故事性素材。

● 话题。选择与学生生活息息相关的话题，引发他们的兴趣和讨论。例如，选择最近发生的新闻事件作为讨论的起点，激发学生的好奇心和参与感。

● 新闻。利用时事新闻，引导学生分析和讨论新闻背后的道德、伦理和社会问题。例如，讨论某一新闻事件中的主角是如何面对困难和冲突的。

● 生活事件。结合学生的日常生活事件，鼓励他们分享自己的经历和感受。例如，讨论学生在学校或家庭中遇到的矛盾和冲突，以及如何解决这些问题。

● 孩子的作品。将孩子们自己创作的故事、绘画或手工艺品作为讨论的素材，让他们感到被重视和认可。

步骤二：设计故事性主题。

● 价值：通过故事性素材，引导学生讨论和反思价值观念。例如，讨论一个新闻事件中，主角所做的决定是否符合他们的价值观。

- 差异：通过比较不同的故事，帮助学生理解和尊重差异。例如，讨论不同文化背景下，如何处理相同的冲突。

- 感受（正面与负面的）：引导学生分享他们在故事中的感受，理解情感的多样性。例如，讨论一个故事中的角色在不同情境下的情感变化。

- 想象力：鼓励学生发挥想象力，创作自己的故事。例如，通过一个简单的情境，让学生续写故事的发展和结局。

- 关系议题：通过故事性素材，引导学生讨论人与人之间的关系。例如，讨论一个家庭故事中，家庭成员如何处理矛盾和冲突。

- 起点、过程、终点：帮助学生理解故事发展的结构，引导他们进行逻辑思考。例如，分析一个故事的起因、经过和结果。

步骤三：结合故事素材。

- 书籍：选择经典的儿童文学作品作为课程的基础素材。例如，通过阅读《小王子》，引导学生讨论友情和成长的主题。

- 绘本：利用生动的绘本，引发学生的兴趣和讨论。例如，通过阅读《大卫，不可以》，引导学生讨论规则和自由的关系。

- 影片：选择适合学生年龄段的影片，作为讨论的素材。例如，通过观看《海底总动员》，引导学生讨论勇气和亲情的主题。

- 戏剧表演：利用戏剧表演，增强学生的参与感和体验感。例如，通过排演《灰姑娘》，引导学生讨论善良和公平的主题。

通过结合故事与故事性，以及利用上述要点设计课程，可以激发学生的兴趣和参与感，使他们在解决问题的过程中提高思维能力，产生情感共鸣。教师可以根据学生的反馈和讨论结果，进行调整和优化，使课程更加生动且富有成效。

课程结尾需要创造一个"WAH!"时刻。这就需要了解课程结尾的"终结提问策略"有哪些，好在课程设计中作好预备，避免课程中间精彩，结果过度发散，收不回来，导致课程无法有力地延伸到课后并衔接下一堂课。对于学生个人的思维发展，也难以达到一个持续推进的效果。

在教学过程中，当学生理解或掌握一个重要概念或技能，并因此感到惊讶或愉快的瞬间，我们称之为"WAH!"时刻。这一时刻能够显著提升学生的学习动机和参与感，是教学效果提升的关键点。

如何创造"WAH!"时刻呢？最好的方式就是让故事与故事性结合。故事和故事性是创造"WAH!"时刻的有效工具。通过结合有脉络的故事和随机性、发展性的故事性，可以在教学中引入有趣和富有挑战性的元素，激发学生的好奇心和参与感。

下面是我建议的问答方法之步骤。

第一步：探索。引导学生进行自主探索，发现问题或挑战。例如，让学生阅读一段故事，并提出他们感兴趣的问题。

第二步：实验。让学生通过实验或实践活动，验证他们的假设或解决问题。例如，进行一个小实验或角色扮演，模拟故事中的情境。

第三步：解释因果关系。帮助学生理解实验结果或行动后果，并总结出因果关系。例如，分析实验结果，找出成功或失败的原因。

第四步：总结。引导学生总结所学内容，形成系统性的认识。例如，总结故事中的关键点和学到的教训。

第五步：有意义的重复。通过有意义的重复活动，巩固学生的学习成果。例如，让学生重复实验或讲述他们的理解，深化记忆。

第六步：递进式探索。在巩固基础上，进行更深入的探索，提升学生的思维深度和广度。例如，引导学生思考更复杂的问题或进行跨学科探讨。

教学实例：论共情

敌　人

张是一位士兵。张的母国和邻国开战有几年了，张身边的同志一个接着一个撤退、死去、逃亡，就剩他一个人坚守在一座窑洞里。

张白天抱着枪，紧张地望着洞外，越过一片田野，对面也有一座窑洞，他想故军的士兵就躲在那座窑洞里。他不敢多看，担心对面洞里会突然飞来一颗枪子儿，要了他的命。到了夜里，有时张会躺在洞口，吹着凉风，抱着

枪躺着。他望向星空，想象有一天这场战争结束，他就能离开窑洞。

一天天，张抱着枪入睡，又抱着枪醒来，他厌恶这场战争，满心希望这场战争早日结束。他想，对面洞里躲着的敌军士兵，肯定面容凶恶，怀着恶意，每天拿枪对准他躲藏的方向，等着将他一枪毙命。

不知过了多久，洞外连续几天听不到枪声。张开始想，对面洞里的士兵，他们是什么模样呢？他们叫什么名字？他们的年纪是不是跟自己差不多？他们会不会在家乡也有孩子？他们会不会也有兴趣爱好？然后张开始想，他们会不会跟自己一样厌恶这场战争，跟他一样希望战争早日结束？

某个夜里，张鼓起勇气，蹑手蹑脚地爬出洞口，抱着忐忑不安的心情穿过田野。不知过了多久，张终于进入对面洞里，看见敌军留下的摆设……

（该文本由绘本《敌人》转化而来，有改动）

问题一：请画出张的窑洞里有哪些摆设。当张走进对面窑洞时，在洞里看到哪些敌军留下的摆设？请画下来。

讨论要点：通过绘画和描述，引导学生进入情境，理解张的感受。

问题二：张为什么不回家？敌人去哪里了？

讨论要点：通过讨论，学生将探讨张的内心世界和敌人的动向，理解战争中的人性和情感。

问题三：你讨厌过别人吗？你有过被讨厌的经验吗？

讨论要点：通过个人经历的分享，学生可以反思自己与他人的关系，培养共情能力。

问题四：生活中难免出现与他人之间的"矛盾"，矛盾指的是"彼此之间的想法出现差异，且此差异并无共识"。有时矛盾会升级，形成"冲突"，冲突指的是双方产生口语、肢体或其他方面的摩擦，且此摩擦造成至少对其中一方的伤害。有时冲突会越演越烈，有时冲突可以平息。

请将各种矛盾产生的原因，就你的认知和感受进行判断，并就其严重程度，给予0~5分，并陈述理由。（备注：0分是毫无矛盾，5分是会引发激烈冲突的矛盾。）

（　　）同学弄坏了我的东西。

（　　）班上有东西不见了，班长怀疑是我偷的。

（　　）爸爸说好要带我去迪士尼，后来却改变主意。

（　　）长辈强迫我吃他们觉得健康但我不喜欢吃的东西。

（　　）我想看五点的电影，朋友一定要看七点的。

（　　）朋友说我喜欢的偶像的坏话。

（　　）我想买一张演唱会的票，只剩下一张，另一个人一定要跟我抢。

（　　）我对幸福生活的理解和另一个人不同。

（　　）有人在公开场合嘲笑我的缺点。

（　　）我想跟某个人攀谈，但对方很冷漠，装没听见的样子。

问题五：还有哪些矛盾对你来说容易引起冲突？接下来张该怎么做？

讨论要点：学生通过对矛盾的分析，进一步理解冲突的成因和解决方法。

在这里，我们不妨运用前面提到的"WAH!"时刻问答法重新梳理这堂课。我们可以这样带领学生讨论：

第一步：探索。学生阅读故事，并讨论张看到的摆设代表什么含义。

第二步：实验。学生模拟张的经历，通过角色扮演体验张的感受。

第三步：解释因果关系。讨论张为什么不回家，并推测敌人去了哪里。

第四步：总结。总结故事的主题——共情，并讨论学生的个人经历。

第五步：有意义的重复。学生分组讨论其他类似情境，并分享他们的感受。

第六步：递进式探索。进一步探讨共情在不同文化和历史背景下的表现。

通过以上步骤，学生能够在理解和掌握共情概念的同时，体验到"WAH!"时刻，增强学习的兴趣和效果。这种教学策略不仅提升了学生的思维能力，还培养了他们的情感共鸣和人际交往能力。

三幕剧对话教学法要点

表6.12 三幕剧对话教学法要点与注意事项

适当的问答法	不够适当的问答法
● 提供容易理解的文本，降低学生进入讨论的阻碍。 ● 危机和冲突问题的设计要逐渐升级。 ● 问题升级的同时，要帮学生搭好脚手架。 ● 课程结尾，重新讲解一次问题解决的过程，加深学生的记忆。 ● 为加强学生的动力，可提供非物质性奖励。	● 第一幕的导入太复杂，学生在这里耗费太多时间与精力。 ● 危机和冲突问题的设计没有升级，导致学生无聊。 ● 危机和冲突问题的设计升级太快或太跳跃，学生跟不上。 ● 课程结尾，没有通过有效回顾来加深学生的印象。 ● 对学生加入挑战的激励不够。

供教师反思的三个问题

问题一：你在生活中遇到的最大难题是什么？和童年时期的难题有何不同（或相同）？

（思维线索：教师可以反思自己在人生不同阶段遇到的难题，理解学生当前面对的问题和挑战。）

问题二：谈到自己的童年，你会想起哪个故事？为什么？

（思维线索：通过回忆童年的故事，教师可以找到与学生共鸣的点，更好地理解学生的感受和思维方式。）

问题三：如果能改写你的童年，你会改成什么样？

（思维线索：引导学生深入反思自己的成长过程，理解童年的影响，明确未来的发展方向，同时培养学生的自我意识和同理心。）

【F. 叙事对话教学法】

叙事对话教学法，其核心理念是"让教师成为孩子的眼睛"，教师需要灵活地在引领者和跟随者之间转换角色，以适应学生的需求和学习进程。

叙事对话教学法实施要点

这种教学法遵循"故事—概念—经验"的流程。首先通过引人入胜的故事吸引学生的注意力,然后引导学生从故事中抽取关键概念,最后鼓励学生将这些概念与自身经验联系起来。这个过程不仅能让讨论对学生更有意义,也有助于加深他们对概念的理解和应用。

在实施过程中,教师需要根据不同情况灵活转换视角和身份。他们可能是引领者,用第一人称引导讨论;可能是陪伴者,以第二人称与学生并肩探索;也可能是跟随者,以第三人称观察并引导学生;还可能是旁观者,适时提供定位和提示。

通过这种多角度、互动式的教学方法,叙事对话教学法旨在培养学生的批判性思维、创造力和表达能力,使学习过程更加生动、有趣且富有意义。

要点一:视角即身份。

以下是几种常见的视角和身份类型,以及如何在教学中应用它们。

表 6.13　几种常见的视角

引领者	陪伴者	跟随者	旁观者
<ul><li>第一人称</li><li>导游</li><li>望远镜、放大镜或显微镜</li><li>恶作剧或待之以礼</li><li>表达多于提问</li></ul>	<ul><li>第二人称</li><li>伙伴</li><li>融入与切换</li><li>倾听和回应</li></ul>	<ul><li>第三人称</li><li>愚者(无知之知)</li><li>好奇心</li><li>惊奇与发现</li><li>控制节奏</li></ul>	<ul><li>第一人称</li><li>卫士</li><li>视角转换</li><li>定位与提示</li></ul>

在使用叙事对话教学法时,教师的视角和身份会对教学过程产生深远的影响。根据不同的教学目标和学生需求,教师可以选择不同的视角和身份来引导学生。

下面,我们通过一个故事来说明不同视角的作用。

主座、副座

在《给心理治疗师的礼物》中,有几个部分强调了共情的重要性,并传达了罗马剧作家特伦斯(Terence)的古老观点:"我是人,所以,没有人对我来说是陌生的。"其中一段"共情：从患者的视角看世界"，叙述了我最喜欢的临床故事之一。

我的一个患者，整个青春期都在与她批判一切的父亲进行艰苦的斗争。她渴望两个人能够和解，开始一段新的关系，她期盼父亲开车送她去上大学——这是一个难得的机会，可以让他俩好几个小时都待在一起。

但是，这次期待已久的旅行被证明是一场灾难：她的父亲一如往常，大肆抱怨路边那条肮脏的、满是垃圾的小溪。而她在另一边，看到的是一条没有受到污染的、美丽的小溪。最终，她不再理会父亲，陷入了沉默，两个人在剩下来的旅途（以及他们的生活）中，相互远离对方。

很多年以后，她碰巧再次开车故地重游，并且惊讶地发现原来有两条小溪——路的两边各有一条。"这一次我成了司机，"她伤感地说，"我从驾驶员位置上看到的那条小溪，正如我父亲所描述的那样，肮脏且满是污染。"但是，等到她学会从父亲的窗口去看世界时，已经太晚了——她的父亲早就过世了。

"所以，从患者的窗口看，"我提醒治疗师们，"试着从患者的视角来看世界。"

［节选自欧文·亚隆（Irvin D. Yalom）：《成为我自己：欧文·亚隆回忆录》］

引领者的角色和特点：

● 第一人称视角：引领者通常采用第一人称视角，以"我"的身份出现，直接参与到故事或讨论中。

● 导游角色：引领者像一位导游，带领学生探索未知的领域，引导他们发现和理解新知识。

● 工具和方法：引领者可以使用望远镜、放大镜或显微镜等工具，象征深入观察和探索的过程。

● 互动方式：引领者可以通过表达多于提问的方式，与学生进行互动，提供详细的解释和说明。

引领者的应用示例：

若我们于教学中应用这则故事，教师作为引领者，可以引导学生从不同的角度观察小溪和父女的关系。

教师可以说："想象你是这个故事里的患者，你坐在车的副驾驶位置，看到的是美丽的小溪。现在，让我们转换到驾驶座的位置，看看肮脏的小溪。"

通过这种方式，教师引导学生理解从不同位置观察同一个事物时，感受和理解会有多么不同。

陪伴者的角色和特点：

● 第二人称视角：陪伴者通常采用第二人称视角，以"你"的身份出现，与学生并肩同行。

● 伙伴角色：陪伴者像一位伙伴，融入学生的世界，切换角色，倾听和回应学生的想法和问题。

● 互动方式：陪伴者注重融入与切换，通过倾听和回应，建立与学生的信任和理解。

陪伴者的应用示例：

教师作为陪伴者，可以与学生一起讨论父女之间的情感冲突。教师可以问："如果你是患者，在那个时候，会有什么感受？当你再次开车故地重游时，你会如何看待这两条小溪？"

这种方式帮助学生通过角色扮演，体会和理解故事中角色的内心世界和情感变化。

跟随者的角色和特点：

● 第三人称视角：跟随者通常采用第三人称视角，以"他／她"的身份出现，观察和记录学生的活动和表现。

● 愚者角色：跟随者像一位愚者，保持无知之知的态度，以好奇心驱动，发现和探索新事物。

● 互动方式：跟随者注重惊奇与发现，通过控制节奏，引导学生逐步深入思考和讨论。

跟随者的应用示例：

教师作为跟随者，可以引导学生从旁观者的角度观察和记录父女的互动。

教师可以提问："想象你是这个故事的旁观者，你看到父亲和女儿在车里，父亲抱怨肮脏的小溪，女儿看到的却是美丽的小溪。你会如何记录他们的对话和反应？"

教师借此引导学生以旁观者的身份进行客观观察和记录，帮助他们理解不同视角对同一事件的影响。

旁观者的角色和特点：

● 第一人称视角：旁观者通常采用第一人称视角，以"我"的身份出现，但更多是观察和记录，而不是直接参与。

● 卫士角色：旁观者像一位卫士，注重视角转换，通过定位与提示，引导学生关注特定的细节或观点。

● 互动方式：旁观者通过观察和提示，帮助学生保持专注，引导他们从不同角度理解和分析问题。

旁观者的应用示例：

教师作为旁观者，可以引导学生分析故事的细节和隐含的意义。

教师可以发问："如果你是这个故事的旁观者，如何看待父亲和女儿之间的误解？他们是否有可能和解？为什么？"

以这种方式帮助学生从旁观者的角度进行更深入的思考和分析，理解故事背后的情感和心理冲突。

通过不同视角和身份的切换，教师可以帮助学生更全面地理解和体验故事情节及其背后的深层含义。通过引领、陪伴、跟随和旁观，学生能够在多维度的视角下，深入探讨和反思故事中的情感和心理问题，培养共情能力和批判性思维。

要点二：故事、概念与经验的结合。

图 6.23　叙事对话教学法的基本结构

当我们采取"叙事"来对话，就有一个终极目标，这个目标就是务必"让讨论对学生产生意义"，也就是如果今天我们引导学生谈了半天，他们并没有对探讨的事务产生新的意义，而只是在发表意见，甚至胡乱批评。同时，他们也没有对议题有"意义感"，总觉得就是一个没有什么意思、与己无关的讨论，那么这堂课的教学设计与成效是令人失望的。

为实现目标，我们要谨记对话中需要逐步推进的环节。下面我们继续以前面亚隆的文章为例，介绍各个环节与作用。

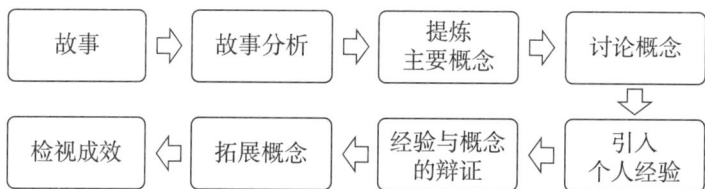

图 6.24　叙事对话教学法的分阶段要点

● 故事：选择一个有意义的故事作为讨论的起点，引发学生的兴趣和思考。

选择《给心理治疗师的礼物》中的故事，讲述一个女儿与父亲在一次旅行中因视角不同而产生的误解，引发学生对亲情和共情的兴趣和思考。

● 故事分析：引导学生分析故事情节和角色，理解故事背后的意义和价值。

引导学生分析女儿和父亲在旅行中的对话和行为，讨论他们各自看到的小溪以及由此引发的情感冲突，理解视角差异对关系的影响。

● 提炼主要概念：通过讨论，提炼出故事中的主要概念和主题。

通过讨论，提炼出"共情""视角差异""亲情"和"理解"的概念，帮助学生抓住故事的核心主题。

● 讨论概念：深入讨论提炼出的概念，鼓励学生发表自己的见解和看法。

深入讨论"共情"的重要性，鼓励学生分享自己对亲情和理解的见解，探讨如何在生活中运用共情改善人际关系。

● 引入个人经验：将讨论引向学生的个人经验，帮助他们将概念应用到实际生活中。

引导学生分享自己与亲人或朋友之间因视角不同而产生的误解和冲突，讨论他们是如何解决这些问题的，帮助他将共情的概念应用到实际生活中。

● 经验与概念的辩证：通过辩证讨论，深化学生对概念和经验的理解。

通过辩证讨论，分析学生分享的个人经验，探讨如何更好地运用共情来理解他人的视角，深化对共情和视角差异的理解。

● 拓展概念：引导学生将概念拓展到其他领域和情境，提升他们的思维能力。

引导学生将共情的概念拓展到学校、社区和社会的其他情境中，探讨如何在不同的关系中运用共情，提升他们的思维能力和社会适应能力。

● 检视成效：通过反思和总结，检视学习的成效，巩固学生的知识和技能。

通过反思和总结，检视学生在讨论中对共情和视角差异的理解和应用，巩固他们的知识和技能，确保他们能够在日常生活中有效运用这些概念。

教学实例：论接纳

麦可与阿尼

阿尼是"好大一座山"中学的学生，这个学校里有白人学生，也有黑人学生，还有来自亚洲和非洲的学生。

阿尼是白人，他的爸爸和妈妈也是白人，他身边的朋友也是白人。

有一天，阿尼在放学路上看见麦可，麦可是隔壁班的一位黑人学生。

麦可在路边一座露天篮球场打球，和麦可打球的是一群黑人孩子。

阿尼跑到球场边，跟麦可打招呼，麦可不理他。阿尼举手表示想要跟他们一起打球，麦可和黑人孩子们彼此看了一眼，考虑要不要让阿尼加入。

麦可跟阿尼说:"你快走吧!这里不适合你。"

阿尼跟麦可说:"我想跟你们做朋友,一起打球。"

麦可和其他黑人孩子听阿尼这么说,都笑了。他们继续打篮球,没有理会阿尼。

阿尼很伤心,他真心想要跟麦可和其他黑人孩子做朋友。他想:"肯定是因为我是白人,麦可是黑人。他肯定认为我不可能理解黑人孩子的生活,不可能理解黑人孩子的心情,所以不愿意跟我做朋友。既然如此,那我把自己变成黑人就好啦!"

从这天起,阿尼开始模仿电视上那些黑人的打扮,模仿黑人说话的腔调,平常听的音乐也换成饶舌歌。

阿尼:"你看我们那么像,我们做朋友吧?"

但是,麦可还是不跟阿尼做朋友。

看见麦可的反应,阿尼想:"肯定是我还不够像黑人,麦可不觉得我跟他们是一样的,所以不愿意跟我做朋友。"

于是阿尼不但开始穿着像黑人、说话像黑人,还刻意把自己的皮肤涂成黑色,把头发烫成黑人的卷发。终于,阿尼从外表、说话的语气到动作都跟黑人一模一样了。

但是,麦可还是不跟阿尼一起玩。

阿尼:"我现在跟你一样了,我们做朋友吧?"

但是,麦可还是不跟阿尼做朋友。

阿尼很沮丧,他回到家,看着镜子中的自己。他卸掉所有的装扮,把自己变回原来的模样。

隔天,阿尼在学校遇到麦可,他语带失落地对麦可说:"麦可,我不了解你。我不了解黑人的孩子。"

麦可听阿尼这么说,露出微笑,跟阿尼说:"现在我们可以做朋友了。"

问题一(开放性):为什么麦可一开始不跟阿尼做朋友?

问题二(封闭性):为什么麦可后来又愿意跟阿尼做朋友了呢?

(　　)麦可不喜欢白人。

(　　)阿尼长得不够好看。

(　　)阿尼没有给麦可送礼物。

(　　)麦可顾虑黑人同伴的观感,害怕因为接受阿尼而被同伴排挤。

（　　　）麦可需要先问父母的意见。

（　　　）阿尼说话的发音不标准。

（　　　）麦可想要考验阿尼的诚意，再决定要不要跟他交朋友。

（　　　）麦可有社交恐惧症。

（　　　）算命先生告诉麦可，阿尼提出交友邀请那天，麦可不适合交朋友。

（　　　）麦可是个性格难搞的人。

问题三：什么是朋友？谈到"朋友"，你会想到哪些词语？

问题四：你有朋友吗？请描述一下你的朋友。

问题五："朋友"是对关系对象的一种描述，而"友谊"是对关系内涵的一种描述。你会怎么描述你和朋友的友谊呢？（这里可以提供脚手架，例如经典文本《世说新语》《论语》，帮助学生理解朋友和友谊的多样性。）

通过讨论和分享，学生能够更深入地理解、接纳友谊的概念，培养共情能力和人际交往技能。教师可以根据讨论结果，布置延伸作业。下面是我让某班学生回家撰写的作业范例：

回家作业：请将你认为"永远不会变"的关系，在句子前方的括号里画"E"；将你认为"暂时性"的关系，在句子前方的括号里画"T"。并陈述理由。

（　　　）爸爸和孩子。

（　　　）丈夫和妻子。

（　　　）主人和宠物。

（　　　）医生和病患。

（　　　）老师和学生。

（　　　）外婆和孙女。

（　　　）警察和罪犯。

（　　　）同学和同学。

（　　　）销售和顾客。

（　　　）演员和观众。

叙事对话教学法要点

表 6.14　叙事对话教学法要点与注意事项

适当的问答法	不够适当的问答法
• 让文本故事与学生的生活具有相关性和对话空间。 • 讨论素材，学生可在生活中实践与反思。 • 让学生尝试对经验进行"概念分析"的思维能力。 • 让学生学习对概念进行"经验类比"的思维能力。	• 故事离学生生活太远，沦为纯粹的思维游戏。 • 给予学生表述的时间与空间不够。 • 太快进行概念总结。 • 太在意精准定义，而忽视经验的叙事意义。

供教师反思的三个问题

　　问题一：请分享一个你喜欢的故事，并说明你为何喜欢。

　　（思维线索：通过分享喜欢的故事，理解学生的兴趣和价值观。）

　　问题二：请分享一个你觉得很有意义、很值得推崇，但是你并不喜欢的故事，并说明你为何不喜欢。

　　（思维线索：帮助学生区分故事的意义和个人偏好，培养批判性思维。）

　　问题三：如果把上面的"故事"换成"课"，你会想到什么？

　　（思维线索：引导学生将对故事的反思应用到课程学习中，提升学习的主动性和反思能力。）

三幕剧对话教学法与叙事对话教学法的差异

　　谈到这里，在过去的师培经验中，有些教师表示分不清三幕剧对话教学法和叙事对话教学法的差异。其实两者差异不小。

　　三幕剧对话教学法：

　　● 强调结构：注重课程的结构化，通过清晰的三幕结构来组织教学内容。

　　● 借由结构铺陈推进课程：通过前、中、后三幕的安排，逐步引导学生进入主题、展开讨论并得出结论。

● 促进逻辑推演的辩证思考：三幕剧对话教学法通过结构化的讨论，鼓励学生进行逻辑推演和辩证思考，逐步深化对问题的理解。

敘事对话教学法：

● 强调视角：敘事对话教学法更加注重不同视角的应用，通过切换视角促进学生的思考和理解。

● 借由视域转换、融合与分离推进课程：通过转换和融合不同的视角，引导学生从多个角度理解和讨论问题。

● 促进多角度的全面思考：敘事对话教学法鼓励学生从多角度进行思考，提升他们的批判性思维和共情能力。

表 6.15　二幕剧对话教学法与敘事对话教学法的差异对比示例：孙悟空与六耳猕猴

三幕剧对话教学法	敘事对话教学法
● 故事讲述。 ● 质疑：六耳猕猴为什么不做自己？ ● 质疑：做自己不好吗？ ● 质疑：做自己的好与不好有哪些？ ● 质疑：好和不好是绝对的吗？ ● 暂时性的结论。	● 故事讲述。 ● 第一人称：如果你是六耳猕猴，你怎么想？ ● 第二人称：如果你是他的家人，你怎么想？ ● 第三人称：如果你是唐僧，你怎么想？ ● 旁观者：如果让你写这篇故事，你如何进行？ ● 视域融合。

通过对比和示例可以看出，三幕剧对话教学法注重结构和逻辑推演，通过逐步推进的方式引导学生深入思考。而敘事对话教学法则强调视角的多样性，通过视域的转换和融合，促进学生从多角度进行全面的思考和理解。

【G. 连环钩对话教学法】

在哲学课堂中，通过设计一系列有吸引力的问题和情境，可以有效地激发学生的思考和讨论。善用对话的"钩子"，可以让学生沉浸在思维的乐趣中，并促使他们深入探讨和理解哲学概念。

表 6.16　有效促进孩子对话意愿的要点：提出孩子真正关心的问题

让对话延续的有效方向
<ul><li>孩子自己关心的。</li><li>能唤起孩子情绪的。</li><li>能引起孩子好奇心的。</li><li>能引起孩子质疑的。</li><li>能带给孩子成就感的。</li><li>能帮孩子解决困难的。</li></ul>

课堂中吸引学生持续讨论的对话，其实和生活中让我们停不下来的对话，其原则大体一致。

我们可以回想最近一次让我们意犹未尽的对话，然后从时间、地点、对象、内容、动机、目的、记忆和感受等多个方面去分析，为什么那段对话特别吸引我们：是因为对方的内容有趣？是因为对方是我们喜欢的人？是因为那个场地特别舒适？这样的分析有助于我们拨开对话的迷雾，摸索到促进对话延续的方法。

通过让学生反思和分析他们关心的、能唤起情绪、好奇心和疑问的内容，教师可以让对话延续并且更有意义。特别是那些能够带给学生成就感和帮助他们解决困难的问题，更能激发学生的参与热情，提升他们主动思考的能力。

从某个角度来说，这一部分所谈的方法是对前面所有方法的一种综合应用。下面我们就用一些案例来说明，这些方法具体是什么以及如何为我们所用。

方法一：绵延的"钩子"

特点：时间线、逻辑脉络、剧情推进、问题与危机的升级。

绵延的"钩子"通过连续的问题设置，引导学生逐步深入思考特定的主题。这个方法强调逻辑脉络和时间线的运用，通过剧情的推进和问题的升级，逐步引导学生从浅层理解到深层思考。该方法特别适合讨论复杂的道德和伦理问题，帮助学生在具体情境中理解抽象概念，并培养他们的逻辑思维和推理能力。

教案实例：

问题设置：什么是道德？道德为什么重要？道德怎么影响我们的生活？通过"小明的一天"，和小明一起探究他一天中的每个选择，他该怎么选，又不该怎么选？这些选择呈现出了什么样的自我价值观、社会现象与文化符号？

表 6.17 连环钩对话教学法示例：小明的一天

题号	问题
1	小明早上起床，看见窗外树上有只乌鸦，树下有只黑猫，这都是"倒霉"的象征，所以小明觉得他今天最好别出门，你认为呢？
2	小明早上到学校，他的好朋友小华没有吃早餐。他向小明要吃的，小明该把妈妈为他准备的早餐给小华吗？
3	数学课上，老师要大家交作业，小明发现他作业忘记带了，他该直接告诉老师实话，还是编个理由呢？
4	体育课前，小樱跟老师说她身体不舒服，老师便允许她不去上体育课。小明怀疑小樱对老师说谎。如果你是小明，你会怎么做？
5	学校今天中午提供的午饭中有小明喜欢吃的糖醋排骨，于是打饭的时候，小明多夹了几块排骨，引起旁边同学的不满，这时小明该怎么做比较好？

第 1 题：通过这种日常生活中的迷信现象，引导学生思考和讨论信念与现实之间的关系。

第 2 题：通过分享和帮助他人的情境，引导学生讨论道德决策和友谊的重要性。

第 3 题：通过诚实与欺骗的选择，引导学生讨论诚信和责任感。

第 4 题：通过怀疑和信任的问题，引导学生讨论判断和信任的重要性。

第 5 题：通过自私与公平的问题，引导学生讨论自我控制和公平对待他人。

方法二：视角变换的"钩子"

特点：自我、他人、全体、微观与宏观的视角变换与交错。

视角变换的"钩子"通过引导学生从不同的视角看待问题，促进他们多角度思考和理解。这种方法强调通过视角的转换和融合，让学生认识到同一问题在不同视角下可能呈现出不同的意义和影响。这有助于培养学生的共情能力和批判性思维，特别适合讨论社会现象和人际关系中的复杂问题。

教案实例：

问题设置：让我们回头看看自己、身边的人以及普遍的所有人，这三者对于相同的价值和概念可能存在什么样的区别。下面的问题会提出各种情境的假设，请你就这个假设去推论，每个不同的情境可能会给每个人带来什么影响。

表6.18　连环钩对话教学法示例：如果有一天

题号	问题	我	身边的人	全体
1	如果有一天，地球上所有的国家合并成一个。			
2	如果有一天，我们可以选择我们的父母。			
3	如果有一天，我学会了和动物说话。			
4	如果有一天，我可以听见别人心里的想法。			

视角变换与交错：

第1题：通过全球一体化的假设，引导学生从个人、家庭和社会的不同视角讨论全球化的影响。

第2题：通过改变亲子关系的假设，引导学生从自我、父母和社会的视角讨论家庭关系和选择的自由。

第3题：通过与动物交流的假设，引导学生从个人、动物和生态系统的视角讨论人与自然的关系。

第 4 题：通过读心术的假设，引导学生从个人、他人和社会的视角讨论隐私和理解他人的重要性。

方法三：思与行的"钩子"

思与行的"钩子"通过将思维和行动结合起来，引导学生在讨论中理解道德和规范的重要性。这种方法强调通过具体的情境设置，让学生在情境中进行道德判断和行为选择，从而培养他们的道德素养，提升解决问题的能力。这种方法适合讨论社会规范和道德行为，帮助学生在具体情境中实践和反思所学的哲学概念。

教案实例：

我们都不是只身一人，我们生在这个社会、长在这个社会，社会哺育了我们，我们也要回馈社会。在社会中，我们要懂得去呼应他人的呼声，不管是向我们表示肯定、认同，或是向我们寻求支持和帮助，还是对我们提出批评和指责，都需要我们一一去应对。因此，懂得应对是很重要的个人素养和能力。下面就让我们一边回答问题，一边学习。

表 6.19　连环钩对话教学法示例：这时候该怎么办

情境	适当的做法	不适当的做法
情境一：有人称赞我长得好看。		
情境二：有路人在我背后，要我让路，别挡他道。		
情境三：作业还没做完，但我已经累得想睡觉了。		
情境四：坐出租车，发现司机走错路了。		
情境五：有人取笑我的身材。		
情境六：我看到一个人在责骂他养的狗，并作势要打它。		

情境一：通过对赞美的反应，引导学生讨论自我认知和谦虚的重要性。

情境二：通过对他人需求的回应，引导学生讨论礼让和尊重他人的重要性。

情境三：通过对自律和责任感的考验，引导学生讨论时间管理和坚持的重要性。

情境四：通过对错误和纠正的反应，引导学生讨论沟通和解决问题的能力。

情境五：通过对嘲笑和自尊的考验，引导学生讨论自我保护和应对欺凌的重要性。

情境六：通过对虐待动物的反应，引导学生讨论同情心和正义感。

方法四：辩证思考的"钩子"

辩证思考的"钩子"通过设置对立和反思的问题，培养学生的辩证思维和批判性思维能力。这种方法强调通过对立面的比较和反思，让学生认识到问题的复杂性，并在多角度的讨论中寻找更全面和深刻的理解。这种方法特别适合讨论伦理和社会问题，帮助学生在对立观点中找到平衡，形成全面的理解。

教案实例：

问题设置：班上来了一位之前因为抑郁症休学的同学小冯，她得到许多"特权"，让负责班务的韵佳极为头疼。偏偏老师又"护着"小冯，让韵佳十分气恼。韵佳认为如果小冯抑郁症还没好，就应该待在家里治疗，而不是到学校给大家添麻烦。

表6.20　连环钩对话教学法示例：班上来了一位新同学

人物	赞同	不赞同
小冯		
韵佳		
老师		

辩证思考：

问题一：在这个故事里，小冯、韵佳、老师，你赞同他们的哪些想法，不赞同哪些想法？

说明：引导学生分别讨论小冯、韵佳和老师的观点，分析各自的合理性和局限性。

问题二："赞同"和"理解"一样吗？

说明：通过区分"赞同"和"理解"，引导学生认识到理解他人的重要性，即使不一定完全赞同对方的观点。

问题三：我们对万事万物的态度可以区分为四种："理解且赞同""理解，但不赞同""不理解，但是赞同""不理解且不赞同"。请将下列情况按照这四种态度加以区分，填写于对应的方格里。

（a）小明为了数学拿高分，考试作弊。

（b）卧冰求鲤。

（c）小张每天早上都要吃三颗鸡蛋。

（d）国王打仗前都要找巫师占卜，来决定自己是否要出兵。

表 6.21　连环钩对话教学法示例：正反意见象限图

理解且赞同	理解，但不赞同
不理解且不赞同	不理解，但是赞同

说明：通过具体情境，引导学生根据四种态度进行分类和讨论，培养他们的辩证思维能力。

问题四：比"赞同"和"理解"更重要的是什么？

说明：通过讨论，引导学生思考在面对复杂问题时，理解和同理心的重要性，以及如何在不同立场间找到平衡。

总的来说，连环钩对话教学法可以通过整合和应用多种教学方法，有效地激发学生的思考和讨论。每一种"钩子"——无论是绵延的"钩子"、视角变换的"钩子"、思与行的"钩子"，还是辩证思考的"钩子"——都能在不同的情境下引导学生深入探讨哲学概念。

通过这些"钩子"的综合运用，教师可以为学生创造一个富有挑战性和启发性的学习环境，帮助他们在互动和反思的"滚动"中发展一系列有助于他们独立自主的思维能力。

连环钩对话教学法要点

表 6.22　连环钩对话教学法要点与注意事项

适当的问答法	不够适当的问答法
• 问重点，并能够精炼地表达，以避免过多陈述导致问题不清晰。 • 问题联结符合逻辑。 • 问题循序渐进展开，不随意跳跃，以免学生跟不上。 • 教师能随时把握问题之间的关联性，在需要时向前进，也能向后退，或停在当下阶段帮助学生澄清误解。 • 适当地把问答推进的方向交由具有差异性的不同学生群体来决定，让学生知道问题的推进与他们有关。	• 表达过多，导致缺乏引导性的提问。 • 问题很多，但缺乏逻辑相关性。 • 问题太跳跃，无视学生陷入跟不上的困境。 • 上到哪就问到哪，问到哪就忘到哪，导致学生在课堂中"迷航"。 • 教师的主导性太强，导致学生缺乏自主性，问答偏离他们的兴趣点与经验，变得无聊。

供教师反思的三个问题

问题一：你在课堂上曾经遇到学生对某个问题持有固定观点或偏见的情况吗？你是如何处理的？

（思维线索：观察学生在讨论中的语言和行为，识别他们是否持有固定观点或偏见。了解他们的观点来源是不是受家庭、社会或媒体的影响。）

问题二：你曾经试图层层引导某个人理解你说的话吗？效果好吗？还是直截了当地告诉对方结论更好？

（思维线索：回想你曾经层层引导他人理解某个概念的经历，对比直接告诉对方结论的效果，思考哪种方法更适合特定情境。根据不同的情况和对象，灵活选择层层引导或直接给出结论的方法，进而评估自己能否考虑对方的认知能力和接受程度，选择最有效的沟通方式。）

问题三：前面提到的四种连环钩法，你最喜欢哪一种，最不喜欢哪一种？为什么？

（思维线索：评估这些方法在激发学生兴趣和思考方面的优势；回顾使用这些方法时遇到的困难或挑战，思考是否有改进的空间，或者是否有其他更有效的替代方法；考虑每种连环钩法的适用情境，根据不同的教学目标和学生需求，选择最适合的方法，以达到教学目标。）

【H. 运用好奇心的对话教学法】

善用好奇心能够有效地激发学生的兴趣，提高参与度。通过引导学生提出问题、质疑已有认知、运用想象力探索新思维，教师可以帮助学生发展批判性思维和创造性解决问题的能力。这种方法不仅让学习过程充满乐趣，还能培养学生分析复杂问题的能力。

培养孩子的哲思素养，让他们"成为他们自己"，这是真正的以儿童为中心。以儿童为中心不是"随他去""孩子怎样都行"，而是帮助他们觉察自我、发掘潜能、活出自己。这就牵涉到孩子运用天生的好奇心、后天的生活经验与想象力的关系。

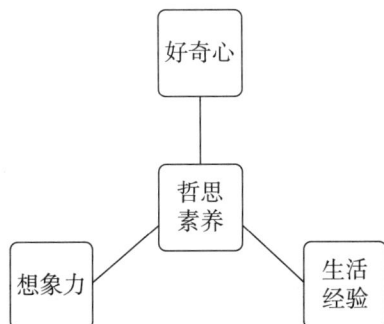

图 6.25 儿童哲思素养的来源

实际上,苏格拉底对话教学法同样强调以儿童为中心,通过好奇心、生活经验和想象力来引导儿童进行哲学思考。好奇心、生活经验、想象力相辅相成,共同构成了孩子们的思维养成基础。

好奇心是孩子探索和理解世界的驱动力。通过不断提问和质疑,他们能够发现新的知识和视角。

生活经验为孩子提供了具体的情境和实例,使他们能够将抽象的哲学概念与实际生活联系起来。

想象力帮助孩子突破现实的限制,探索各种可能性,激发创造性思维和解决问题的能力。

为便于读者阅读与吸收,下面先谈运用好奇心的对话教学法,再谈运用想象力的对话教学法。但我想强调的是,两者要在课堂中合二为一,因为两者皆为前后一体的认知活动,并具备一脉相承的学习动力。

激发好奇心的途径

孩子天生具有好奇心,通过适当的引导,可以将其转化为深入思考和学习的动力。运用好奇心的对话教学法包括质疑、争议、信念、符应、故事性和语言游戏等六种方式。每一种方式都旨在通过提出有趣的问题和情境,激发孩子的思考和讨论。

质疑	争议	信念	符应	故事性	语言游戏
找到答案	接纳包容	打破既定	主客合一	学习乐趣	沟通交流

图 6.26 激发孩子好奇心的六条途径

途径一:以质疑为起点。

质疑是启发学生思维的关键起点,质疑可以基于推论,也可以基于经验。通过质疑,学生可以主动发现问题,激发探究的动力。

一般而言,质疑要"有的放矢"。质疑不是胡乱找麻烦,而是要基于关键的两个质疑目标，一个是关于"推论"（你是怎么思考的？），一个是关于"经验"（你的表达有真凭实据吗？）。

可尝试在课堂上使用下面这些提问的关键词组：

- 你看起来很疑惑？
- 你听懂了吗？
- 你觉得哪里有问题？
- 有没有人有不同的想法？
- 是不是哪里怪怪的？
- 假如某某说的是对的，那为什么我们都没有见过呢？

途径二：利用争议。

争议是激发学生深度思考的重要方式，教师通过引导学生进行争议，可以促进他们的理解和表达能力。

一般来说，造成争议的原因有三种：

其一，对讨论对象的认知不清晰。因为彼此对讨论的对象尚无充分理解，就像盲人摸象，你摸到大象的尾巴，就说大象像绳子，我摸到大象的腿，就说大象像柱子，其实都不对。但当我们对"大象"有了充分理解后，争议就消失了。

其二，成员之间尚未达成共识。有些议题关乎立场或视角，学生的争议不在于真假，而是意见的不统一。故当学生充分沟通后，就能化解争议。

其三，概念与现实不符应。有些争议是抽象概念的争议，有些争议来自现实事件。两者混在一起，便难有共识。这时候需要澄清讨论的到底是抽象概念还是现实事件，以免学生在不同的层次上讨论。比如两个人其实都同意孝顺的意义，但对于孝顺的具体行动有分歧，那就应该对有争议和无争议的部分加以区分。

你可以尝试在课堂中如此提问：

- 你可以解释一下吗？

- 你可以举个例子吗？
- 你同意吗？
- 你为什么不同意？
- 你看过吗？
- 如果你说的是对的，会怎么样呢？

途径三：验证信念。

通过引导学生验证信念，可以培养他们的推理能力和批判性思维。

为此，我们要协助学生验证，以便于了解他们（也让他们了解自己）的信念从何而来，如何建立，并帮助他们锻炼推理能力。

你可以尝试在课堂中如此提问：

- 你怎么知道？
- 总是这样吗？
- 一定要吗？
- 必须做吗？
- 这是应该的吗？
- 这是真的吗？
- 你确定吗？

途径四：游走于现实与想象。

通过倾听孩子的内在语言和进行超现实引导，教师可以激发学生的想象力和创造力，引导学生在现实和想象之间游走，探索可能性的边界。这需要我们尝试做四件事：

第一，倾听孩子的内在语言。通过倾听孩子的内在语言，可以了解他们的真实想法和情感，也可以促进孩子自我表达与认知的提升。

第二，往超现实引导。通过超现实的引导，孩子能够突破现实的限制，发挥创意和想象力，探索新的可能性和解决方案。

第三，让想象落地的引导。将想象中的创意转化为实际的行动计划，帮助孩子培养实践能力，增加实现梦想的信心。

第四，关于可能性的探究。探究各种可能性以激发孩子的好奇心和批判性思维，使他们在面对问题时能够提出多样化的解决方法。

你可以尝试在课堂中如此提问：

- 现在老师说……我们每个人轮流接下去……
- 我们还能不能……
- 如果你能……
- 我们还可不可以……
- 如果事情反过来……
- 如果你拥有某物……
- 大家还有没有其他想法……

途径五：增加故事性。

故事是引导学生进行深度思考和情感共鸣的有效方式。通过故事，教师可以帮助学生谱写"神话"，善用思想实验，平衡情绪和智力。我们可以采取以下做法：

第一，协助孩子谱写"神话"。教师通过引导孩子创作自己的"神话"故事，激发他们的创造力和叙事能力，同时帮助他们在故事中表达个人价值观和愿望。

第二，善用思想实验。教师可以引导孩子进行思想实验，让他们在虚拟情境中思考和解决问题，培养抽象思维和逻辑推理能力。其中，"电车难题""如果你拥有一件隐身斗篷"就是典型的思想实验教学文本。

第三，情绪（可读性）与智力（教育性）并重。

你可以尝试在课堂中如此提问：

- 如果某事情变得不一样，接下来会怎样呢？
- 让我们想像一下，如果……你们想到了什么？
- 如果你是某某，你会……

- 老师下面讲一个故事，请大家跟我一起思考……
- 大家说了好多！（表示鼓励）但现在老师要提出一个问题（从学生的话题中抽丝剥茧的问题）……

途径六：进行语言游戏。

通过语言游戏，教师可以帮助学生理解词汇与概念的关系，提升他们的表达能力和逻辑思维。语言游戏对于与阅读相关的融合课程，尤其有用。一般使用的语言游戏有下列三种模式：

字词与概念。教师可以通过引导学生探索字词及其背后的概念，帮助他们理解语言是如何用来描述世界的，并鼓励他们发现语言中的微妙之处。

能指与所指。通过学习字词（能指）与其意义（所指）之间的关系，教师可以引导学生理解语言是如何代表现实的，以及不同的词汇如何引发不同的解读。

定义与例证。教师可以要求学生定义术语，并通过举例说明这些定义的实际应用，从而加深学生对抽象概念的理解，并帮助他们在日常生活中运用这些概念。

你可以尝试在课堂中如此提问：

- 你的意思是什么？
- A 跟 B 一样吗？
- A 就是 B 吗？
- 所以你的意思是……，老师理解的对不对？
- 大家都听懂了吗？
- 你可以举例说明吗？
- （对照文本）大家可以跟我说，某物是什么（在哪里）？

运用好奇心的对话教学法要点

表 6.23 运用好奇心的对话教学法要点与注意事项

适当的问答法	不够适当的问答法
● 保持课堂的开放性，给予学生好奇的空间。 ● 帮助学生延续好奇的动力，给予学生"好奇到探究，探究到获得新知"的完整体验。 ● 把握学生好奇的重点，一次解决一个问题，避免过度发散。 ● 将学生好奇的问题置于自身好奇的问题之前。 ● 在学生缺乏好奇动力时，给予适当的刺激（崭新的内容、奖励等）。	● 课堂的开放性不足，课程方向具有高度强制性。 ● 学生的好奇总是无疾而终，使他们无从理解以好奇为起点的学习历程。 ● 对学生过多的问题，没有进行适当筛选，导致问题纷乱，课程难以推进。 ● 忽视使学生好奇的课题。 ● 缺乏促进学生好奇心的有效策略。

供教师反思的三个问题

问题一：如果能听懂动物说话，你认为你的生活会有什么改变？

（思维线索：想象与动物交流的场景，考虑从动物的视角理解世界的不同；思考这种能力对你的日常生活、人际关系或职业选择可能产生的影响。）

问题二：在你童年时期，曾经问过什么样的好奇问题？你的父母是怎么对待当时的你的？今天，你怎么评价当时的情况？

（思维线索：回忆童年时提出的特别好奇的问题，思考父母的回应方式对你当时的影响；评估这些回应是否鼓励或抑制了你的好奇心，反思这种教育方式对你的成长有何意义。）

问题三：你怎么看某些人不再像童年那样好奇？

（思维线索：考虑哪些因素可能导致人们随着年龄增长逐渐失去好奇心；探讨社会、教育、文化等因素对童年的影响；思考如何在课堂与个人生活中重新激发好奇心，如何面对工作倦怠。）

【I. 运用想象力的对话教学法】

在哲学教学中，想象力与好奇心紧密相连，互为延伸。想象力是好奇心的自然发展，通过好奇心，我们才开启了想象力的无限可能。通过引导孩子们运用想象力，不仅能激发他们的创造力，还能帮助他们更深入地理解抽象的哲学概念。

康德谈想象力

下面我们先认识哲学家康德关于想象力的理论，作为探讨在课堂中有效运用此问答工具的先备知识。

康德将想象力分为两种：生产性的想象力和再生性的想象力。

生产性的想象力指从不认识到认识的过程，是创造性地生成新想法的能力。比如我们原本不懂写代码，通过学习，我们知道了如何写代码，进而拥有关于代码的知识，也能读懂相关的书籍和他人写的代码。

再生性的想象力指对已知材料的加工和重组，是对已有概念的创新性应用。比如莱特兄弟通过对鸟类的机体进行观察与分析，生成了发明飞机机翼的基础知识。

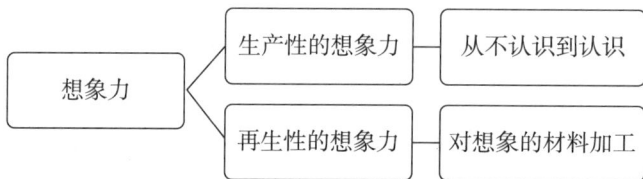

图 6.27　康德谈想象力的内涵与关联

通过康德关于想象力的理论，我们发现，想象力并不只是艺术创造，不只是天马行空的臆想。我们学习新的知识，获得新的认知与理解，对既有的知识进行迭代，都是想象力的一种。有了这个认知，我们在进行想象力相关的教学时，也更能落地，避免把自己局限于艺术相关的课程内容，也能更好地评价个别学生的想象力。

调动想象力的技巧

在教学中，我们可以通过以下六种技巧，充分利用学生的想象力进行哲学对话：

借鉴对话形式	延伸对话与改写	比喻或拟人化
个案分析	词条重组	后退、前进

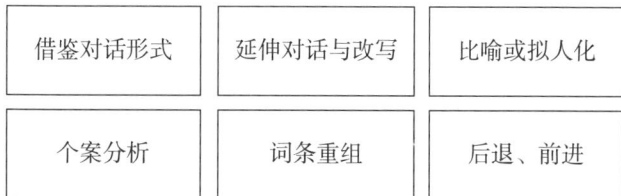

图 6.28 调动想象力的六种对话教学技巧

技巧一：借鉴对话形式。

在课堂教学中，可以借鉴经典文本中的对话，帮助学生理解和学习语言表达技巧与结构。这也有助于学生接触丰富的语言表达形式，加强阅读理解和写作能力，增强对经典文学作品的欣赏和理解。

问答策略有以下几种：

第一种，借鉴"对话的形式"。对话可以让学生更好地表达和分享自己的观点。这种形式可以鼓励学生的参与。教师可以通过问答帮助学生深化理解，进一步思考问题背后的逻辑。

第二种，借鉴"文本的叙事形式"。使用文本叙事的方式，可以帮助学生理解故事的情节和角色。通过叙事结构的引导，学生可以在阅读或聆听故事时更好地抓住核心信息，并从中得出自己的结论。

第三种，借鉴"提问的形式"。提问是一种激发思考和探讨的有效工具。通过有针对性的问题，教师可以引导学生深入思考特定的主题或概念。这些问题可以是开放式的，也可以是特定的，目的是促进学生的批判性思维和自主学习能力。

示例：

1.借鉴原典中的对话形式，如柏拉图的《对话录》：

波勒马库斯：信用就是有借有还。

苏格拉底：（举还刀的例子）这时候还要守信用吗？

波勒马库斯：不应该。

苏格拉底：那信用是什么？

2.借鉴一般对话的形式：

生：爱我就是对我好。
师：（举溺爱造成不幸的例子）对我好就是爱吗？
生：不是。
师：那爱是什么？

技巧二：延伸对话与改写。

在课堂教学中，鼓励学生对原有对话或故事情节进行延伸和改写，可以激发他们的创造力和想象力。这种方法可以帮助学生更深入地理解文本内容，使他们在思考过程中学会批判性分析，提升表达能力。

问答策略有以下几种：

第一种，不直接给出最终答案，给学生留下思考空间。即提出问题而不直接给出答案，让学生自己思考并尝试解答。这种方法可以培养学生的自主学习能力和解决问题能力。学生通过思考和讨论，可以更好地理解问题的复杂性和多样性。

第二种，讨论后再通过改写呈现理解。即在讨论结束后，让学生改写问题或故事的结局，帮助他们内化所学内容。这种方法不仅能验证学生的理解，还能鼓励他们将所学知识应用于新的情境。

示例：

文本（以《灰姑娘》为例）：马上到午夜十二点了，灰姑娘赶紧往城堡外头跑，生怕魔法消失。匆忙间，她落下了一只玻璃鞋……

问：小朋友，如果你是灰姑娘，你会怎么做？你会选择逃走，还是跟王子解释呢？……

技巧三：比喻或拟人化。

在课堂教学中，通过比喻或拟人化将抽象、复杂的概念形象化，使学生更容易理解和记忆。它帮助学生将陌生的概念与已知的事物联系起来，激发想象力，促进抽象思维的发展。通过拟人化的手法，学生能够在情感上与学习内容产生共鸣，加深对学习材料的兴趣和理解。

问答策略有以下几种：

第一种，利用故事呈现适合孩子思考的语境。即通过故事的方式，将复杂的哲学概念以孩子能够理解的方式呈现。故事中的情境和角色要有助于学生在具体的语境中进行抽象思考。

第二种，通过比喻帮助孩子进行抽象思维。比喻是一种将抽象概念具体化的方式，它可以帮助学生更容易地理解复杂的思想。比喻的使用可以使孩子在思考时进行类比和关联，深化对概念的理解。

第三种，通过拟人化让孩子能换位思考。拟人化是一种将非人事物赋予人类特征的表达方式。这种方法可以帮助学生从不同角度思考问题，培养同理心和多元视角。

示例：

● 獾死了之后，大家都怀念他。什么样的人值得我们怀念呢？

● 人有大脑，所以人会有喜怒哀乐。如果植物有大脑，植物也会有喜怒哀乐吗？

● 如果你是一只狗，你会选择当一条自由的流浪狗，还是一条家养的狗呢？

技巧四：个案分析。

在哲学教学中，个案分析是一种有效的方法，可以通过具体的例子帮助学生理解和运用抽象的哲学概念。通过选择合适的个案，教师可以引导学生集中讨论一个特定的思考主题，并在分析中发展他们的批判性思维能力。

问答策略有以下几种：

第一种，通过案例让学生有一个思考的主题。即通过选择与学生日常生活或兴趣相关的案例，让学生能够在现实情境中应用哲学思维。

第二种，通过个案分析检视学生的思维能力和习惯。个案分析不仅能展示学生的逻辑推理能力，还能揭示他们的价值观和道德判断。

第三种，以分析的结果作为学习成效的评价依据。学生的分析过程和结论可以作为教师评估其理解和应用哲学概念的依据。

示例：

问题一：我们养的兔子又从栅栏跑出去了，我们该怎么做才能避免兔子跑出去呢？

问题二：A和B吵架了，他们都说自己是对的，对方是错的，我们该怎么厘清他们谁对谁错呢？

技巧五：词条重组。

词条重组是引导学生重新组织和定义概念的一种教学策略。这种方法不仅可以帮助学生巩固已有的知识，还可以激发他们的创造性思维和批判性分析能力。

我们在课堂历程中要注意把握以下问答要点：

首先，把文本的组成概念条列化。通过分解和整理文本中的概念，帮助学生更好地理解和记忆知识点。

其次，确认学生对个别概念的理解是否充分。通过解释和讨论，确保学生能够准确理解每个概念的含义和应用。

再次，通过对简单概念的重新组织，刺激学生想象重新组织后生成的新事物（或复杂概念）是什么样的，即鼓励学生重新排列和联结已有的概念，以创造出新的理解或视角。

最后，验证这个流程是否提升了学生对原始问题的理解。

示例：

当我们和学生共读《活了100万次的猫》绘本后，可以和学生挑选其中一个概念，在此基础上编一个新的故事，看看谁编得最精彩。

- 猫
- 水手
- 老奶奶

- 国王
- 死亡
- 不开心
- 养
- 家庭

技巧六：后退、前进。

后退、前进的教学方法通过提出假设问题，引导学生从多个角度思考问题。这种方法不仅能帮助学生发现新问题，还能鼓励他们提出创造性的解决方案。

可以通过两种方式实践本方法：

第一种，改变前提，重新推论。鼓励学生假设不同的前提条件，并探讨在这些前提下问题的结果会有何不同。

第二种，在一个问题点，邀请学生提出多种可能，引导学生思考不同的解决方案或后果，并讨论每种可能性的优缺点。

示例：

问题一：如果今天孙悟空失去了法力，我们应该把他逐出取经的队伍吗？

问题二：大雄使用独裁者按钮让所有人消失后，他很后悔。如果回到他和哆啦A梦哭诉那一刻，你认为哆啦A梦该怎么帮他更好？

运用想象力的对话教学法要点

表 6.24　运用想象力的对话教学法要点与注意事项

适当的问答法	不够适当的问答法
• 保持课堂的开放性，让学生自由地探索各种可能性，而不限制他们的想象力范围。 • 通过展示富有创意的作品、故事或	• 严格限定学生的答案范围或明确告诉他们什么是"正确的"想象，这会扼杀创造力。 • 对于学生的想法过度批评或直接否定，尤其是在他们提出大胆或不同寻常的观点时，

续表

适当的问答法	不够适当的问答法
图片，激发学生的想象力，鼓励他们创造自己的作品。 ● 多元化的讨论方式：不仅限于解决问题，也可以通过角色扮演、情境模拟等方式，让学生体验不同视角，从而丰富他们的想象力。 ● 每个学生的想象力发展不同，要尊重他们的独特想法，而不是强求统一答案或观点。	这样会打击学生的信心和探索精神。 ● 忽略学生的兴趣点，一味地引导他们思考自己设定的问题，而不关注学生的想象力方向。 ● 忽视个体差异，强求所有学生在同一问题上达到同样的理解深度和使用相同的表达方式。 ● 当学生提出富有想象力的问题时，以过于实际或功利的视角进行回应。

供教师反思的三个问题

问题一：在你的成长过程中，得到足够多的自由表达空间了吗？

（思维线索：通过反思自己的生活经验，帮助我们在面对学生时更好地理解学生的意愿，理解每个人的潜能与需求。当你试着回应学生的创新想法时，从某个角度来说，也是在帮助你自己。）

问题二：当学生提出看似不现实的想法时，你通常如何回应？

（思维线索：你是直接否定他们的想法，还是引导他们深入思考？你是否知道如何提供建设性的反馈，帮助学生扩展或修改想法？）

问题三：有时，我们会讶异于学生的想象力，这有时会让我们不知所措。你在教学中如何处理学生之间想象力的差异？

（思维线索：你是否能识别并尊重每个学生独特的思维方式？你如何鼓励那些不太愿意参与想象活动的学生？你是否提供了不同层次的挑战，以适应学生的多样性？）

【J. 心理照护对话教学法】

心理健康是孩子成长过程中的一个关键部分。在课堂教学中，教师可以通过多种对话法促进学生的心理健康，帮助学生理解和接纳自我、处理创伤、表达情感等。

这是必要的，也是必然的，因为身为教师，我们会遇到各种学生，这些学生有各自的家庭背景，有各自的想法、感受、生活经历和心理困境。

　　遇到让人头疼的学生时，该怎么上哲学课呢？该怎么引导孩子进行思考呢？如果没有相应的方法，教师就只能徒劳无功，因无能为力而惭愧，或因课堂出现停滞或混乱而心乱如麻。所以，我们需要学习应对的方法，包括为这些学生特殊情况而设的问答法。

　　此外，由于处理学生心理问题的方法牵涉到咨询的范畴，而咨询本身就是一种通过对话进行的互动，具备倾听、表达与沟通等有效的问答策略。因此，这里将借鉴咨询的问答法，并将其进行转化，尤其是借鉴"创伤知情照护"（Trauma-Informed Care，TIC）的部分，以利于我们通过这项工具，达成更好的课堂教学效益。

　　首先，我们要认识到，儿童哲学的初衷是希望借由孩子自身相关能力的养成，使他们更有可能去认识自己，达到自我实现。这包括"自我理解""自我接纳""自我发展"三个方面。这个教学目标可以这样表达：

　　自我理解：通过引导学生反思自己的情感和行为，帮助他们认识自我价值。

　　自我接纳：鼓励学生认识自己的优点和接受自己的不足，增强自信心。

　　自我发展：促进学生在认知和情感上的成长和进步，活出一个整全的自我。

　　我们以《窗边的小豆豆》这本书为例。

　　黑柳彻子在这本自传体小说中，描述了她作为一个"问题儿童"在巴学园的经历，揭示了自由和包容在儿童教育中的重要性。书中每一个小故事都包含至少一个可供探究的概念，这些概念都与我们的学生相关。

　　比如，我们想和学生一同探究"童年是什么"，就可以从书中挖掘出以下可以探讨的点：

　　自由：探讨选择座位、选课等自由对儿童发展的影响。

　　平等：通过日常活动（如做便当）讨论平等的意义。

　　认知：强调实际生活中的学习，如散步和实际操作活动。

情感：通过故事情节如"鬼"和"泰明"的互动，讨论情感发展。

美感：自然触摸和艺术表达的重要性，如舞蹈。

离别：如"茶话会"和"小鸡"的故事，帮助学生理解分离和告别的情感。

以上几点又能延伸为关于"个人成长：自我整合的探索历程"的议题，变成我们课程的主旨与方向：

- 了解自由
- 追求平等
- 提高认知
- 发展同理心
- 培养审美
- 与人相处

这些要素是学生成长过程中不可或缺的部分，教师可以通过引导学生在这些方面进行自我探索和发展，帮助他们在心理上走向成熟和独立。

应用情景

下面将重点介绍这种通过心理健康相关理论转化而成的教学法。每一种方法的应用都对应着不同的学生形态和不同的情境。

情境一：面对一般孩子的探索性提问

探索性提问是一种鼓励学生深入思考和探索未知领域的教学策略。它通过设置背景问句为学生提供必要的背景信息，并通过肯定性问题给予学生表达观点的动力。然后，通过惊奇问句激发学生的好奇心和创造力，共创与想象则促进学生之间的互动和相互刺激。最终，通过整理和提出新的探索方向，学生能够更好地理解和扩展其知识边界。

背景问句：铺陈
肯定问句：赋予动力
惊奇问句：激发创意
共创与想象：互相刺激
新的探索：整理与提出新方向

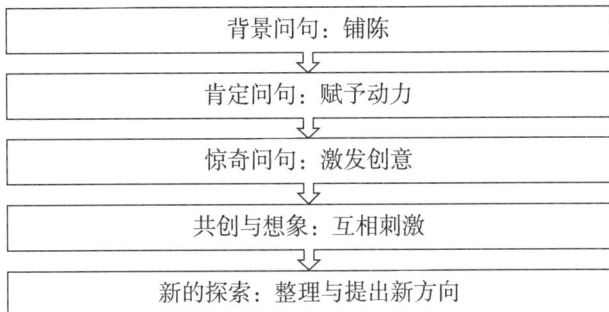

图 6.29　探索性提问的教学实施步骤

探索性提问不仅可以帮助学生构建知识结构，也可以增强他们的批判性思维和创新能力。

下面是一个示范的小游戏，教师可以和学生一起玩，体会探索性提问的历程与乐趣。

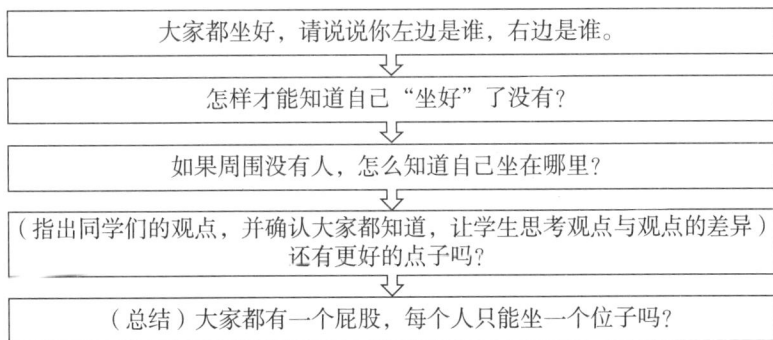

大家都坐好，请说说你左边是谁，右边是谁。
怎样才能知道自己"坐好"了没有？
如果周围没有人，怎么知道自己坐在哪里？
（指出同学们的观点，并确认大家都知道，让学生思考观点与观点的差异）还有更好的点子吗？
（总结）大家都有一个屁股，每个人只能坐一个位子吗？

图 6.30　引导学生逐步探索的提问步骤与示例：我在哪里？

上图展示了一个名为"我在哪里？"的探索性提问小游戏，用于激发学生的观察和思考能力。

游戏开始时，老师要求学生描述自己左边和右边坐的是谁，以引导学生关注周围的环境和细节。接着，通过"怎样才能知道自己'坐好'了没有"和"如果周围没有人，怎么知道自己坐在哪里"等问题，引导学生思考和表达自己的位置感知。

讨论过程中，老师还可以鼓励学生反思不同观点和体验，帮助他们理解和分享彼此的看法。

游戏的总结部分提出一个有趣的问题：每个人只能坐一个位子吗？这一问题不仅激发了学生的好奇心，还鼓励他们以探索和开放的心态去观察和理解世界。

情境二：当孩子有状况——面对特殊孩子的问答法

我们的目标是帮助每个孩子自然成长，促使他们内心的"宇宙"成形。孩子的心理世界如同夜空中的灯笼，每一个都在成长和探索中发出微光。然而，我们难免会遇到一些"难搞"的孩子，他们因为各自的心理困境，无法投入学习，甚至影响他人学习。

下面是六种常见的孩子行为类型，同时也有这些类型的孩子各自面对困境时特有的心理状况和反应模式。

表 6.25　儿童行为表面现象与心理成因、反应模式

现象	心理	反应模式
说气话的孩子	战斗或逃跑	可能处于战斗或逃跑的心理状态。
不说话的孩子	拥有与分享	可能挣扎于拥有与分享之间。
胡说八道的孩子	想象与具象	可能在虚构与现实中寻找平衡。
嘴硬的孩子	保卫与开放	可能在保卫自己和打开自己之间摇摆。
流露恐惧的孩子	投入与逃避	可能在投入和逃避之间徘徊。
对性好奇的孩子	好奇与混乱	可能在好奇与混乱中寻找答案。

理解这些孩子的内在困境，对教师来说至关重要。这不仅有助于教师在面对这些孩子时保持冷静，还有助于他们采取适当的教学策略，以应对这些挑战。通过深入了解每个孩子的心理状态，教师可以为他们提供更加支持性和理解性的教育环境，使他们的内在"宇宙"得以健康发展。

下面，我们将引用创伤知情照护作为应对这六类孩子的问答方针，帮助他们化解心理困境，并使他们能融入哲思课堂，与教师共同成长。

问"发生了什么"，而不是问"你有什么毛病"

⬇

先疏导情绪，再诉诸理性

⬇

共情与联结

⬇

让感受成为可思的对象

⬇

自我整合

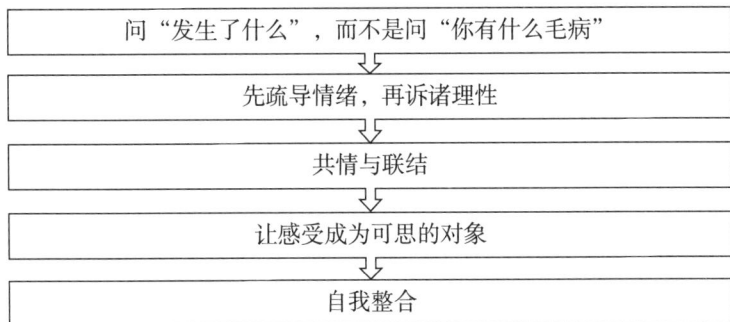

图 6.31 创伤知情照护实施步骤

创伤知情照护课堂问答策略大体有五个步骤，我们要把握这五个步骤，从感性到理性，从赋予孩子安全感开始，打开对话的契机。

第一步，问"发生了什么"，而不是问"你有什么毛病"。

教师应关注学生所经历的事情，而不是将焦点放在学生的行为或问题上。这种方式能够让学生感到被理解和关心，避免负面标签的影响。

第二步，先疏导情绪，再诉诸理性。

先处理学生的情绪，帮助他们表达和释放情感，再进行理性分析。这样可以防止情绪积压，帮助学生更清晰地思考。

第三步，共情与联结。

教师应尽量与学生建立情感上的联系，通过共情理解学生的感受。这种联结能够增强信任，帮助学生在面对困难时感到支持和安全。

第四步，让感受成为可思的对象。

鼓励学生将自己的感受进行表达和反思，将其转化为可以讨论的对象。这有助于学生认识到自己的情感是可以被理解和讨论的，而不是孤立或压抑的。

第五步，自我整合。

帮助学生通过反思和讨论，整合他们的经历和感受，促进他们心理上的自我接纳和整合。这样学生能够更好地理解自己，接受自己，并从创伤经历中恢复。

这些策略旨在为经历创伤的学生提供一个安全的、理解性的和支持性的环境，使他们能够在情绪和心理上得到安慰和疗愈。通过创伤知情照护的课堂问答策略，教师不仅能够更好地理解学生的外在行为，以及行为背后的心理困境，还能够有效地支持学生的情感和心理发展。

下面是将上述五个步骤融汇到教学现场，学习面对不同困境的孩子时如何使用问答法。

1. 说气话的孩子。

外在表现：在情绪激动时会说一些带有攻击性或伤人的话；可能表现出愤怒或挫败感，容易激怒他人或引发冲突。

心理困境：可能在情绪管理方面存在困难，难以控制自己的情绪；通过说气话表达内心的挫折感或不安全感，希望引起关注或获得控制感。

问答策略：

指引情绪管理：帮助孩子认识并表达情绪，如愤怒、挫败感，让他们理解有情绪是正常的，并提供适当的表达方式。

共情和理解：用共情的方式听取孩子的感受，告诉他们"老师明白你为什么会生气"，让他们感受到被理解。

安全表达：引导孩子在冷静下来后表达感受，避免在冲动时说出伤人的话。

情绪的命名与反思：帮助孩子辨别和命名情绪，反思说气话的后果和对他人的影响。

问答范例：

- 你遇到了什么麻烦吗？你说的这些话，老师听了很伤心呢！
- 你先坐在这里静一静，等你觉得没那么生气了，老师再听你说。
- 有时候老师遇到不开心的事情，也会很生气，想要说一些难听的话，好像我希望身边的人听了会难受，这样他们就知道我有多难受了。
- 刚刚很难受吧！生气或难过的时候，我们的身体会不舒服。刚刚你的身体有哪里不舒服吗？
- 有时候，我们会因为生气的事情而控制不了自己的嘴巴。但这其实不是我们的本意，我们的本意是什么呢？

2. 不说话的孩子。

外在表现：在课堂或社交场合中沉默寡言，不愿意表达自己的想法或感受；可能对交流感到不安或缺乏自信，避免公开说话。

心理困境：可能有表达困难或害怕被批评，缺乏安全感；可能担心自己的想法不被重视或引起他人负面反应。

问答策略：

创造安全环境：确保孩子感到安全和被接纳，鼓励他们在感到准备好时分享想法。

共情和支持：表达对孩子感受的理解，告诉他们"老师愿意倾听你说的一切"。

提供表达方式：建议孩子通过写作或绘画等方式表达自己，让他们逐步习惯分享感受。

肯定和鼓励：表扬孩子的任何分享，增强他们的自信心。

问答范例：

● 老师想听你说，因为老师想知道发生了什么。

● 等你准备好了，随时可以来找老师。或者你可以把你想说的写下来（或画下来）交给老师。

● 有时我们会难受到说不出话，但奇怪的是，我们又很想找个人说个痛快。你觉得呢？

● 如果我们可以找一个人说一说，你希望那是一个什么样的人呢？

● 说出来是不是比不说出来，更让人舒服呢？

3. 胡说八道的孩子。

外在表现：喜欢讲述奇怪或离奇的故事，内容可能不符合现实；可能会在与他人互动时夸大或编造事实，给人带来困惑。

心理困境：可能对现实感到不满，借助幻想逃避现实；可能希望通过匪夷所思的故事来获得他人的关注和认可。

问答策略：

区分想象与现实：帮助孩子理解和区分想象和现实，解释虚构故事与真实生活的区别。

鼓励创造性表达：鼓励孩子以创造性的方式表达自己，同时引导他们在合适的场合区分虚构与事实。

理解背后的动机：通过与孩子的对话，理解他们为什么选择编造故事，并提供更健康的表达方式。

建立真实的自我认同：引导孩子接受和欣赏真实的自我，减少对虚构故事的依赖。

问答范例：

● 老师很想知道你的想法，但老师需要你说得慢一点，清楚一点。好吗？

● 你说的事情很不可思议呢！你可以描述得更清楚一点（或者换一种方式表达）吗？

● 有时候我们说了一些事情，但别人不相信我们说的，那时候会让我们感觉很糟糕。

● 如果我们说的事情都会成真，世界会变得怎么样？

● 如果今天有人跟你说一件你不相信的事，你会耐心地听他说吗？

4. 嘴硬的孩子。

外在表现：固执己见，不愿意改变或妥协；在冲突中表现出强硬态度，不易接受他人的意见。

心理困境：可能感到被威胁或缺乏控制，因而用固执的态度来保护自己；担心表现出脆弱或承认错误会被视为软弱。

问答策略：

指出孩子的状态：帮助孩子认识到自己的情绪和行为状态，并理解这些情绪的来源。

给予肯定和支持：告诉孩子"你的感受是普遍的、可被接纳的"，减少他们的防御心理。

情绪命名：帮助孩子给情绪命名，让他们更好地理解和表达自己的感受。

自我反思和成长：引导孩子反思在情绪体验中的自我变化，促进他们的自我理解和成长。

问答范例：

● 老师感觉到你不开心，你是不是心情有点……呢？老师很想知道你怎么了，你可以跟老师说说吗？

● 你因为……而难过，老师遇到……的时候也会这样呢！不过你的难过跟我的好像又不太一样，我们都说说我们难过的事情，看有什么不一样，好吗？

● 你可以把情绪画下来吗？（老师可以画给孩子看，通过具象化的方式让感受被看见，使负面情绪得到释放。可以搭配动画片《头脑特工队》或讲述抑郁症的绘本《我有一只黑狗》。）

●（孩子情绪平复后）你看起来好多了！你是怎么做到的呢？老师很想知道。（借此让孩子有机会为情绪的开始、历程与结束复盘，那么之后他遇到同样情况，便知道怎么处理了。）

5. 流露恐惧的孩子。

外在表现：害怕未知或新的体验，表现出明显的恐惧；可能会避免参与新的活动，或者表现出退缩行为。

心理困境：可能经历过创伤或有不安全感，导致对新的或陌生的事物感到恐惧；害怕表现出恐惧会被视为弱点。

问答策略：

正常化恐惧：告诉孩子恐惧是正常的情绪反应，并非缺点，增强他们的安全感。

接受恐惧：让孩子明白恐惧是可以被接受的情绪，帮助他们更好地理解和接纳自己。

细化恐惧感受：通过具体地描述恐惧感，帮助孩子掌控和应对这些情绪。

探索恐惧的根源：引导孩子探讨恐惧的来源和影响，促进其自我认识和成长。

提问范例：

● 每个人都有害怕的时候，害怕不表示你很弱，不表示你不好。怕就怕，没事的，等你觉得没那么害怕了，随时找老师谈谈。

● 要不要跟老师一起试试看，我们来描述一下你的恐惧，好了解你的恐惧长什么样子。我们来给恐惧取个名字吧！

● 某某感到害怕，大家有对付害怕的经验吗？我们一起来分享。（让孩子了解，每个人都会害怕，这很正常。并且通过方法交流，促进彼此的支持性情感，以及面对恐惧的经验。）

6. 对性好奇的孩子。

外在表现：对性的主题表现出强烈的好奇心，可能会提出涉及性的问题；可能在不适当的场合讨论与性相关的话题。

心理困境：孩子可能正在经历性启蒙阶段，对身体和性产生自然的好奇心；缺乏正确的信息和引导，导致对性的误解或不适当的行为。

问答策略：

安全的讨论环境：为孩子提供一个安全的空间来讨论与性相关的话题，帮助他们消除疑虑。

正常化对性的好奇：告诉孩子对性好奇是正常的，并提供准确的信息。

性教育和健康认知：引导孩子将性看作一个健康的、可讨论的话题，帮助他们正确理解性和性别问题。

讨论和引导：通过讨论，帮助孩子厘清对性和性别的感受与想法，促进健康的心理发展。

提问范例：

● 你们有没有对一些事情感到好奇，比如我们的身体是怎么工作的？

有这样的感觉正常吗？

● 你们觉得我们可以讨论哪些话题？是不是有一些话题大家觉得不好意思谈？

● 为什么了解我们的身体和成长过程很重要？这对我们有什么帮助？

● 你们知道青春期是什么吗？我们在这段时间身体会发生哪些变化？

● 你们有没有听过"健康的身体"这个词？你们觉得知道如何照顾自己的身体重要吗？

心理护照对话教学法要点

表 6.26　心理照护对话教学法要点与注意事项

适当的问答法	不够适当的问答法
● 鼓励对方开放地分享感受和想法，不限于"是"或"否"的回答，避免引导式或暗示性的提问。 ● 表达对对方感受的理解和尊重，不批评或轻视其情绪，展示出关心和支持。 ● 专注倾听对方的叙述，不打断或立即作出判断，保持中立和开放的态度，给予对方足够的表达空间。 ● 鼓励对方深入探讨自己的身体感受和经历，帮助其更好地理解自己，提供安全的环境让其安心表达。 ● 在对方表达关于身心健康的需求或征求意见时，提供建设性和可行的建议，并确保这些建议是经过双方讨论和同意的。	● 只允许对方作简单的"是"或"否"的回答，限制对话的深入性和对方表达的自由度。 ● 对话中包含评判、责备或否定对方的言辞，这种方法可能使对方感到不被理解或被批评。 ● 在对方没有明确请求帮助时，主动提供解决方案，这可能被视为不尊重对方的自主权或经验。 ● 使用强制性或操控性的语言，试图引导对方按照某种预期或想法行动，这会让对方感到不适或被控制。

供教师反思的三个问题

问题一：当幼年对自己的身体感到好奇时，你是如何探索和学习关于身体的知识和奥秘的？

[思维线索：回忆自己在孩童时期第一次对身体产生好奇时的经历，包括通过哪些途径（如家长、老师、书籍或媒体）获取信息。反思当时的知识

来源是否准确、适当，以及是否有引发困惑或不安的情况。]

问题二：我们经常提到"情绪价值"，你是如何理解这个概念的？它对个人的心理健康有何影响？

（思维线索：思考"情绪价值"在日常生活中的体现，如通过情绪管理、情感表达获得人际关系中的情感支持。反思情绪价值在个人生活和职业生活中的重要性，包括如何影响决策、行为和心理健康。）

问题三：在你看来，对某些心理需求的污名化可能会对儿童的心灵造成哪些伤害？我们可以采取哪些措施来应对这种情况？

（思维线索：识别心理需求污名化的具体表现，如对心理健康问题的负面标签或对求助行为的歧视。思索在日常生活中，我们如何为家长和孩子提供适当的心理支持和学习资源，以便在问题出现前加以应对。）

【K. 例外情况（当对话必须中断）】

在儿童哲学课堂，对话是启发学生思考和探索的重要手段。然而，在实际教学过程中，教师需要灵活应对各种课堂情境，适时中止或终止对话，以维护课堂秩序和实现教学目标。

中止和终止对话的决策不仅考验教师的教学技巧，也关系到学生的学习体验和参与度。因此，教师应具备敏锐的观察力和灵活的应变能力，能够在适当的时机作出正确判断。

以下部分将详细说明在何种情况下应中止或终止对话，并通过具体的教学实例，帮助教师更好地理解和应用这一教学策略，以促进课堂讨论的有效性和学生的全面发展。

适当的时机

1. 触碰底线。

在讨论道德或伦理问题时，如果学生言语涉及种族歧视或性别歧视，教师应立即中止对话，指出不当之处，并解释相关的道德和法律底线。

例如，在讨论"什么是正义"时，如果有学生发表带有歧视性的言论，教师应及时中止对话，并引导学生理解平等和尊重的重要性。

2. 急需课堂管理。

如果课堂纪律出现严重问题，需要立即恢复秩序，教师可以中止当前对话，专注于管理和调整课堂氛围。

例如，在哲学讨论课上，如果有学生不断打断他人发言，导致秩序混乱，教师可以中止讨论，提醒学生遵守发言规则，并重新安排讨论顺序。

3. 紧急情况。

在发生紧急情况时，如突发事件或意外事故，教师应中止对话，优先处理紧急情况，确保学生安全。

例如，在讨论过程中有学生突感身体不适或出现健康问题，教师应立即中止对话，提供必要的帮助，采取适当的处理措施。

4. 现实问题。

当学生提出的现实问题与课程内容无关且可能影响其他学生的学习时，教师可以中止对话，之后再个别解决这些问题。

例如，在讨论"幸福是什么"时，有学生提问关于家庭财务的问题，教师可以中止讨论，表示课后单独解答，并继续进行哲学讨论。

不够适当的时机

1. 不敢表达立场。

教师在面对学生的挑战时，如果因为不敢表达自己的立场而中止对话，会显得缺乏自信，难以树立权威。

例如，在讨论"什么是真理"时，有学生质疑教师的观点，教师因为不敢表明立场而选择中止对话，这会让学生觉得教师缺乏自信和权威。

2. 不清楚课堂管理的方法。

如果教师因为不清楚如何管理课堂而频繁中止对话，会导致教学秩序混乱，影响学生的学习效果。

例如，在一堂哲学辩论课上，学生讨论得非常激烈，教师因为不清楚如何控制场面而多次中止对话，最终导致辩论无法顺利进行。

3. 教案设计流程太草率。

在教案设计不完善、流程不清晰的情况下，中止对话可能会打乱教学计划，无法有效推进课程。

例如，在讨论"自由的意义"时，教师没有详细规划好讨论环节，导致讨论偏离主题。此时教师频繁中止对话，试图重新调整方向，但效果不佳，打乱了教学节奏。

4. 对班级情况缺乏觉察。

如果教师对班级整体情况或个别学生的状态缺乏敏锐的觉察，中止对话可能会忽略学生的真实需求和感受。

例如，在讨论"友情的重要性"时，教师忽略了班上某些学生正面临友情困扰，贸然中止对话，可能让这些学生感到被忽视和不被理解。

5. 对个人状态缺乏觉察。

教师在自己状态不佳或情绪波动时，如果因无法有效控制情绪而中止对话，会影响学生对教师的信任和尊重。

例如，教师在自己情绪低落或身体不适时，因为无法有效控制情绪而频繁中止对话，学生会感受到教师的不稳定状态，进而影响课堂气氛和教学效果。

总之，在实际教学中，教师应具备敏锐的观察力和灵活的应变能力，正确判断何时需要中止或终止对话，何时应继续推动讨论。

通过适当的中止或终止对话，教师可以维护课堂秩序，保护学生的利益，并促进教学目标的实现。同时，教师也应避免因不当的中止和终止对话而削弱学生的参与感和课堂效果。因此，教师应综合考虑多方面因素，灵活运用教学策略，确保课堂对话在适当的时机和情境下进行。

教师的职责是教书育人。并不是说学生之间想法很发散、讨论貌似激烈，或者课堂极富戏剧效果，这就是一堂好课。偏离教师职责，教师很容易变成在为自己虚幻的理想，甚至是为满足自身的自恋而工作，这样也许可以制造出几堂热闹的课，但在我看来，这其实是一种不负责任的"课堂表演"。

所以，当课堂有了偏离教育方向的趋势，别忘了提醒自己："不要忘了，我们是老师！"

【L.（　　　　　　　　　　）对话教学法】

除了前面提的方法，还有许许多多的问答法。我的方法也是长期学习与实践所得，我相信，阅读这本书的你也能建立属于自己的对话法，并运用于教学中，惠及更多学子。

因此，如果你是作者，要推荐、介绍与指导老师们使用一套有系统且有助于哲思的问答法，你想到了什么？不妨把它们记下来，按照我们的模式梳理，相信你会发现，你已经有相当的成果，并有为他人提供支持的能力。当然，还有许多待解决的问题，但在教学现场，永远都有新的问题，这不是坏事，而是教育工作的一部分。

小　结

在儿童哲学课堂中，提问是推动对话和讨论的重要方法。然而，我们必须牢记，尽管学生可能未曾正式接触过哲学，但他们已经具备了一定的哲学思维。

提问技巧中涉及的思辨方法来自哲学，对于学生解决复杂问题有很大帮助。我们常说"授人以鱼，不如授人以渔"，教授学生思维方法往往比让他们记住哲学家的名字或术语更为重要。毕竟，任何方法的应用都是为了更好地推进课程，帮助学生尽可能多地学习和理解知识。

因此，熟练掌握并恰当地运用几种有效的方法，比尝试所有方法却不精通其中任何一种要有益得多。学生能够察觉到课程的实际价值，能够分辨出教师是博学又不失幽默，还是只有表面功夫，没有实际本领。

关于提问，选择问你感兴趣且想深入了解的问题，这样上课会轻松许多。如果做不到，至少选择你基本了解且感兴趣的问题。最低标准是问那些基本了解但兴趣不大的问题。对于不感兴趣又不熟悉的内容，宁可不问。

有时，讨论中会出现沉默，这并不一定是坏事。有些沉默是有意义的，因为它可以让我们通过非语言表达思考和感受。但当非语言表达不足以传达想法时，教师应在适当的时机直率地表达，以便学生理解。作为教师，我们要在适当的时候给学生明确的指导，因为学生可能并不清楚某些言行的负面影响。

我记得有一次在幼儿园上示范课，主题是"我是谁"，学生是大班的孩子。当讨论到"如何区分两个外表完全相同的人"时，有个学生说："脱他们的衣服，检查他们的身体。"面对这个回答，我暂停了讨论，明确地告诉孩子们："无论对方是陌生人还是熟人，如果有人试图触摸你的隐私部位，你绝不能允许，并且要立即告诉父母或老师。"

学龄前的孩子心智尚未成熟，对身体和性的知识也很模糊。在这类情况下，教师必须明确地告知他们保护隐私的重要性，确保他们理解并记住这些信息。先求最小伤害，再求最大效益，这是教师对学生和自己负责任的表现。在这个过程中，方法固然重要，但更重要的是教育工作者的爱、热忱和持续学习的决心。

最后附上儿童哲学提问与对话口诀，大家可以打印下来，放在手边，在实践前期还不是很熟练的时候，不时拿出来提醒自己，避免因为不熟练而慌乱。

儿童哲学提问与对话口诀

规则硬件刺激物

问题质疑好奇心

概念感受和经验

前提结论提反例

倾听提问与总结

赞成反对求共识

举一反三是发散

举三得一是聚敛

个人小组大讨论

延伸思考留作业

提升思维虽重要

学习乐趣不可少

第七章　课程结构：从"生命史"的角度思考

◎ 问与思

如果上课像一部电影，那么这部电影如何才能既好看又有内涵，还发人深省？想象一下，这部电影会是什么样子？开头、过程和结局该有哪些情节？该是什么节奏？

让课程像一颗"橄榄球"

有些课的上课过程貌似很精彩，教师频频抖包袱，但课后学生会发现，他们什么都没学到。教师在台上只顾着"表演"，根本没有认真上课。

有些课内容很扎实，但就像一块硬得似石头一样的饼，啃也啃不动，吞又吞不下去。别说对小孩子，就算是成年人，没有足够的基础知识，也难以消化。教师只顾输出知识，却没有充分考虑学生的吸收能力。当然，我这里的观点是基于儿童教育，研究所、博士班，那是另外一回事。

还有一种教师上的课，没有把学生"噎着"，也没有让学生昏昏欲睡，但无法给学生带来反思的空间。因为学生发现，教师教的东西都在书本里，教师就像复读机。既然如此，回家自己读书就够了。这样的课，无法引起学生的兴趣，也让教师的角色变得可有可无。

一堂好课就像一部好电影，看的时候没有冷场，看完之后回味无穷，还能给学生带来反思的空间。好电影往往具有"橄榄球"结构，又如同一篇好作文的结构：凤头、猪肚、豹尾。

因此，整个课程设计的理想结构，也应该像颗橄榄球。橄榄球左右两端象征课程的开头与结尾。开头用于刺激讨论的内容要精简而准确，最后的收尾要清晰明了、重点突出。然后把课程中间绝大多数的时间留给学生之间的对话、讨论和思维的推演。

以小学课堂为例。假设一堂课有 35 分钟，教师前面给的刺激物，无论是文本、电影或其他东西，需要教师花 15 分钟介绍，那就只能给学生留下 20 分钟的讨论和思考时间。这 20 分钟还要留一点时间进行总结，交代下节课的事宜。实际上，学生能讨论的时间根本不到 20 分钟。

假如刺激物的呈现只需要 5 分钟，那么学生就会有 30 分钟的时间进行后续讨论和收尾。假如刺激物的呈现只需 1 分钟，学生就几乎拥有一整节课讨论和思考的时间！

同样，如果最后的课程又占用大把时间让教师总结，那么也会压缩学生讨论和思考的时间。特别当讨论很热烈，学生们的思考已经走得很远时，更不该剥夺他们宝贵的时间，因为他们才是课堂里的主角。

这对教师来说不是一件容易的事情。一般课程的教案，基本会把整节课教师该干什么，学生该做什么，甚至该说什么都写清楚。教案就是课的依据，教学过程也八九不离十。

如果儿童哲学的课堂以苏格拉底对话教学法展开讨论，同样主题的课程会在不同班级呈现不同的走向，涉及不同的议题。这对教师是个很大的挑战，教师一定程度上要保持开放的态度，降低预设，鼓起勇气面对学生抛出的问题。

所以，把课堂塞满各种教师要给予学生的资料，会让课程变得很"容易"把控。但很遗憾，这种方式会在一定程度上抑制学生的思维活动。儿童哲学课应该像橄榄球，教师手握橄榄球两端，中间由课堂对话以及学生的思想和感受填充。

图 7.1　儿童哲学的课程结构就像一颗橄榄球

　　课程结构像橄榄球，而授课的准备流程则如下所述。儿童哲学课的课程开发和教案设计流程与一般课程的开发与设计大致相似。较大的差别可能在于儿童哲学课程的核心主题和议题是由问题展开，然后进行相关资料的搜集，最后备妥教材。这与先有教材再基于教材内容转化为课程的传统方式不同。

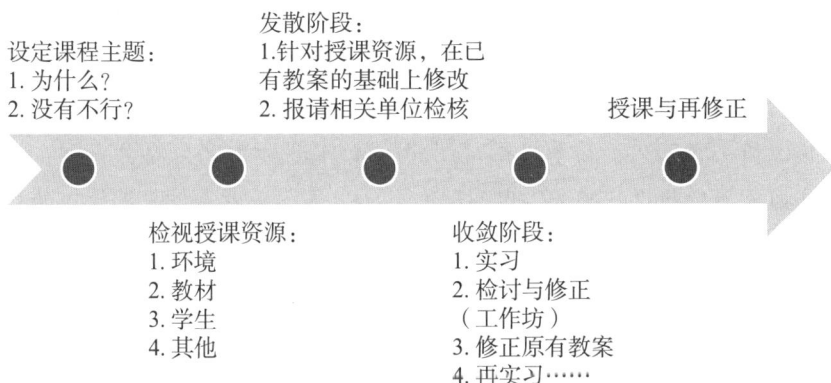

设定课程主题：
1. 为什么?
2. 没有不行?

发散阶段：
1.针对授课资源，在已有教案的基础上修改
2. 报请相关单位检核

授课与再修正

检视授课资源：
1. 环境
2. 教材
3. 学生
4. 其他

收敛阶段：
1. 实习
2. 检讨与修正
（工作坊）
3. 修正原有教案
4. 再实习……

图 7.2　儿童哲学课程设计的历程：从开发到完善

　　为帮助大家更直观地理解这个流程，以及理解如何让课程结构像橄榄球，我将以指导教案撰写的形式，层层递进，把整个课程的脉络梳理清晰。当你了解教案撰写的步骤后，也就基本掌握了一堂儿童哲学课的流程，以及流程背后支撑课堂进展的幕后准备。

课程设计：先做加法，再做减法

　　关于课程设计，许多年轻教师满腔热血，看完示范课后都跃跃欲试，但尝试了几次就无法坚持原本的授课强度，他们为此沮丧，甚至自责。

　　人往往会高估自己的能力和预期成果。就像丹·艾瑞里（Dan Ariely）在《怪诞行为学》（*Predictably Irrational*）中举的例子，一项针对研究生"多久能写完毕业论文"的研究显示，乐观的学生认为 16 周可以完成，没那么乐观的学生预期 33 周可以完成，但跟踪调查发现，最终全部学生平均写完论文的时间是 55 周。

　　课程设计的教案撰写阶段，如本章开头所言，就像在拍电影。教案如同脚本，控制整个课程的内容、节奏、教材选用与实施、时间分配，同时也体现学校对我们的要求。这样还不够，我们还要考虑生活的全部。别忘了，我们还有行政工作、家庭事务。生活不只有工作，唯有从生活的角度进行通盘考量，我们才能做出一个可操作、能落地，且不会给自己挖个大坑让自己往里跳的教案。

一节理想的课，教师付出六成心力是最佳状态。因为通常有一成要分给家庭，一成分给教学以外的工作，一成分给兴趣爱好，还要保留一成用来休息和以备不时之需。每节课都"把油门踩到底"，没多久就会力竭。就算你有铁肺和不会沙哑的喉咙，也难保你不会生病，或者遇到其他让你分心的事情。

"六成力"不等于不尽力，要知道教育是长期工作，不是短期冲刺。一节课上得精彩，不一定能一学期都保持相同的水准。

这里我也想说一下示范课。通常在暑期，会有一些对儿童哲学感兴趣的学校邀请我给他们上示范课，以及指导后续的工作坊。另外，平时也有一些教师培训，我一般也会给教师团队上示范课，作为培训的一部分。我经常跟校长、教师们说："示范课的精彩程度，包括学生的反应、秩序、专注度、课程的流畅度，打个六折就是正式上课的状态。"

忐忑吗？不安吗？下面就进入对儿童哲学课程设计的讲解。根据我的教学经验，事前知道得越多，总比知道得少来得好。我们越能提前作好准备，越不会被真实的考验吓坏，以至于无法应变。

在开始撰写教案前，我们已经拥有了苏格拉底对话教学法、PBL 和哲学思维的教学法宝。光有这些法宝还不够，教师还要营造一个适合教学的环境，因此我们需要采取一些行动策略，提醒自己要维护一个让学生安心、信任，得到鼓励和促进，同时能高效学习的环境。这个环境指的不是硬件，而是教室里的"氛围"。

以下是十点搭建教学环境的行动策略：

● 营造安全、温馨的对话环境。
● 鼓励学生踊跃发言，建立发表信心。

- 形成相互尊重的对话团体。
- 创造分享意义与乐趣的环境。
- 建立学习的信心。
- 制造认知冲突。
- 善用同侪影响力。
- 促使对话有效、有意义。
- 使用后设对话。
- 书写教学笔记。

行动策略旨在提醒教师，我们要打造一种适合学习的氛围，就像给学生一个"家"，有了这个家，他们就会信任教师，安心、放松，自然更容易专注于学习。

有五个教案内容撰写的要点，它们基于"学生优先"的考量：

要点一：从哲学论题到生活议题。

如果教案是从哲学出发，比如我们要上一节关于"存在"的课，那么先要对哲学论题作好充分的准备，而不是先急着找生活方面的讨论素材。

要点二：从生活议题到哲学论题。

如果是以生活为出发点，比如要做一个配合父亲节的课程，或是要为幼升小的孩子做一学期的心理赋能。选定内容后，可以搭配"哲学概念"方面的书籍，或是请教这方面的专家来确定哲学主题，以及所需哲学知识的范围。

要点三：符合学生的心智年龄。

这一点前面已有说明，这里不再赘述。总之，如果不了解教育心理学，建议赶紧去恶补一下。从教育的角度，我认为教育心理学是教师的必备知识，但哲学不是。

要点四：搭建学习的支架。

根据心理学家维果斯基的理论，学习是一个递进的过程。如果我们要让学生有充分的能力面对三年级的课程，就要在二年级给学生打下足够的基础；如果我们希望学生的能力足够应付二年级的课程，那么就应该帮学生在一年级建立应对二年级课业的相应能力。

同样，如果我们的课程是一个学期课，那么每节课都要为后面的课程设想，层层递进。不要难度忽高忽低。忽高，学生相应的知识支架没准备好，学习起来会很疲惫且感到挫折；忽低，学生做起来没有成就感，没办法专注且会感到无意义。

要点五：配合学生的文化情境。

要考虑学生群体的家庭背景、本土文化、生活环境等存在差异。你去支教，如果举的例子尽是北上广深等大城市的生活，学生就很难有代入感。面对一群不怎么了解北欧文化的学生，你以北欧文化的故事作为刺激物，那么很有可能师生对话牛头不对马嘴，双方都会觉得很费力。即使学生学到了什么，可能也无法应用到他们的生活中。

教案撰写：凤头、猪肚、豹尾

一堂优秀的课，就如同一部精心拍摄的电影，不仅情节紧凑，还能在观赏后引发深思。它在形式上像一颗橄榄球，头尾短小精干，中间大肚能容。相应地，要实现这样的课，教案撰写也要遵循凤头、猪肚、豹尾的结构：开头精炼有趣（凤头），能迅速抓住学生的注意力；中段丰厚扎实（猪肚），透过多元活动与深度讨论让学生充分思考；结尾简洁有力（豹尾），在余韵中带给学生反思的空间。下面我们就详细讲述这样一套教案如何撰写。

基础部分：厘清需要、授课群体与环境

1. 课前准备。

这部分不会写在明面的教案里，但教师自己要做好记录。

课程开展前，我会跟合作方（授课学校、机构）负责人讨论课程的需要。儿童哲学的课程是灵活的，能应对各种学生群体。有些人以为儿童哲学只有比较聪明的孩子才能上，这是对儿童哲学课程的误解。

我参与过的课程，不分公立学校、民办学校，有全年级都上的课，也有

社团课，有针对成绩高的孩子的课，也有针对学困生、家庭功能失调的学生的课。但我从来没有主动去选择学生，因为我认为教育工作要按照现实情况调整，而不是让别人配合自己。这样才能帮助有需要的学生，真正发挥哲学作为"灵魂治疗师"的作用。

当然，如果教师有自身的考量，也要一开始就跟合作方提出。这部分做好，教案才能写得落地。平常我们要先准备好教案，但要根据学生情况进行调整。并且可能在第一次上课后，发现原来的教案不适用，这时也要尽快修改，千万不要一套教案用到底。

2. 授课群体。

这部分主要包括学校、年级、班级、人数。特殊学校要备注，另外，如果男女比例悬殊，或有其他特殊情况也要备注，以提醒自己。如果人数少，就不需要分组，如果人数多，为顾及每位学生的参与权，就需要分组。但全班人数不等于分组人数，因为有些课堂的学生座位不利于分组讨论。

另外，如果一个班级的学生程度严重参差不齐，也很难分组。在我的经验中，分组并非必要。当课堂成员积极度很高时，无须特别分组。

还有一种情况需要分组，就是班上有几位爱打扰上课秩序的学生，这时需要把他们拆开，以便课堂管理，保障全班学生受教育的权益。可以事前跟班主任沟通一下，如果班主任已经有分组，可以按照班主任的分组，减少学生互相熟悉的时间。

关于分组原则，有几点建议供大家参考：

第一，小组讨论时间以课堂时间的 1/10 为原则。

以小学课堂为例，假如一节课是 30 分钟。扣掉教师讲述、全班讨论和其他零碎时间，1/10 的时间是 3 分钟。小组讨论不宜超过整节课 1/10 的时间，以免占用后续讨论和其他教学事务的时间。

年级越高，上课时间越长，学生的心智年龄和背景知识越丰富，故同样 1/10 课程时间，其实已经随着学生年龄的增长拉长了讨论时间。比如初中一节课 40 分钟，小组讨论就是 4 分钟。

全班大讨论的时间，建议也以 1/10 为原则，可以多于这个时间，但要注意全班学生的专注度。如果专注度下降，可以通过回到小组讨论的方式让学生重新专注起来。

第二，小组人数建议 3 人以上、6 人以下。

尽管两个人就可以展开对话，但 3 个人更有助于讨论，因为当讨论中出现正、反意见时，第三方的主张可以形成对某一方的支持、补充，或者提出具有启发性的第三种意见。

3~6 人是合适的分组，超过 6 人，小组人数太庞杂，有些学生就会失去充分讨论的机会。

设想一下，小组讨论 3 分钟，一组有 6 个人，每个人平均可分得 30 秒，这 30 秒包括表达意见、辩证与辩驳等。所以，如果少于 30 秒，个人意见表达与交流很难充分。

第三，组别数建议 3 组以上、6 组以下。

如果分组，请尽量分成 3 组以上，但不要超过 6 组。3 组可以形成正反意见与第三方，在两个小组之间予以支持或反对，有利于启发性意见的表达。因为还有全班讨论的时间，如果每组总结 1 分钟，6 组就占用 6 分钟。

小学一节课 30 分钟，等于占用 1/5 的课时。这又和全班人数紧紧相扣。15 人左右的班级，3~5 组合适。30 人左右的班级，5~6 组合适。这个数字比较容易在课时上把握。

不分组的常见情况：

- 班级成员太少。
- 班级成员尚不清楚讨论的规则。
- 该节课主要在进行测验、问卷或其他无关讨论的事务。
- 教室里的座位设置很难分组讨论。

第四，分组常态化：小组成员角色要确立，并轮流担任。每组成员基本要分成三个角色：组长、记录员、其他组员。

- 组长：带领小组讨论，协助教师完成指定的讨论任务，是小组中的带领者。教师可通过与组长的对话，快速掌握小组动态。

- 记录员：负责记录，便于教师课后了解小组讨论的内容和历程。
- 其他组员：包括组长和记录员在内，每个人都要充分投入对话。

第五，要求学生记录讨论内容。

这么做可以为教学带来正向效益，主要有以下作用：

第一，可视化。有具体的文字，便于小组讨论，凝聚重点，直观地了解彼此的意见。这和教师将班级讨论的思维导图写在黑板上的作用类似。

第二，方便教师在课后了解学生上课的情况。文字记录可成为一个小组的具体成果，教师在对各组进行评价时，才有所依据。

第三，从认知行为学的角度看，当学生进行文字记录时，更容易专注，也更容易记住讨论的内容。记录能让学生快速地回忆起之前的讨论。

第四，保证全班讨论的效率。当课程进入全班讨论环节，小组有文本，在表达意见时可以直接朗读文本。否则，可能会出现组员之间不清楚或遗忘前面的讨论内容的情况，这会消耗授课时间，打乱节奏。

第五，分组计分：加入自评机制。

可以让学生依据小组讨论的记录对自己的表现进行评价。另外，评价也应包括小组自评，如本组相较其他组的思维表现。

第六，务必给予"讨论方法"的指导。

我发现很多学生善于"单兵作战"，不擅长讨论。讨论的基本要点如下——我会在讨论前，或课程中不时提醒他们：

- 讨论的精神是"知道别人在想什么，与自己的想法有什么不一样"。我会问学生："你知道旁边的人怎么看这件事吗？""他支持（或反对）你的意见吗？"
- 进行辩证和辩驳后，要将小组的共识写下来，并且所有人都要确定彼此清楚这个共识。
- 没有共识、有待处理的问题、不理解的概念都要记下来，事后进行澄清与查明。
- 确认讨论之后，自己对问题有哪些深入理解和不明之处。

● 不断强调"尊重"。小组讨论很重要的一个作用，就是让学生学习如何与他人"理性地"讨论问题，认清大家是一起探讨问题的伙伴，不是要拼个你死我活的敌人。辩驳不是为了输赢，而是为了探究问题。因此，讨论过程中，还要顾及彼此的感受，避免造成情绪冲突。如果学生能够在实践中学会这一点，他们在生活中也就更能处理人际之间的难题。

3. 期次：总授课次数和频率。

儿童哲学课一般分为单次课和多次课、学期课和学年课。

次数会影响我们对课程的编排。单次课通常是示范课，多次课通常是社团课或夏令营的形式。在一段比较集中的上课时间里，学生的学习环境相对有助于保持专注度，可以设计比较紧凑的课程。

如果是搭配一般学校的学期或学年进展的课程，要考虑到学生同时还有其他课程要上，不可能全力投入哲学课。哲学课也不该喧宾夺主，要考虑学生的体力。有时遇到期中考试、运动会或节假日，也要提前考虑课程编排。

此外，如之前所提到的，"每堂课都是一个阶段，每个阶段都有承先启后的作用"，要从一个"生命史"的角度看待课程部分与整体之间的编排。

4. 课时（次）：单节时长。

幼儿园、小学、初中的课程时长都不同。社团课的时长可能会长一点，一般是80~90分钟，刚好是一般学校两节课加上下课时间的长度。中间要安排休息，让学生有上厕所的时间。还要考虑学生的专注度。

专注度与学生的认知发展有关。一般小学生专注度达到15分钟已是上限，课程节奏要配合学生的心理特征，才不会造成学生过多的负担，影响学习。所以，幼儿园一般是30分钟一节课。连续上60分钟，对师生来说都吃力不讨好。

至于频率，就实践中的反馈来看，宁愿每周上30分钟，也好过隔周上90分钟。短时、高频率的授课，能够保持学生的思考热度和记忆力，比长时、低频率的授课效果好得多。

5. 人员。

讲师：一般是填上自己的名字，但如果教案是在工作坊内由教师们共同讨论的，那么教师的名字可能会有所不同。

助教：有时会搭配助教，帮助教师授课。助教通常还有一个作用，即作为师资培养的一种手段，帮助新手教师练功。

观察员：非常设，一般也是作为教师培训的一部分。观察员负责记录，该记录用于课后检讨时的参考。观察员和助教的工作可以轮流。比如有甲、乙两位培训教师，可以这次甲当助教、乙当观察员，下节课交换。助教是教师的助手，学习教师如何授课；观察员有助于了解整个班级的动态，两者皆对教师学习儿童哲学教学有帮助。

6. 硬件。

座位：授课环境按照学校实际情况决定，当然，如果有便于小组讨论的非固定式座位尤佳。

黑板：不一定要有多媒体的屏幕，但一个可以记录与公示思维推导流程的黑板，我认为是必备的硬件。

麦克风：最好要有，且要方便教师在课堂中走动。教师要在台下跟学生互动，站在台上的教师无法顾及全部学生，不利于课程进行。

其他教具：视课程需要决定。我自己会准备一颗球，用作指定学生发言的道具，但实际上教师走到学生旁边指定也可以，非必要。我还会准备小礼物，作为刺激学生发言的道具。特别是单次课、示范课，小礼物可以快速激发学生的发言欲望。

另外，我会打印供学生阅读和撰写笔记的讲义，让学生记录自己的想法、讨论的内容等，同时上面也会有我出的延伸问题，方便学生回家填写，以便建立课与课之间的联结。

---

1. 期次：××（学期／学年）
2. 课时：1 节 /×× 分钟
3. 目标群体：×× 学校 × 年级学生
4. 人员：讲师、助教、观察员
5. 硬件：
教具教材：
- 符合学生人数的讲义

> - 纸（便于学生阅读与记笔记）
> - 一颗发言球（可供传递，方便学生发言与讨论）、小礼物（鼓励学生发言）
> - 场地：教室（便于小组讨论，非固定式的排列）
> - 设备：黑板、两个麦克风（一个给教师，一个给学生）

主题设定

确定课程的哲学范畴以及教案名称。前者就是我们说的课程"议题"，后者则是我们说的课程"主题"。（"主题"和"议题"的内涵与差异见前文。）

"主题"和"议题"的设定，应在与学校等合作方沟通后进行。若是学年课，通常前半学期的课程更多的是帮助学生理解儿童哲学的苏格拉底对话教学法上课规则、哲学精神，以及探索学生自己的兴趣和爱好。

经过 8~10 节课，乃至一学期的儿童哲学课程后，在下学期的课程开始时，我会提供一个"课程主题意愿调查表"[①]。调查表包括 20 个哲学主题，这些主题是根据法国哲学会考的常设题目以及哲学的重要议题整理而成。

表 7.1　调查表中的 20 个哲学主题

编号	主题	编号	主题	编号	主题	编号	主题	编号	主题
1	存在	2	爱	3	意志	4	命运	5	智慧
6	勇气	7	离别	8	孤独	9	自由	10	真理
11	理性	12	艺术	13	道德	14	历史	15	技术
16	人性	17	罪咎	18	时间	19	世界	20	死亡

我会让学生从"兴趣"和"重要性"两个方面进行选择，然后全班一起讨论和投票，选出下学期他们要探讨的哲学主题，再按照选定的主题排定下学期的全部课程。

因为这些主题是学生自己思考后作出的选择，选的是他们感兴趣的探

---

① 详见书末附件三。

究方向，所以，他们在课堂上的投入程度一般会比被动接受教师安排的情况下高。

按照我的标准，一位成熟的儿童哲学教师至少要有 300 节课的知识储备，这个数字是"20 个哲学主题"乘以"15 节课（一学期）"得出来的。此外，教师还需具备自我规划系列课程（以学期、学年为单位）、运作工作坊（以便开发课程、互相督导与学习）的能力。

如果一位教师只能重复使用手头几套固定的教案，并且不具备进行系统课程规划与执行的能力，就很难真正让儿童哲学走入校园，和其他学科课程共存。当然，这个标准适用于成熟教师，对初学者或者只是感兴趣的爱好者不适用。

我诚心期待更多成熟的儿童哲学教师和团队出现，为教育带来哲学化的改变。

下面进入单节课的教案讲解。以一个关于"父爱"的教案为例进行展示。

哲学理念（议题）

> 课程范畴：伦理学
> 教案名称：爸爸说谎了吗

作为儿童哲学课，"哲学"是区别于其他课程的核心。如果哲学内核不明确，学生就无法清晰地区分哲学课与道德课、语文课等其他课程的差异。

这部分教案的写作主要包括教师为本节课设定的哲学理念和详细说明。说明部分包括两个方面：本质和现象。

现象可归类为三种：一种是我们在"生活经验"中自然获取的；一种来自我们作为文化的人，身处的"历史与文化"；还有一种是通过对本质的分析，与哲学研究领域相关的"理论体系"。

当然，三种现象极为丰富，但在教案写作中，由于时间和资源的限制，只能作出有限的设定。只要设定与本质能够相互结合，互为表里，并可作为实际操作的指引即可。不足之处可以在课后再进行调整。

1. 本质。亲子关系在中国文化中被视为"五伦"之一，中国社会重视"家"文化。然而，在现代社会中，亲子关系面临许多新的挑战，比如西方文化和现代社会带来的冲击。我们该如何重新认识和理解亲子关系？

2. 现象。

A. 生活经验：在现代家庭中，父母往往需要在外工作，因此在亲子教育和亲子关系中难免会有不尽如人意之处。我们该如何帮助孩子面对父母为生活忙碌的甘苦，从而在现实社会的框架下，对与父母之间的感情与相处有更全面的认识？

B. 历史与文化：在中国文化中，现代家庭教育受到心理学的影响，对亲子关系有新的诠释。例如，"原生家庭"等议题反映了传统文化与现代文化之间的差异。

C. 理论体系：伦理学、诠释学、苏格拉底对话教学法。

教学目标

教学目标来自教师自身的想法，以及根据具体情况讨论后的想法。如果是结合其他学科的哲学课，可以将这些目标纳入其中。设定目标有助于在课程结束后进行检验，以达成目标的程度来判定课程是否有效。

按照苏格拉底对话教学法结合 PBL 的模式，教学目标一般以"问题"表述。这与一般课程的教学目标有所不同。

教学目标通常可以分为两类：

- 课程从易到难：短期目标、中期目标、长期目标。
- 重要性：主要目标、次要目标。

教学目标

1. 当爸爸说的话和他的行为不一致时，学生该如何应对？
2. 如果学生想让爸爸多关心自己，可以怎么做？
3. 学生是否了解"爱"的意涵和表现形式？

先备知识

确定哲学理念和教学目标后，就要准备上课之前教师必须具备的哲学先备知识。按照本质和现象的设定，寻找合适的资料。教师要在这个过程中，建立对课程背景知识的理解。

这个部分通常结合工作坊进行。在工作坊中，每位教师会带来他们搜集到的资料，大家一起检视、讨论，将适合的资料留下，不适合的去除。过于繁杂的资料会影响课程准备。

适合的资料应该符合课程主题、教学目标，并符合学生的认知能力，具有启发性且能结合学生的生活经验。不适合的资料则是不切合课程主题、不符合学生的认知能力、离学生生活经验太遥远、难以讨论的内容。尤其是那些可能造成负面心理效应或具有道德疑虑的内容，应谨慎使用，如不确定，应优先删除。

有些教师认为我上课时能够迅速回应学生的表达，并连续引导出一系列"Big Idea Questions"，颇为神奇，就像变魔术。其实，我能顺畅地与学生问答，只因在教案的"先备知识"部分作了充分的准备。

先备知识可分成两大部分：

第一大部分是思辨概念。

教师要统整对问题的思考，明确自己对主题的探索方向。这部分包括苏格拉底对话教学法和 PBL 的内容。通过梳理思维脉络，教师可以明确自己想通过课程探讨什么问题，带领学生到哪里去。

为了加强对课程的关键性引述，我会选择几位具有代表性的哲学家，从他们的观点中撷取关键句或段落，为课程定一个副标题。这样一方面是提醒自己，另一方面也可以在必要时与学生分享，让他们了解我们的讨论与哪些哲学家的思想相关。

在整理思维脉络时，我会制作一个逻辑演绎推理关系图，列出核心概念及其矛盾概念、等差概念等相关概念。这有助于思考和讨论。

对这些概念的充分准备使我在课堂中能够灵活应对学生提到的各种内

容，我的任务是确认学生的表达是否符合对这些概念的理解。

第二大部分是参考文本。

参考文本包括生活经验、历史与文化、理论体系三部分。

生活经验：通常来自生活事例和新闻事件，贴近学生的日常生活，授课时，对他们来说比较有代入感。

历史与文化方面：强调本土化，主要选择我国的历史记载和文学故事作为备课时的背景。借由课程增强学生对于历史与文化的反思，使他们不只是知道某段记载，还能真正从历史与文化中学到东西。

理论体系部分：从相关的哲学著作中提取重要内容，或自己摘录重点，帮助学生理解哲学的基本概念、特点，让哲学逐渐与学生亲近，成为他们生活的一部分。

最重要的是，在整理完以上三部分的文本后，我会从中推导出相关问题，并写在"问题与讨论"中。对这些问题，我会提前准备好哲学家或相关思想家的看法，以及我的见解。

"问题与讨论"中需要教师将现象"结晶化"，也就是帮助学生提炼问题。

请注意，是提炼问题，而不是给出答案。有时，学生面对生活现象，感觉不对却又说不清楚，这时教师可以通过自己的知识、生活经验和表达能力，帮助学生整理问题。这种整理不仅仅是条列式的，而是要提炼出问题的重点。

当然，教师提炼的问题可能并不完全是学生关注的，但这没关系，因为提炼之后，才能进一步探讨。不够准确的问题也可以作为排除次要问题的参考，依旧具有促进探究的作用。

在提炼问题时，尽管教师可能已有自己的认识和主张，但应保持开放的态度，倾听学生不同的声音。

在课堂中，学生会提出许多超出教师准备范围的问题，这很棒！可以将这些问题尤其是引起热烈讨论的问题记录下来，作为教案的扩充。

先备知识

1. 思辨概念（就主题之矛盾、反对与等差关系进行思考，并写成个人的教学笔记）。

A. 当我们向他人"索取"时，这是一种爱的行动吗？反之，爱的行动是否应该是"给予"？首先，我们需要厘清爱是什么，爱的行动又是什么。这样我们才能更好地从行动的表象出发，探讨爱的本质，以及两者之间的误解。这种误解可能导致出于爱的行动得不到肯定，或者无法有效地传达。这是由于人对爱的误解，还是由于人缺乏示爱的有效行动造成的？

B. 罗洛·梅（Rollo May）曾说："爱的反面不是恨，而是冷漠。"

C. 逻辑演绎推理关系图：

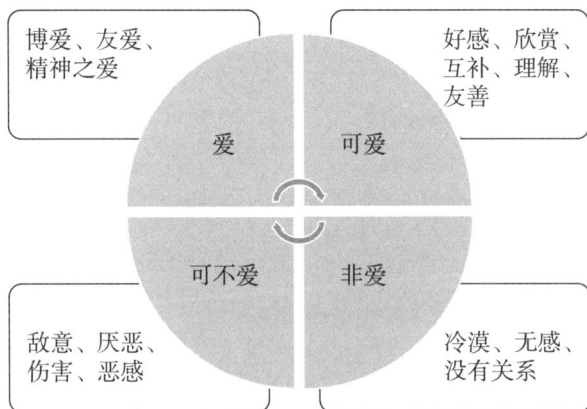

博爱、友爱、精神之爱

好感、欣赏、互补、理解、友善

爱

可爱

可不爱

非爱

敌意、厌恶、伤害、恶感

冷漠、无感、没有关系

与"爱"相关的几个概念

2. 参考文本。

A. 生活经验。

正：当孩子对家长提出要求时。

"知乎"上有一个讨论串，名为"如果你是家长，你愿意给孩子买五六千元的鞋子吗？"，引发了许多讨论。一些人认为这个价格完全无法接受，不应该随意满足孩子的欲望。另一些人认为只要负担得起，购买也没有问题。还有网友认为这个价格太离谱，便宜一点可以接受。

反：当家长对孩子提出要求时。

2020 年有一则新闻，讲述一对父母起诉 22 岁的女儿，因为女儿拒绝养育自己的两岁弟弟。法院最终判决父母胜诉，因为根据《中华人民共和国民法典》，如果父母没有抚养能力，有负担能力的兄姐有抚养未成年弟妹的义务。

问题与讨论：

- 亲子关系中，家长与子女各自有哪些应尽的责任？
- 亲子之间，哪些要求是合理的？哪些是不合理的？

●不同家庭有不同的背景和教育理念。当孩子拿自己家和别人家进行比较时，这反映了什么现象？家庭成员应该如何应对？

B.历史与文化。

阅读故事文本《爸爸的头脑》。

问题与讨论：

爸爸说谎了吗？

●小华有没有问题（例如，不该向爸爸要这些东西）？

●如果你今天想要的东西，爸爸不给，你会怎么做？

●如果爸爸为了给你买喜欢的东西，努力工作，但因此没有时间陪伴你，你愿意吗？

●你喜欢什么样的爸爸？

●孩子一定要听父母的话吗？

C.理论体系：伦理学。

《论语·为政》：孟懿子问孝，子曰："无违。"樊迟御，子告之曰："孟孙问孝于我，我对曰'无违'。"樊迟曰："何谓也？"子曰："生，事之以礼；死，葬之以礼，祭之以礼。"

罗洛·梅《焦虑的意义》：比起明明不爱孩子，对孩子更大的伤害是，明明不爱孩子，却欺骗他。

问题与讨论：

●孝顺是一种爱的表现吗？

●亲子之间的爱、情侣之间的爱和朋友之间的爱一样吗？

●爱一个人就应该对他诚实吗？

●有什么比父母不爱孩子更糟糕的事情吗？

●父母有不爱孩子的权利吗？

●孩子有不爱父母的权利吗？

●"对你很好，但是不爱你"和"爱你，但不对你好"，哪个情况你能接受？

教学历程与步骤

这部分是对课程中对话可能展开的方向进行推演，即在我们提出第一个问题后，对话的可能走向、可能遇到的问题以及可能引发的讨论。

这部分有三个对话的角度：一个是"正方"，即支持问题蕴涵概念的立场；一个是"反方"，即反对的立场；还有一个是"问题澄清"，即在正方与反方进行论证与辩驳后，教师推进问题到下一个层次，就正反方主张的问题进行提炼。

在工作坊中，教师们会对这些对话角度进行广泛讨论，甚至可以无限延伸。对于难以讨论下去的问题，可以暂时搁置。

根据课程的时间，我建议至少要记录三个层次的递进。

教学历程与步骤

历程模拟：

初始问题：爸爸说谎了吗？

正方：爸爸说谎了！

（教师）问题澄清：判断一个人是否说谎，除了靠事实，还要推测动机。我们是否需要对"什么是说谎"下定义？

正方：说谎就是说的跟做的不一样。

反方：保持沉默就不算说谎了？

（教师）问题澄清：面对他人说谎，我们该怎么做？

正方：指出对方说谎，但要考虑他说谎的动机，比如"善意的谎言"。

（教师）引申问题：如果父母为了孩子好而说谎，或者某个人出于善意欺骗他呢？

（教师）问题澄清：如果我们希望父母对自己诚实，我们该怎么做？

（持续讨论，并准备收尾。）

课后检讨

最后一个部分是课后检讨，这是课程目标的延伸。它是指在课程结束后，教师检讨课程是否达到了预期成效。关于课程目标，有两点建议：第一点，目标数量不宜过多，否则会难以执行。第二点，目标应具体，以便于检验。

课后检讨

1. 学生是否了解说真话与说谎的差异？（掌握学生对课程基本概念和内容的掌握程度，供教师回顾与检视教案和授课历程。）

2.学生面对谎言的感受，包括"自己对他人说谎"和"他人对自己说谎"的感受。（以此了解学生是否有需要特别关注的体验，同理心方面是否有需要加强辅导之处。）

3.学生呈现出什么样的亲子关系观念？（例如：对父母诚实程度的期望，是否理解父母的动机等。如有必要，考虑进行心理辅导。）

4.其他需要继续讨论的问题。（包括课堂上出现的意外或特别有启发性的讨论点。）

附　件

附件包括在课堂中需要提供给学生的各种材料，以及用于课堂展示的多媒体资源。这些材料应附在教案后，主要包括：

1.课程讲义；

2.问卷；

3.测验；

4.要播放的多媒体资料；

5.学习单或工作纸；

6.参考资料或阅读材料；

7.小组讨论指南；

8.课后作业说明。

附件是为教师和学生提供的必要补充材料，确保课程顺利进行并达到预期的学习目标。将这些材料整理在教案后，可以使教案更加完整，便于教师课前准备和课堂使用。

附　件

附件一："真心话"问卷调查（不记名）

小朋友你好，我想请你做一个小小的观察作业。

请写下：

1.回到家，请看看爸爸的脸，然后再看看镜子里自己的脸。观察一下，自己的五官有哪些地方像爸爸。

---

2. 观察一下，你觉得自己还有哪些"个人特质"像爸爸？比如脾气、喜欢吃的食物、都是左撇子等。

3. 你想要什么，爸爸都会买给你吗？不给你买的时候，你会怎么做？请举最近一次"你想要一样东西，爸爸不买给你"的例子。这时你的感受如何？

※ 备注：如果爸爸经常不在家，观察对象可以改成"在家最常见面的一位大人"。

附件二：《爸爸的头脑》故事文本

小华是一个六年级的学生。周五放学后，爸爸来学校接小华回家。

小华和爸爸走到公寓楼下，他们住在公寓五楼，两人打开公寓一楼的大门，踩着楼梯缓缓往上走。

走到二楼时，小华看到两位工人正把一架大钢琴搬进二楼的房间。

小华问："爸爸，我们家为什么没有钢琴？"

爸爸说："因为我们家有电子琴啊！"

小华和爸爸往上走，到三楼时，他们看到三楼的叔叔扛着一台电脑进屋。

小华又问："爸爸，为什么我们家没有电脑？"

爸爸回答："要电脑干什么！爸爸的头脑比电脑好啊！"

小华听了爸爸的话，点点头，但脸上有些半信半疑的表情。两人继续往四楼走，在四楼楼梯转角，他们看到对门的母子俩正抱着刚买的一大桶炸鸡，准备回家享用。

闻到炸鸡的香味，小华问爸爸："为什么我们家没有炸鸡？"

爸爸抹了抹嘴边的口水，拉着小华转身往楼下走，边走边说："走！我们现在去买！"

附件三：问卷（不记名）

小朋友，老师想请你帮个忙，麻烦你认真回答下面几个问题。谢谢。

1. 今天的课程内容对你来说很容易还是很难呢？ 如果 0 分是"非常容易"，10 分是"非常难"，你打几分呢？

2. 如果未来还有类似的课程，你愿意上吗？ 如果 0 分是"非常不愿意"，10 分是"非常愿意"，你打几分呢？

3. 你最喜欢今天课程的哪个部分？为什么？

4. 你觉得今天自己的表现好吗？有没有发挥你的全部能耐？ 如果 0 分是"几乎没有发挥"，10 分是"完全发挥了"，你打几分呢？

5.还有什么想跟教师说的吗？你的想法对我们很重要，请畅所欲言：

_____

教学现场与历程说明

现在，我们已经了解了一堂儿童哲学课的教案要有哪些内容。但实际上课时是按照什么样的顺序进行，会遇到哪些情况呢？除非亲自坐在现场观看教师授课，或是观看授课影片，这是很难体会到的。

下面，我将用文字模拟一次实际课堂，让大家理解儿童哲学课的教案和实际上课之间可能存在的差异。这样做也能让大家更好地体会到儿童哲学课堂与传统课堂的不同。

再次强调，下面的记录是实际发生的课堂情况。我提供这个记录是为了给大家参考，展示真实的教学场景，而不是要求每个人都必须完全按照这个模式来进行教学。每个班级和每个教师都有其独特性，可以根据实际情况灵活调整。

课　前

1.课程开始前 2~3 天，在班上发放"真心话"问卷，让学生填写完后，至少于课前一天进行回收。事先向学生说明问卷为匿名，以加强他们诚实填写的动力。

2.将学生以 5 人为单位分成一组，至多 6 人。分组名单事先登记好，并让组员给小组想一个名字。

先导脚本（原本计划的上课历程）

1.教师自我介绍，各组自我介绍，互相熟悉。
2.说出今天的课程主题："当别人的意见跟我不一样时，我该怎么办？"

3. 拿出《爸爸的头脑》文本，发给每个学生，请他们轮流朗读。

4. 就《爸爸的头脑》文本让学生分组讨论。

问题一：爸爸说谎了吗？

- 简短全班讨论，确保所有学生理解故事的核心内容。
- 让各组汇报，并进行讨论。

其他参考问题：

- 爸爸怎么说比较好？
- 小华有没有问题（例如，不该跟爸爸要这些东西）？
- 如果今天你想要的东西爸爸不给，你会怎么做？

问题二：如果爸爸为了给你买喜欢的东西，努力工作，结果没有时间陪伴你，你愿意吗？

其他参考问题：

- 你喜欢什么样的爸爸？
- 你是个让爸爸喜欢的孩子吗？
- 每个人都一定会互相喜欢吗？

（下课讨论，或者不下课继续上，视情况决定。）

5. 让各组报告，交叉讨论。引导学生推进对课程主题的思考。

6. 教师请学生从"摸彩箱"中随机抽出别人写的"真心话"，轮流朗读，并请学生"给作者写一句话"。

7. 总结今天学生讨论的重点，使用思维导图整理学生的想法，请学生补充想法，完善对课程主题的回答。

8. 奖励今天表现好的学生。

9. 发问卷，请学生课后回答并回收。

10. 访问部分家长、教师、学生，进行录像（方便事后制作短视频和记录）。

教学现场历程（实际课程中发生的历程）

表 7.2　教学现场历程

环节	现场教学步骤	辅助课程的教学技巧
开场	1. 介绍自己和助教。 2. 建立规则（丑话说在前面），并确认大家都理解：举手发言、尊重每个人被倾听的权利、明确"不知道	● 态度放松，缓和课堂气氛。 ● 说明规则时要善用肢体语言。 ● 在学生之间来回走动，制造悬念。 ● 仔细观察学生的语言与非语言信号。

环节	现场教学步骤	辅助课程的教学技巧
开场	没有关系，但要说出来"。 3.表达教师的善意：希望大家专注，乐于参与。	● 释放和传统课程不同的信息。 ● 确认大家的发言是否都能被彼此听见。
初步讨论	1.请学生朗读文章。 2.询问全班学生的想法："你们觉得这位爸爸说谎了吗？" 3.学生表达意见，正反意见皆有。此时，通过正反意见分别追问想法。 4.询问其他学生支持或反对的意见和想法。 5.就矛盾的想法进行追问："转移话题、逃避问题不回答，算说谎吗？" 6.进入分组讨论。	● 通过轮流朗读，让学生都动起来，让大家看到教师关注每个人的参与程度。 ● 在学生表达完简单意见后，追问他的想法。同时观察其他学生对不同问题的反应：共鸣、反对或不理解。 ● 如果学生有不理解或不投入的情况，不要抢着帮其解释，而应先让其自己解释。 ● 把重点问句、概念、思维历程写在黑板上，让所有人都知悉。 ● 要到各组察看讨论情况，给予适当引导。
推进讨论	1.全班讨论。 2.继续讨论，尤其关注学生的新发现： ● 要考虑爸爸的感受。 ● 感受对每个人都很重要，是吗？ ● 爸爸的责任是什么？ 3.把问题联结到学生的个人经验： ● 你们自己的爸爸是什么样的呢？ ● 爸爸怎么对待孩子，孩子才会满意？如何考量父子的责任？ ● 满意、不满意是绝对的吗？	● 要维护学生的心理健康。 ● 记住各组学生有进展性的发言 ● 鼓励各组学生主动发言。 ● 给前面没有发言的学生发言的机会。鼓励他，但不要勉强。有回应就予以鼓励，如果他说得不清楚，试着一点点帮他澄清，让学生感受到支持。 ● 给予小组中比较少发言的学生帮组员补充的机会，增进团体动力。
检视成果	1.再次进入分组讨论："你们都认为爸爸和小华各有不对的地方，那么你们想如何改写爸爸和小华的对话呢？" 2.让各组上讲台扮演爸爸和小华，演示他们认为兼顾父子感情和责任，不用说谎的做法。 3.提问："我们看待故事的角度都有局限，对爸爸和小华的设想都和我们的经验有关……"	● 戏剧扮演能够让孩子们感觉有趣，并且得到公开被肯定的机会。 ● 不只是教师在教室里走动，更重要的是让学生动起来。 ● 当学生说出新的词汇时，要跟学生确认他对词汇的理解，以及这个词汇在报告中的作用。

环节	现场教学步骤	辅助课程的教学技巧
收尾	1. "真心话"环节：让学生们结合具体的生活经验，配合前面讨论习得的新思维和思维方法进行讨论。 2. 课程讨论小结：呈现今天讨论的流程和形成的暂时性结论。 3. 抛出延伸思考的问题。 4. 下课。	● 请学生上来随机抽出"真心话"箱子里同学事先写好的回答，然后朗读。 ● 谈到生活经验时要注重学生的感受，并且注意当中可能潜藏着需要课堂后继续跟进的议题。 ● 每次课程都要留下"钩子"（延伸问题或小作业）。
其他课后工作： 1. 教师后设对话。 2. 课后督导。 3. 教师工作坊（探究团体）。		

课堂管理要点

了解完一堂儿童哲学课的基本历程，有必要谈谈课堂管理。这部分很重要，因为儿童是活生生的人，有自己的想法。你要他们讨论就讨论，要他们安静就安静，要他们站就站，要他们坐就坐，这不现实。

在一些学校，学生可能连如何进行讨论都不清楚。这时候，怎么让他们乐于讨论，又能保持一定的秩序，在沉重的学科压力下，保持探究哲学问题的热情，是课堂管理的一大难点。

我在前面说过，教师要把握教学的法、术、势。特别对于初次接触儿童哲学者，不谈如何运用"势"这部分，就去教儿童哲学，很容易挫伤积极性。

总的来说，课堂管理的要点就是"尽一切可能让每一位学生参与进来"。

以下是课堂管理的要点，供各位参考：

1. 不要忽视多数学生的权益。

我知道有很多令人感动的教育电影，里面的教师春风化雨，像慈善家一样对所有学生循循善诱。但现实场景是，我们只有有限的时间跟学生相处，而在一个三十几人的班级，我们要考虑到多数学生受教育的权益。

也许有些学生让你很在意，你想把很多事情教给他。但第一个原则是，先考虑多数学生的权益。当你让班级里的绝大多数学生得到了他们理应得到的教育，这堂课基本就是成功的。

放弃个人英雄主义，是做好教学的第一步。这样你才不会在短时间内过度付出，导致长时间面对多数学生时，反倒提不起精神。影响多数人上课的权益，是一种不负责任的表现。

2. 第一次上课就把基本规则说清楚。

课堂规则公布得越早越好、越快越好。

第一次上课就要把规则说清楚，丑话都要讲在前面。

规则一开始说清楚了，学生犯了错误，他们能有自我认识，就没有机会推卸责任了。

课堂管理的大忌就是把自己搞得像一位推销员，推销的时候什么好话都敢说，什么要求都满口答应，成交之后却翻脸不认账。

教师一开始就要建立威信，课堂管理起来才有基本的威慑力。威慑力不是让学生害怕，而是让学生知道"教师很有原则"。

儿童哲学的第一堂课，我会建立以下几条基本规则：

（1）发言一定要举手。否则尽管发言踊跃，但你一言、我一语，课堂会很嘈杂。

（2）允许不回答教师的问题。不想回答的问题可以不回答，但一定要说出不想回答的原因，比如"我还要再想一想"。

（3）要求记笔记，包括记录上课谈到的关键词、讨论的历程重点、个人的心得等。

（4）上课不允许写其他作业、读小说，也不允许做其他和课堂无关的事情。第一次违反可没收相关物品，下课归还学生。第二次违反之后将物品交给班主任，请学生自己去跟班主任索取。

（5）把课程的每个时间节点要做什么都说清楚，比如什么时候检查笔记、什么时候会有辩论会、什么时候学期结束等。

除了"不准做"的事情，对于课堂表现好的同学该给予什么奖励，也要一开始说清楚。比如，帮我写板书的助教，或者课堂最后进行小结的同学，我会送他们书签，以激发他们的意愿。

3. 安排助教、观察员。

一般从第五、第六次课开始，我会安排一位同学担任助教，帮我写板书。还要有一位观察员，帮我记录课堂情况。

助教和观察员，让学生自愿担任，这本身就是对学生的一种鼓励。

之所以从第五、第六次课才开始，是因为这时学生大致已经了解我的教学风格、方式，特别是在黑板上推展思维的记录法。当然，在他们记录的过程中，还要不时提醒他们怎么记，这也是在借机教导班上其他学生如何整理自己的思维，并做成笔记。

观察员要记的不是教师的授课内容，那样就成了课堂笔记。也不是要记班上谁讲话、不专心、写作业，那就成了举报。

观察员要记的是教师授课每次被打断的时候，发生了什么，为什么被打断，以及一些同学私下讨论的想法和问题，他们因为害羞或其他原因，没有在上课时说出来。前者帮助教师了解上课时没有发现的一些学生情况，后者帮助教师了解更多学生对课程内容的想法。

干得好的助教，我会说出他好在哪里，比如字写得好，或是条理清晰等，并现场赞扬。写得好的观察笔记，我会指出好在哪里，并让学生传阅，让大家学习。

4. 每次上课都要提醒学生"该做什么"。

第一，课堂开始该作好哪些准备。

通常在第二次上课时，我会花一点时间跟学生讨论每次上课需要准备什么。第一次讨论时，我会让他们猜，他们一边猜，我一边给线索让他们推理。之后，每次上课前我都会先提醒他们检查一下，这几样东西带了没有，再开始上课。

学生需要准备六样东西：上课的讲义、写笔记的文具、倾听的耳朵、表达的嘴巴、思考的大脑、专注的心。

第二，课堂末尾作小结。

待学生对课程有一定的了解，我会告诉他们，每次课程最后会留三分钟，请他们自愿上来作小结，把今天课程的历程，如一开始讨论什么，讨论内容如何推进，最后暂时的结论是什么，留下什么回家思考的问题，作个小结，以便让全班学生重新审视当天的授课内容，增强记忆。

5. 每次增加新的规则都要交代原因。

有些课堂的学生情况超出教师一开始的预期，这时候要增加新的规则。

比如原本不分组，但因为课堂秩序不佳，所以要通过分组来隔离某些特别爱讲话的同学。或是原本没收学生东西，下课会还给他们，到后来让他们去向班主任索取，这些转变都要把原因说明清楚。

6. 公平对待每一位学生。

平时表现好的学生上课乱说话了、读小说了，受到的惩罚要跟其他学生一样，并且我会强调"每个人在教室里都是平等的"。同样，不管学生在其他课堂表现如何，只要在我的课堂积极参与，就会得到同样的奖励。

班上总有特别积极主动的学生，但我会经常跟全班同学说："让没有做过的同学试试看。"多鼓励和刺激那些比较被动的学生，不要让机会总是落在少数人身上，全班的学习动力特别是讨论的动力才能维持与增进。

7. 不断强调"尊重"。

我在课堂上最常强调的概念是尊重。比如有学生正在发言，其他人却开始说话，我会停下来，然后说出刚刚嘈杂的情况，并且告诉大家"这是对发言同学的不尊重"。然后我会表示"今天无论谁发言，我都会积极捍卫他发言的权利，捍卫他被听见的权利"。

当我讲课，有同学发出嘈杂的声音时，我会告诉他们："你们没有尊重我。"

这样能让学生意识到，他们和同学之间、教师之间要互相尊重，因为他们自身也值得被尊重。这有助于他们认识到自己的主体性，学会倾听。

8. 遇到扰乱纪律的同学，可以这么做。

学生的表现要当下给予评价，且以正面为主。学生都是初学者，他们的回答我都会给予评价，并且基本都是正面评价。就算是大人，只要是第一次接触儿童哲学，也应该用对待孩子的标准来回应。而且我会把正面评价说出来，让所有人都听到。如果学生的回答不是很充分，我会请他再想一想，并给予思考的线索，而不是批评他们。具体来说，有以下几种情况：

学生吵闹，要马上处置，不要等待情况恶化。

处置要明快，说教留到课后。不然上课节奏会被打乱，而且时间耗费越多，就会有越多学生开始注意力涣散。

打扰上课秩序的学生，我会请他站起来，然后说出叫他站起来的原因，确认他知道自己做错了什么。接着我会告诉他，请他站起来不是惩罚他，而是要他重新回到课堂，保持专注。只要接下来好好上课，举手回答问题就能坐下。通常，学生坐下后会因为放松又开始讲话，所以要提醒他们，让他们坐下不是为了让他们继续讲话。

有的学生站起来也不回答问题，继续搅乱上课秩序。我会请他站到讲台旁边，减少他和其他学生说话的机会，并且要求站有站相，让他意识到事情的严重性。但有的学生会在前面"搔首弄姿"，故意吸引别人的注意力。这时候可以请他站到教室最后面。态度要严厉、坚定，但不要口出恶言，并且也要保留他举手回答问题就能坐下的权利。

当学生对课程感到无聊时，可以让学生担任老师的小助教，辅助老师上课，这时学生就会跳脱出无聊的状态，甚至因为能帮助老师而兴奋，反倒成了课程中的助力。（要注意避免让其他学生感到不公平，因为对某些学生来说，担任小助教是荣誉，他们会觉得"表现不好的同学却很容易地得了荣誉，这不公平！"）

碰到一些学生真的难以管教，可以课后向班主任报告，让班主任协助管理。同时也可以通过班主任了解学生是否有特殊情况。

9. 教师有生气的权利，但要通过表达让学生感受到教师的关心。

我在课堂上也会因为学生搅乱上课秩序生气，但不会口出恶言，也不会骂学生。

我会表达我的不高兴，并将原因告诉学生：我不高兴是因为他们没有尊重他们自己上课的权益，没有尊重想听课的同学，没有顾及教师的感受。但我也会告诉他们，我们不可能生下来就守秩序，我们可以慢慢调整，这样就会一次比一次更好。

有时，因为我突然严肃起来，他们从嘈杂中安静下来，我会提醒他们："你看！你们能做得到啊！""记住这一刻，记住你们是怎么做到的。"

学生如果从教师的怒气中感受到教师是关心他们的，且教师没有伤害他们心灵的恶言或恶行，就不会记恨教师。

教师可以生气，但不要迁怒，不要把课外的情绪带到教室里来。所以这里又回到前面谈到的，课堂上学生有了不恰当的行为，要马上制止——教师生气往往都是因为一开始没有及时制止，导致最后情况失控。

10. 检讨自己的课程内容。

有时候上课情况不理想，很可能是因为我们的课程有问题。比如课程难度太高，学生普遍听不懂，自然难以专注。或者课程内容太无趣了，学生没有兴趣，自然昏昏欲睡。或是要学生讨论，但根本没有认真教过学生怎么讨论，这时有必要腾出一节课教给他们讨论的规则和技巧。

问题有时就是发生在教师自己身上，所以教师参加工作坊，或者定时和专家会谈，接受督导很有必要。总之，教学有瓶颈，教师要主动求助。

教学评量：评估课程成效与改进

在我们急着给自己打分数之前，请先问自己两个问题：

问题一：你喜欢被打分数吗？

问题二：为什么要给学生打分数？

从李普曼的角度来看，教师和学生都用探究团体的方式在学习。同样，教师和学生都应该接受同样的评价标准。上述两个问题在考验我们自己的态度，如果我们不喜欢被打分数，那么也要意识到，我们的学生也可能不喜欢被打分数。

但我们喜欢被接纳、被肯定。从存在哲学的角度来看，人需要价值感、成就感和存在感，否则就很难过得幸福。

所以，评量的目的，不是为了找谁的麻烦，也不是为了给人分出高下，而是要回到我们一直在谈的"增进教学效益"。评量帮助我们发现问题、澄清盲点，知道该怎么修正我们的课程，正如学生也需要通过评量去修正他的学习。

这一切都应在考虑人的心理承受能力的前提下进行。好言相劝与辱骂在本质上和形式上都有彻底的不同。如果你觉得教师辱骂学生没关系，不好意思，我不同意。

因此，儿童哲学课程的评量原则，基本有以下几个方面。

第一类：形成性评量（质性评量）

一个完整的评量要考虑下面所列的部分，否则就会丧失评价的意义。毕竟评量需要耗费时间、心力和金钱。评量要能够为教学带来实际的影响，要清楚评量的目的。

A. 动机。
- 对教师：了解自己的需要。
- 对学生：了解学生的需要。
- 其他：参与研究的需要等。

B. 目标。
- 具体目标：有一个具体的实践目标。例如"想让学生明白人情世故"。
- 对比标准：有一个参考与达标的标准。例如"通过儿童哲学课让学生的作文成绩提升 10%"。

C. 工具。
- 类型：质性或量化的评量工具。
- 来源：内部评量或外部评量。

D. 时间。
- 频率：以"节"或"周"为单位，或是不定期。
- 周期：重复进行，或单次完结。
- 长度：短期评量，或是结合行动研究的长期评量。
- 趋势：旨在验证过去研究成果，或者探询某个实验标的可能带来的未来影响。

E. 人员。

- 教授者：教师的角色。
- 观察员：第三方，对教师、学生或其他事项的观察者。
- 实验组：参与课程研究，采用新方法的学生。
- 控制组：参与课程研究，延续既有教学法的学生。
- 被评量者：接受评量的对象，可能是学生、教师或整个课程。

F. 督导。

- 工作坊：由教师组成的教学团队。进行经验分享、课程设计、互相评量等工作。工作坊可以是被评量的对象，也可以是评量者。
- 团队：除对个人的评量，对课程的评量，课程的教学团队（比如教师和助教）可以是被评量的对象，也可以是评量者。
- 顾问：以课程顾问为评量对象或评量者。
- 第三方机构：以第三方机构为评量者。

评量是为了提升教学，因此评量和教学之间应该形成一个正向循环。通过这个循环，我们可以不断优化教学效果，提高学生的学习成果。

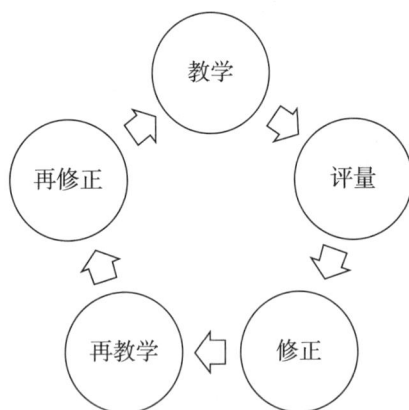

图7.3 课程优化的循环历程

如果评量与教学无法形成正向循环，也就是评量并没有促进教学，那么建议重新考量评量的目的。如果是评量的方法有问题，应该更换一种更有效的方法。

表 7.3　形成性评量要点

1. 正确地形成概念 2. 进行适当的归纳 3. 明确陈述因果关系 4. 依据单一前提立即推演 5. 根据两个前提推演三段论证 6. 知道标准化的基本原则 7. 次序的逻辑或关系的逻辑 8. 辨别一致性与矛盾 9. 应用命题逻辑之条件三段论式作推论 10. 明确地提出问题	11. 认明基础的假定 12. 掌握部分与全体，以及两者之间的关系 13. 知道避免、容忍或利用混淆的表达方式之时机 14. 认清并避免应用含糊性的文字 15. 深度了解并作全面、适当的考虑 16. 认清目的与方法的相互依存关系 17. 避免或尽可能小心地处理"非形式的谬误" 18. 以引证概念所涵盖的现象及功能等方式运作概念 19. 提出理由 20. 认清真理及谬误之脉络或场合性质	21. 作区分 22. 作联结 23. 利用类比 24. 发现可供选择的机会 25. 建构假设 26. 分析价值 27. 举实例 28. 作定义 29. 认清判断标准及应用判断标准 30. 考虑各种不同观点

第二类：总结性评量（量化评量）

对于儿童哲学课程的量化评量，有两点需要说明。

第一点，李普曼没有为儿童哲学课程单独设计评量模型，而是采用既有的评量模型和测验。

这有个好处，能够让人们更直观地了解到，受过儿童哲学教学的学生在智力发展和学习能力方面，比起其他学生有何优势。

李普曼主要采用"加州心理成熟测验"（California Test of Mental Maturity，CTMM）和 IOWA 测验。

CTMM，第一版由苏利文（Sullivan）、克拉克（Clark）、泰格斯（Tiegs）三位学者于 1936 年编制而成，由美国加州测验局（California Test Bureau）出版。它属于多因素普通智力测验，测验项目包括语文、算术、非语文（空间、推理、相似）。

IOWA 测验由爱荷华大学教育学院编撰，主要用于美国当地 K–12 年级学生使用；国内要去美国就学的学生，也会参与这个测验。IOWA 测验主要用来评估学生的学习能力，测验项目包括阅读、写作表达、数学、自然科学、社会、语言以及计算方面。

追随李普曼的其他儿童哲学教育工作者，还使用过关于阅读理解能力的 MAT 阅读理解能力测验、美国教育测验中心（Educational Testing Service，ETS）的阅读测验，以及用以了解学生学习综合能力的"基本技能综合测验"（Comprehensive Tests Of Basic Skills，CTBS）。

李普曼的儿童哲学教学，为学生学习能力提升所带来的帮助是极为显著的。以小学低年级学生为例，上了两年半儿童哲学课程后，学生主要有以下几方面的优异表现：

1. CTMM 测验结果显示，接受过儿童哲学教学的孩子，心理年龄高于控制组 27 个月。

2. 阅读理解和数学能力影响最大。ETS 和 CBTS 阅读测验的成绩优于控制组 66%，差异最为显著。

3. 除八年级外，对描述形式推论都有促进功能。

4. 由受过训练的一般小学教师授课，学生学习成效与教师高度相关。

5. 教师态度会影响学生学习，尤其是对中下程度的孩子。

6. 学生对概念的反应速度提升，特别是原本阅读缓慢的学生。

7. 接触儿童哲学的时间长度与表现正相关。

8. 逻辑推理和知识创造有互相促进的作用。

9. 对儿童间的人际互动有增强。

第二点，李普曼与团队的实践时间是两年半，儿童哲学就像其他的教育项目一样，需要时间才能为孩子种下种子。

尽管我们已经有许多有助于学生发展与成长的方法，但儿童哲学强调对人的整体理解，而不是教孩子解题或处理单一问题的技能。

儿童哲学不仅提升学生的能力，更促成学生的素养发展。就像智慧不等同于聪明，聪明不等同于智力。

如果儿童哲学课持续时间少于一年就想看到学习成效，这是荒诞的。这个荒诞不只是针对儿童哲学，对任何一种强调素质和全人视野的教育来说，都是不实际的。

"腹有诗书气自华"，这份气质的养成包括"长期稳定"和"主体由内而外散发"两个要点，这不是短期内可以演出来，或者通过外在包装能实现的。当我们谈蒙台梭利教育理念或其他教育理念时，都是如此。所以，家长和教师都要保持耐心，建立好与孩子之间的关系，而不是仅把孩子当成有待解决的任务。

回到测验本身。我建议儿童哲学教育工作者采取和李普曼一样的方式，配合学生的年龄段，施用"本土的""符合课程目标"的能力测验做前后测，以此了解教学成效。

比如，针对阅读动机，可以采用"阅读动机量表"（评估学生阅读兴趣和意愿）、"阅读行为量表"（评估学生的阅读习惯和频率）。要了解对创造力的影响，可以采用检测敏感性、流畅性、灵活性、独创性、精进性等创造力指标的相关量表。

儿童哲学课程的目标，是提升学生在能力和心理状态两方面的素质。所以我们要看的是"学生上了儿童哲学课，是否相较于其他教学法，更有助于提升教学设定的素质"。

为儿童哲学自身创造一个新的评量指标，难道要拿来测试学生哲学能力的提升吗？使用可以和其他教学法、学科进行比较的量表和测验，才真正能检验出儿童哲学课的成效。

假如同样是儿童哲学课，一位教师教导出来的学生表现比另外一位教师更好，那么教师要在后续进行分析和研究，厘清其中差异，改进原有的教学内容和方针。

因此，儿童哲学的评量完全是可以量化的。

因为既有关于智力、创造力、阅读力等方面的测验和评量，本就有量化的部分。量化的优点主要是直观和方便。但有一点我要特别声明：无论是质性测验还是量化测验，都要考量学生群体的个别性和特殊性。

比如在某个以学困生为主要群体的班级，刚开始上课的时候，有位学生举手，我叫他回答，他却立刻摇头，说他没有要说话的意思。有次他又举手了，我想走到他身边，对他说点鼓励的话。结果这位学生看到我快步走来，惊恐地往后闪躲。这个情况让我有点不知所措，便问他怎么了。学生说："我以为你要打我。"学生的回答让我更茫然了，这时他身边的同学说："他经常被打。"

还有一次，在一个集合了许多特殊学生的社团班，一位表现特别好的学生在课堂结束后问我问题。我对他踊跃发言表示赞赏，他说那是因为在我的课上发言不会有人嘲笑他。原来这位学生在自己班上，每次发言都会被成绩特别好的几位同学嘲笑，久而久之，他就不敢发言了。

评量这些学生的学习能力，最好的方式是不针对智力或学习表现来设计，而是针对心理发展和未来社会能力有关的内容来设计。这些内容的评估，最好是通过观察员的质性记录，以及教师一对一面谈等方式。

总之，评量要按照学生的需要来制定。但评量最重要的意义不是分数，而是学生那些难以量化的表现，特别是有助于教师思考课程如何推进的记述。

下面是我自己使用的课堂记录表，供各位参考。

表7.4　课堂记录表

周（次）	课程主题	课堂表现（量化）		其他表现与观察概要（质性）
六	人性：智者与学生（第3次）	能力	A. 创造力　6	（延后一周，于4月9日上课。因为六年级学生有其他事务。） 1. 延续上次的讨论，进入"师生诉讼，谁赢谁输谁有利"的讨论。有的学生从利益的角度出发，认为谁的利益受损大，就该判谁赢。也有学生认为教师付出劳动力，无论如何都应该得到报酬。还有学生归咎于教师自己制定不合理规则，给自己挖了坑。有学生认为可以判两人都赢，或是都输。也有学生认为法官干脆没收这笔钱。可见有的学生从感性出发，有的从理性出发，但缺乏换位思考的思维。 2. 加入新的刺激物。"法官最终判决：没收学费，教师和学生需要用钱时向法院申请。"学生普遍认为这个做法不恰当。借此讨论"到底人渴望得到更多，以及厌恶损失的心理，哪个对我们影响更大"与"是否互相敌对的人，面临共同敌人时，就会停止敌对"。
			B. 批判思维　6	
			C. 关怀思维　7	
			D. 协同合作　7	
		态度	E. 韧性　6	
			F. 专注力　6	
			G. 抗挫力　6	
			H. 秩序　6	

周（次）	课程主题	课堂表现（量化）	其他表现与观察概要（质性）
六	人性：智者与学生（第3次）		3. 从中又延伸到个人经验，请学生反思："是否有什么东西，假如你自己得不到，你会希望别人也得不到？" 4. 接着又提出"是否有什么东西，你自己得不到，但别人得到了，你会为他高兴？"（比如好朋友和你都想考北大，但只有一个名额，他考上了，你会祝福吗？）此时学生的思维从消极转向积极，并有两位同学分享他们祝福他人的经验。"反之，你过得好，有人会为你喝彩吗？"对于这部分，有学生表示"没有"，呈现出他对自身处境和他人的失望。 5. 最后留下问题让学生回去思考： ● 谁会为我的成功喝彩？ ● 我会为谁的成功喝彩？ ● 为何打官司的师生无法祝福对方，而是互相攻击？我们能怎么帮助他们？ 6. 其他： ● 今天有两位旁听生，他们很投入地听课。 ● 学生今天的秩序比上次稍差（依旧很容易分心），但大体在讨论上还算踊跃。 ● 今天的话题"谁真心为我""我真心为谁"特别能引起学生的共鸣。

注：课堂表现用"P4C"能力来体现：A. 创造力（Creativity），B. 批判思维（Critical Thinking），C. 关怀思维（Caring Thinking），D. 协同合作（Collaboration），E. 韧性，F. 专注力，G. 抗挫力，H. 秩序。皆以0~10分计算，0分为表现极糟糕，10分为表现极优异，以此类推。

关于评量，如果时间充裕，我会详细记录。通常，我会将其列入量化部分，通过分数在课后进行评估。否则，一周有十几节课，花费太多时间在这方面会影响其他工作。

从育人的立场来看，教师应当"重视学生的态度，更胜于能力"。

还有一些指标尽管不是评量的重点，但我会在课后记录下来。因为评量的意义在于帮助教师了解学生的状况，作为后续提升学生能力与态度的线索。"打完成绩就收工",这不是评量的意义。

例如,每次下课后,我都会拍下黑板上记录的推导过程,然后按照照片回忆课堂中的种种,记录课堂的思维历程,特别是提出的主要问题。我会将重要的问答记录下来,以便课后检视课堂对话,确认学生是否真正理解。当然,如果学生提出了一些特别的观点,也有必要记录下来,以便进一步思考。

还有一些承诺"之后再讨论"的问题,也要记录。如果教师未能跟进讨论,就会让期待讨论的学生感到失望,降低他们的学习热情,并影响教师的信誉。

故为完善教师的教学工作,需在教学后对课程进行详细记录。

前面谈的记录主要是针对学生的表现,但我们也要就教师自身进行自我省察。因此特别需要关注的要点大致包含以下几项:

1. 表现特别好或异常的学生。

对于表现特别好的学生,应予以奖励。有异常表现的学生需要在课后与之进行一对一谈话,了解其情况,必要时通知班主任。比如,学生是否受到了欺负,或是有抑郁、轻生的情况,这些都需要报备学校,进行危机处理。这不仅是对学生负责,也能避免可能的纠纷。

2. 下节课要做的事。

记录课程需要的调整、与学生的约定以及需要改变的策略等。做好这些工作,可以在下次上课前迅速回忆课程内容,避免延误教学。

3. 课程中自己的感受。

读到这里,相信你已经发现,我非常注重教师和学生的心理状态。如果今天这节课给你带来了感动或糟糕的感受,请记录下来,包括原因。毕竟,无论我们是否开心,大多数时候,都需要继续我们的工作。

如果是开心的事情,比如某个教学环节进行得很好,或是得到学生的赞美等,记录下来可以作为一种鼓励,也可以了解哪些学生对课程感兴趣或愿意与教师交流。

如果是不开心的事情,也要记录下来,以便在业余时间寻求帮助。有些问题遗忘即可,有些则不行。

无论是质性还是量化的评量,在儿童哲学部分,主要分为"哲学思辨""心态与行为""语言与认知"三个层次，各包含若干内在能力与外在表现，并可从总体上分为12个指标。关于能力部分可以参考李普曼"P4C"的观点，关于态度部分则可以参考发展心理学中强调儿童面对困难、克服挑战的指标。

比如，我们谈论创造力时，如果学生缺乏相应的阅读能力，就难以获得充分的材料进行想象、分析、综合。同时，如果他具备这些能力，但在心理层面无法承受相应的活动压力，如无法承受课堂压力或无法保持必要的学习时长和练习，那么谈论"能力养成"或更加理想的目标无异于缘木求鱼。因此，在儿童哲学教育中，我们不仅要教导学生进行哲学思辨，还要在课程中融入学习相关的技能，并维持学生的学习心态。

总之，学生是一个人，而人是一个整体，这个整体是身心和谐、手脑相连的系统。因此，教育要关注人的整体，考量整体性，才能制定出符合实际的课程内容，实现学习目标，帮助学生有所收获。

儿童PAL哲思素养中的"P"代表哲学思辨（Philosophical Thinking），强调提问、讨论、反思的深度与广度；"A"指心态与行为（Attitude and Behaviors），强调鼓励学生以正向态度面对学习与生活；"L"则指语言表达与认知（Language and Perceptions），使学生拓展认知。顺带一提，英文"PAL"一词有"伙伴"的意思，十分符合儿童哲学强调的不单打独斗、鼓励教师与学生组成探究团体的精神。

表7.5　儿童PAL哲思素养的三个层次和十二大指标

层次	能力	重点说明
哲学思辨	C1. 创造力	举一反三的能力
	C2. 批判思维	论证与辩驳的能力
	C3. 关怀思维	共情与接纳的能力
	C4. 协同合作	沟通协调的能力
心态与行为	A1. 韧性	对探究问题持续不懈的态度
	A2. 专注力	对课堂高度参与的态度
	A3. 抗挫力	敢于面对批驳的态度
	A4. 秩序	自律且尊重他人的态度

层次	能力	重点说明
语言与认知	P1.阅读	文本阅读与分析的能力
	P2.写作	概念组织与书面表达的能力
	P3.思考	运用内感官进行抽象思维的能力
	P4.讨论	与他人进行交流并促成理解的能力

儿童 PAL 哲思素养评量与说明

在本小节中，我们将详细解释儿童 PAL 哲思核心素养三个层次、十二大指标的内涵，以便教师、学生和家长了解该体系的内容。这有助于教师进行教学、家长进行协同辅导，以及学生自我评估和了解学习情况，从而更好地发挥长处、提升短处，达成教育目标。

评量说明

1.表现层级。

分为四个等级：入门、尚可、佳、熟练。

● 入门：指学生的某项能力处于"潜能"阶段，即他们尚未明确自己是否具备这方面的天赋，或相较于其他同龄人是否具有显著优势和运用方向。在这个阶段，教师和家长也难以确定学生的潜力，因此需要通过教学进行挖掘和拓展。

● 尚可：学生在该能力上已有一定的萌芽，能够显示出潜能、兴趣爱好和对不同指标的一些初步看法。在这一阶段，教学可以帮助学生了解自己，并制订相对明确的学习计划。

● 佳：学生对自身的优势与劣势有了充分的了解，并对如何努力提升自我有一定的认识和尝试经验。但对于认知盲区，仍需要适当的指导以突破难点。

● 熟练：学生在此阶段已经成为"关于自我"的专家，能够运用自身优势、避免劣势，应用于人生的实际情况。然而，他们在个人意义和客观需求之间仍存在内在冲突，尚未明确如何在学习、考试、交友等实际需要中运用优势。

2. 指标与描述。

每项指标都有详细的项目说明和程度描述，方便教师、家长和学生进行观察、能力评估以及与其他学生群体进行比较。

3. 参照物。

为了更好地帮助教师、家长与学生判断各项能力与素养，我们提供了相应的参考文本。比如，一名学生想了解自己的阅读能力，他可以通过"参照物"中推荐的各级图书直观地了解自己的水平。

指标内涵

【哲学思辨】

表 7.6　C1. 创造力：举一反三的能力

表现 层级	指标与描述	参照物
0	不具备对此意涵的理解能力，且基本无法实现相应的学习行动与日常行为。	无
入门 1~2	独特性：想法能够呈现出"一两个"和他人不同的特点，具有独特的代表性。 原创性：能够从既有的素材中展现"一两个"自己的想法，而不是简单地复制或改编已有的想法或概念。 适应性：在需要适应不同情境和问题时，能够产生"一两个"新的想法和解决方案。 复杂性：在处理复杂的问题和概念时，能够将"一两个"想法和概念组合在一起，以产生新的解决方案。	具有普世价值的传世童话，以及适龄绘本
尚可 3~4	独特性：想法能够呈现出"少部分"和他人不同的特点，具有独特的代表性。 原创性：能够从既有的素材中展现"少部分"自己的想法，而不是简单地复制或改编已有的想法或概念。	J·K·罗琳： 《哈利·波特》

表现层级	指标与描述	参照物
尚可 3～4	适应性：在需要适应不同情境和问题时，能够产生"少部分"新的想法和解决方案。 复杂性：在处理复杂的问题和概念时，能够将"三到五个"想法和概念组合在一起，以产生新的解决方案。	
佳 5～6	独特性：想法能够呈现出"具有明显辨识度"的与他人不同的特点，具有独特的代表性。 原创性：能够从既有的素材中展现"具体且有脉络的"自己的想法，而不是简单地复制或改编已有的想法或概念。 适应性：在需要适应不同情境和问题时，能够产生"一定数量且有用"的新想法和解决方案。 复杂性：在处理复杂的问题和概念时，能够将"多个"想法和概念组合在一起，以产生新的解决方案。	刘慈欣：《三体》
熟练 7～8	独特性：想法能够"具有自己的风格且能说明"与他人不同的特点，具有独特的代表性。 原创性：能够从既有的素材中展现"丰富且有一定系统的"自己的想法，而不是简单地复制或改编已有的想法或概念。 适应性：在需要适应不同情境和问题时，能够产生"有用且具指导性"的新想法和解决方案。 复杂性：在处理复杂的问题和概念时，能够将"跨种类、领域的"想法和概念组合在一起，以产生新的解决方案。	曹雪芹：《红楼梦》 赫尔曼·黑塞：《悉达多》

表 7.7　C2. 批判思维：论证与辩驳的能力

表现层级	指标与描述	参照物
0	不具备对此意涵的理解能力，且基本无法实现相应的学习行动与日常行为。	无
入门 1～2	分析："无法有效地"识别信息类型，无法将既定的组成概念拆解，且"经常"忽略某些重要细节。 评估："难以"对问题进行识别、思考并提出解决问题的方向，以及最终作出明智的决策。 逻辑严谨度：对问题的因果关系"难以"进行推理，"不清楚"如何使用三段论、辩证法等逻辑工具澄清问题脉络，避免落入逻辑谬误。 主客观："无法"从多维度对一个课题进行认知，导致"经常"陷入过分主观或客观的狭隘视角。	具有普世价值的传世童话，以及适龄绘本

续表

表现层级	指标与描述	参照物
尚可 3~4	分析："需要费力地"识别信息类型，将既定的组成概念拆解，且"容易"忽略某些重要细节。 评估："需要费力地"对问题进行识别、思考并提出解决问题的方向，以及最终作出明智的决策。 逻辑严谨度：对问题的因果关系能"缓慢地"使用学过的推理工具，"稍微知道"如何使用三段论、辩证法等逻辑工具澄清问题脉络，避免落入逻辑谬误。 主客观："能从一两个"不同维度通过换位思考对一个课题进行认知，"偶尔"陷入过分主观或客观的狭隘视角。	迈克尔·桑德尔：《正义：一场思辨之旅》《论语》节选
佳 5~6	分析："尽力就能"识别信息类型，将既定的组成概念拆解，且"偶尔"忽略某些重要细节。 评估："尽力就能"对问题进行识别、思考并提出解决问题的方向，以及最终作出明智的决策。 逻辑严谨度：对问题的因果关系能"确实地"使用学过的推理工具，"知道"如何使用三段论、辩证法等逻辑工具澄清问题脉络，避免落入逻辑谬误。 主客观："能从三个以上"维度对一个课题进行认知与假设，"鲜少"陷入过分主观或客观的狭隘视角。	黄仁宇：《万历十五年》
熟练 7~8	分析：能"轻松地"识别信息类型，将既定的组成概念拆解，但"偶尔"忽略某些重要细节。 评估：能"轻松地"对问题进行识别、思考并提出解决问题的方向，以及最终作出明智的决策。 逻辑严谨度：对问题的因果关系能"顺畅地"使用学过的推理工具，使用三段论、辩证法等逻辑工具澄清问题脉络，避免落入逻辑谬误。 主客观："能从多个"维度对一个课题进行认知与假设，"几乎不会"陷入过分主观或客观的狭隘视角。	康德：《纯粹理性批判》柏拉图：《对话录》节选

表 7.8　C3. 关怀思维：共情与接纳的能力

表现层级	指标与描述	参照物
0	不具备对此意涵的理解能力，且基本无法实现相应的学习行动与日常行为。	无

表现层级	指标与描述	参照物
入门 1~2	自我悦纳:"不太"能够认识自己的情感,通过反思理解情感的起因,觉察情感从出现到消退的整个过程,且知道如何让自己走出内心的困境。 情感辨识:"不太"能够理解他人的情感,辨识"喜怒哀乐"等情绪外放时的面部表情与非语言信息。 同理心:"不太"能对他人的处境进行设想与理解,并发自内心地给予怜悯。"不善于"表达同理心,同时尊重他人的情感,并表达关怀。 爱的流动:"不太"能分辨"喜欢"和"爱"的差异,避免因个人内在因素造成情感隔离,从而使爱在关系中流动。	具有普世价值的传世童话,以及适龄绘本
尚可 3~4	自我悦纳:"大致"能够认识自己的情感,通过反思理解情感的起因,觉察情感从出现到消退的整个过程,且知道如何让自己走出内心的困境。 情感辨识:"大致"能够理解他人的情感,辨识"喜怒哀乐"等情绪外放时的面部表情与非语言信息。 同理心:"大致"能对他人的处境进行设想与理解,并发自内心地给予怜悯。"勉强"能表达同理心,同时尊重他人的情感,并表达关怀。 爱的流动:"大致"能分辨"喜欢"和"爱"的差异,避免因个人内在因素造成情感隔离,从而使爱在关系中流动。	黑柳彻子:《窗边的小豆豆》 马克·吐温:《汤姆·索亚历险记》
佳 5~6	自我悦纳:"基本可以"认识自己的情感,通过反思理解情感的起因,觉察情感从出现到消退的整个过程,且知道如何让自己走出内心的困境。 情感辨识:"基本可以"理解他人的情感,辨识"喜怒哀乐"等情绪外放时的面部表情与非语言信息。 同理心:"基本"能对他人的处境进行设想与理解,并发自内心地给予怜悯。"基本"能够表达同理心,同时尊重他人的情感,并表达关怀。 爱的流动:"基本可以"分辨"喜欢"和"爱"的差异,避免因个人内在因素造成情感隔离,从而使爱在关系中流动。	夏洛蒂·勃朗特:《简·爱》 维克多·雨果:《悲惨世界》
熟练 7~8	自我悦纳:"完全"能够认识自己的情感,通过反思理解情感的起因,觉察情感从出现到消退的整个过程,且知道如何让自己走出内心的困境。 情感辨识:"完全"能够理解他人的情感,辨识"喜怒哀	阿兰·德波顿:《哲学的慰藉》

续表

表现层级	指标与描述	参照物
熟练 7~8	乐"等情绪外放时的面部表情与非语言信息。 同理心："绝大多数时候"能对他人的处境进行设想与理解，并发自内心地给予怜悯。"善于"表达同理心，同时尊重他人的情感，并表达关怀。 爱的流动："完全"能分辨"喜欢"和"爱"的差异，避免因个人内在因素造成情感隔离，从而使爱在关系中流动。	艾里希·弗洛姆：《爱的艺术》

表 7.9　C4. 协同合作：沟通协调的能力

表现层级	指标与描述	参照物
0	不具备对此意涵的理解能力，且基本无法实现相应的学习行动与日常行为。	无
入门 1~2	领导力："不清楚"如何有效地管理小组资源和时间，以确保项目完成。 组织力：对于与他人协同合作的概念尚"不清晰"，"缺乏"与他人沟通的能力，不知如何面对分歧。 包容度："难以"识别自己与他人在内在与外在方面有形的特征、无形的价值观、想法等方面的差异，难以降低对人的偏见和刻板印象。 社会情感：行为处事除了考量自己的动机与利益，"几乎无法"同时站在集体利益和伦理道德的角度思考个人责任与群体责任，难以作出最佳选择。	具有普世价值的传世童话，以及适龄绘本
尚可 3~4	领导力："难以"有效地管理小组资源和时间，以确保项目完成。 组织力：对于与他人协同合作的概念"稍具雏形"，与他人沟通的能力"单一"，容易出现分歧。 包容度："稍能"识别自己与他人在内与外在方面有形的特征、无形的价值观、想法等方面的差异，略能降低对人的偏见和刻板印象。 社会情感：行为处事除了考量自己的动机与利益，"难以"同时站在集体利益和伦理道德的角度思考个人责任与群体责任，难以作出最佳选择。	赫尔曼·梅尔维尔：《白鲸记》 埃尔文·布鲁克斯·怀特：《夏洛的网》

表现层级	指标与描述	参照物
佳 5~6	领导力："清楚一些"如何有效地管理小组资源和时间，以确保项目完成。 组织力：对于与他人协同合作的概念"有一定理解"，"具备一定"与他人沟通的能力，偶尔与人出现分歧。 包容度："大致可以"识别自己与他人在内在与外在方面有形的特征、无形的价值观、想法等方面的差异，能够降低对人的偏见和刻板印象。 社会情感：行为处事除了考量自己的动机与利益，"多数时候"能同时站在集体利益和伦理道德的角度思考个人责任与群体责任，作出最佳选择。	妙莉叶·芭贝里：《刺猬的优雅》 威廉·戈尔丁：《蝇王》
熟练 7~8	领导力："清楚"如何有效地管理小组资源和时间，以确保项目完成。 组织力：对于与他人协同合作的概念"十分清晰"，"具备多项"与他人沟通的方法，能够把分歧视为合作的机遇。 包容度："能有效地"识别自己与他人在内在与外在方面有形的特征、无形的价值观、想法等方面的差异，能够有效降低对人的偏见和刻板印象。 社会情感：行为处事除了考量自己的动机与利益，"总能"站在集体利益和伦理道德的角度思考个人责任与群体责任，作出最佳选择。	列夫·托尔斯泰：《战争与和平》 柏拉图：《理想国》

【心态与行为】

表 7.10　A1. 韧性：对探究问题持续不懈的态度

表现层级	指标与描述	参照物
0	不具备对此意涵的理解能力，且基本无法实现相应的学习行动与日常行为。	无
入门 1~2	困难反应：能够克服"简单"的困难，并且能够保持专注。 复原力："不太"具备应对压力的方法与技巧，例如冥想、深呼吸和放松练习，借此减轻压力和焦虑。 自我激励："不太清楚"如何通过有效的方式，比如阅读名人传记、参加挑战性课程或计划、提供自我奖励等方法，逐渐实现自己的目标。	具有普世价值的传世童话，以及适龄绘本

表现层级	指标与描述	参照物
入门 1~2	积极心态：面对压力事件，"不太"能够保持积极的态度，并相信自己能够克服困难。	
尚可 3~4	困难反应：能够克服"较困难"的挑战，并且能够保持积极的态度。 复原力："稍"具备应对压力的方法与技巧，例如冥想、深呼吸和放松练习，借此减轻压力和焦虑。 自我激励："大致清楚"如何通过有效的方式，比如阅读名人传记、参加挑战性课程或计划、提供自我奖励等方法，逐渐实现自己的目标。 积极心态：面对压力事件，"基本"能够保持积极的态度，并相信自己能够克服困难。	弗兰克·鲍姆： 《绿野仙踪》 保罗·卡拉尼什：《当呼吸化为空气》
佳 5~6	困难反应：能够克服"较大"的挑战，并且能够保持自信心。 复原力："大致"具备应对压力的方法与技巧，例如冥想、深呼吸和放松练习，借此减轻压力和焦虑。 自我激励："基本清楚"如何通过有效的方式，比如阅读名人传记、参加挑战性课程或计划、提供自我奖励等方法，逐渐实现自己的目标。 积极心态：面对压力事件，"多数时候"能够保持积极的态度，并相信自己能够克服困难。	文森特·梵高： 《亲爱的提奥：梵高传》 欧文·亚隆：《当尼采哭泣》
熟练 7~8	困难反应：能够克服"最大"的挑战，并且能够保持坚定的信念。 复原力："完全"具备应对压力的方法与技巧，例如冥想、深呼吸和放松练习，借此减轻压力和焦虑。 自我激励："十分清楚"如何通过有效的方式，比如阅读名人传记、参加挑战性课程或计划、提供自我奖励等方法，逐渐实现自己的目标。 积极心态：面对压力事件，"几乎任何时候"都能保持积极的态度，并相信自己能够克服困难。	路遥：《平凡的世界》 荷马：《奥德赛》

表 7.11　A2. 专注力：课堂参与的态度

表现层级	指标与描述	参照物
0	不具备对此意涵的理解能力，且基本无法实现相应的学习行动与日常行为。	无
入门 1~2	目标性：在需要投入高度专注的场合，"难以"保持对既定目标的高度关注，比如关注教室中的教师教学，或在球类竞赛中保持对竞赛任务的关注，不轻易分心。 持续性：在需要保持专注的场合，"难以"比同龄人更长时间地沉浸在当下从事的相关事务上，直到问题解决为止。 抗干扰：当处在需要保持专注的事务中，"难以"面对外界环境中的干扰，缺乏一定的自我防卫与抵抗干扰的能力。在有需要的时候，也难以灵活变通，寻找更适合专注的环境。	具有普世价值的传世童话，以及适龄绘本
尚可 3~4	目标性：在需要投入高度专注的场合，"十分费力"才能保持对既定目标的高度关注，比如关注教室中的教师教学，或在球类竞赛中保持对竞赛任务的关注，不轻易分心。 持续性：在需要保持专注的场合，"十分费力"才能比同龄人更长时间地沉浸在当下从事的相关事务上，直到问题解决为止。 抗干扰：当处在需要保持专注的事务中，"十分费力"才能面对外界环境中的干扰，具备一定的自我防卫与抵抗干扰的能力。在有需要的时候，也能灵活变通，寻找更适合专注的环境。	海明威：《老人与海》 塔拉·韦斯特弗：《你当像鸟飞往你的山》
佳 5~6	目标性：在需要投入高度专注的场合，"大致可以"保持对既定目标的高度关注，比如关注教室中的教师教学，或在球类竞赛中保持对竞赛任务的关注，不轻易分心。 持续性：在需要保持专注的场合，"大致"能够比同龄人更长时间地沉浸在当下从事的相关事务上，直到问题解决为止。 抗干扰：当处在需要保持专注的事务中，"大致"能够面对外界环境中的干扰，具备一定的自我防卫与抵抗干扰的能力。在有需要的时候，也能灵活变通，寻找更适合专注的环境。	罗伯特·戴博德：《蛤蟆先生去看心理医生》 欧文·亚隆：《诊疗椅上的谎言》
熟练 7~8	目标性：在需要投入高度专注的场合，"总能"保持对既定目标的高度关注，比如关注教室中的教师教学，或在球类竞赛中保持对竞赛任务的关注，不轻易分心。 持续性：在需要保持专注的场合，"总能"比同龄人更长时间地沉浸在当下从事的相关事务上，直到问题解决为止。	杜威：《民主主义与教育》 赫尔曼·黑塞：《荒原狼》

表现层级	指标与描述	参照物
熟练 7~8	抗干扰：当处在需要保持专注的事务中，"总能"面对外界环境中的干扰，具备一定的自我防卫与抵抗干扰的能力。在有需要的时候，也能灵活变通，寻找更适合专注的环境。	

表 7.12 A3. 抗挫力：敢于面对批驳的态度

表现层级	指标与描述	参照物
0	不具备对此意涵的理解能力，且基本无法实现相应的学习行动与日常行为。	无
入门 1~2	勇气："无法"应对任何程度的压力和挫折。 自信心："不了解"自己的能力，不相信自己只要充分努力，就能克服困难。 面对困难的心态："无法"将困难视为机遇和挑战，不相信办法总比困难多。相信宿命论，并因此自我设限。 自我价值感："几乎不能"肯定自己的行动，享受行动的成果，接受他人的肯定，将之转化为对自身的正面评价。	具有普世价值的传世童话，以及适龄绘本
尚可 3~4	勇气：能够应对"轻微"的挫折和压力。 自信心："稍微"了解自己的能力，相信自己只要充分努力，就能克服困难。 面对困难的心态："稍微"能将困难视为机遇和挑战，不总是相信办法总比困难多。多数时候相信宿命论，并因此自我设限。 自我价值感："少部分地"肯定自己的行动，享受行动的成果，接受他人的肯定，将之转化为对自身的正面评价。	岸见一郎、古贺史健：《被讨厌的勇气》 让-多米尼克·鲍比：《潜水钟与蝴蝶》
佳 5~6	勇气：能够应对"中等"程度的挫折和压力。 自信心："大致"了解自己的能力，相信自己只要充分努力，就能克服困难。 面对困难的心态："基本"能将困难视为机遇和挑战，相信办法总比困难多。不相信宿命论，并不因此自我设限。 自我价值感："多数时候"能肯定自己的行动，享受行动的成果，接受他人的肯定，将之转化为对自身的正面评价。	W·萨默塞特·毛姆：《月亮与六便士》 哈珀·李：《杀死一只知更鸟》

表现层级	指标与描述	参照物
熟练 7~8	勇气：能够应对"高度"压力和"严重"挫折。 自信心："完全"清楚自己的能力，相信自己只要充分努力，就能克服困难。 面对困难的心态："彻底"将困难视为机遇和挑战，相信办法总比困难多。不相信宿命论，并因此不自我设限。 自我价值感："完全"肯定自己的行动，享受行动的成果，接受他人的肯定，将之转化为对自身的正面评价。	罗洛·梅：《爱与意志》 司汤达：《红与黑》

表 7.13　A4. 秩序：自律且尊重他人的态度

表现层级	指标与描述	参照物
0	不具备对此意涵的理解能力，且基本无法实现相应的学习行动与日常行为。	无
入门 1~2	自我管理："不太"能控制自己的言行举止以配合不同场域所需的公共规范，也"不"清楚自己如此行为的动机、目的与利害关系。 公共意识："不太"能理解与遵守基本的校规和纪律，仅能在被监督的被动情况下表现出基本的礼貌和公德心。 道德判断："不太"能理解不同场域中成文的规约，以及不成文的潜规则，"难以"有效地自我调节以确保在该场域中生存的权益。	具有普世价值的传世童话，以及适龄绘本
尚可 3~4	自我管理："勉强"能控制自己的言行举止以配合不同场域所需的公共规范，并"约略"清楚自己如此行为的动机、目的与利害关系。 公共意识："基本"能理解与遵守基本的校规和纪律，表现出良好的礼貌和公德心，并能够尊重他人。 道德判断："基本"能理解不同场域中成文的规约，以及不成文的潜规则，且"不太擅长"自我调节以确保在该场域中生存的权益。	露西·莫德·蒙哥玛利：《绿山墙的安妮》 安托万·德·圣-埃克苏佩里：《小王子》

续表

表现层级	指标与描述	参照物
佳 5～6	自我管理："大致"能控制自己的言行举止以配合不同场域所需的公共规范，并清楚自己如此行为的动机、目的与利害关系。 公共意识："大致"能理解与遵守基本的校规和纪律，表现出优秀的礼貌和公德心，并能够以身作则。 道德判断："大致"能理解不同场域中成文的规约，以及不成文的潜规则，并能自我调节以确保在该场域中生存的权益。	亚里士多德：《尼各马可伦理学》 沈从文：《边城》
熟练 7～8	自我管理："完全"能控制自己的言行举止以配合不同场域所需的公共规范，并清楚自己如此行为的动机、目的与利害关系。 公共意识："完全"能理解与遵守基本的校规和纪律，表现出卓越的礼貌和公德心，并能够影响他人。 道德判断："完全"能理解不同场域中成文的规约，以及不成文的潜规则，并能自我调节以确保在该场域中生存的权益。	约翰·罗尔斯：《正义论》 加夫列尔·加西亚·马尔克斯：《百年孤独》

【语言与认知】

表 7.14　P1. 阅读：文本阅读与分析的能力

表现层级	指标与描述	参照物
0	不具备对此意涵的理解能力，且基本无法实现相应的学习行动与日常行为。	无
入门 1～2	效率：和同龄人相比，给予足够的阅读时间，面对相同的阅读素材，能"勉强"完成阅读活动。 深度：能够理解"简单易懂"的文章，但理解复杂的文章仍有困难。 广度：阅读的内容与形式"并不"多元，"难以"做到与其他相关类型的阅读材料触类旁通。 精确度：能够"粗略"分析文章中的论点和证据，但还"不清楚"如何进一步发展自己的观点，以及用自己的话清晰地表达自己的观点。	具有普世价值的传世童话，以及适龄绘本

表现层级	指标与描述	参照物
尚可 3~4	效率：和同龄人相比，给予足够的阅读时间，面对相同的阅读素材，能"稍有余裕地"完成阅读活动。 深度：能够理解"略有难度"的文章，但理解复杂的文章仍有困难。 广度：阅读的内容与形式"趋近"多元，"偶尔"能与其他相关类型的阅读材料做到触类旁通。 精确度：能够"简单"分析文章中的论点和证据，能表达出"一两点"自己的观点，能用自己的话清晰地表达自己的观点。	《世说新语》节选
佳 5~6	效率：和同龄人相比，给予足够的阅读时间，面对相同的阅读素材，能"有余裕地"完成阅读活动。 深度：能够理解"有一定难度"的文章，但理解复杂的文章仍有困难。 广度：阅读的内容与形式"呈现出"多元发展的面貌，"多数时间"能与其他相关类型的阅读材料做到触类旁通。 精确度：能够"条列式地"分析文章中的论点和证据，"正在"进一步发展自己的观点且有一点成果，并能用自己的话清晰地表达自己的观点。	白先勇：《台北人》 钱锺书：《围城》
熟练 7~8	效率：和同龄人相比，给予足够的阅读时间，面对相同的阅读素材，能"轻松地"完成阅读活动。 深度：能够理解"复杂有难度"的文章。 广度：阅读的内容与形式"呈现"多元风貌，"总是能"与其他相关类型的阅读材料做到触类旁通。 精确度：能够"系统且有脉络地"分析文章中的论点和证据，"不断丰厚"自己已经发展到一定程度的观点，并能用自己的话清晰地表达自己的观点。	余华：《活着》 太宰治：《人间失格》

表 7.15　P2. 写作：概念组织与书面表达的能力

表现层级	指标与描述	参照物
0	不具备对此意涵的理解能力，且基本无法实现相应的学习行动与日常行为。	无

表现 层级	指标与描述	参照物
入门 1~2	文字运用：对中文单词的知识储备颇为"贫瘠"，"不太"了解中文文法和不同文章类型的定义与结构，"无法"通过书写方式表现出来。 概念转化："不太"能把内心的想法与感受转化为文字，并书写出来。"无法"确保在传递后让读者通过该文字获取完整的信息。 写作风格："不"清楚自己的写作方式、流程与成果，不具有自己的独特性，在他人读来"不具"辨识度。 连贯性："难以"自如地用词汇和语法写出简单的句子和短段落，组成一篇有头有尾的文章。	具有普世价值的传世童话，以及适龄绘本
尚可 3~4	文字运用：对中文单词的知识储备"一般"，"基本"了解中文文法和不同文章类型的定义与结构，通过书写方式表达的能力"稍嫌不足"。 概念转化："基本"能把内心的想法与感受转化为文字，并书写出来，但"无法完全"确保在传递后让读者通过该文字获取完整的信息。 写作风格：对自己的写作方式、流程与成果等独特性有"不完整"的自我认识，在他人读来具有"模糊"的辨识度。 连贯性：可以用"少量"的词汇和语法写出简单的句子和短段落，但欠缺"结构化"的能力，会出现如"会开头，不会过渡和结尾"等情况。	河合隼雄：《爱哭鬼小隼》 梁实秋：《雅舍小品》
佳 5~6	文字运用：对中文单词的知识储备"一般"，"基本"了解中文文法和不同文章类型的定义与结构，通过书写方式表现的能力"稍嫌不足"。可以使用一系列词汇和语法结构来撰写组织清晰、连贯的文本。 概念转化：能"几近完整地"把内心的想法与感受转化为文字，书写出来，并"基本"能确保文章在传递后让读者通过该文字获取完整的信息。 写作风格："大致"清楚自己的写作方式、流程与成果，具有"一定"的独特性，在他人读来亦具有"一定"的辨识度。 连贯性：能运用"足量"的词汇和语法写出简单的句子和短段落，具有"结构化"的能力，但难以形成系列文章或长篇作品。	吴敬梓：《儒林外史》 王国维：《人间词话》

续表

表现 层级	指标与描述	参照物
熟练 7~8	文字运用：对中文能"自如"运用，可以使用各种修辞手法写出一系列主题的复杂文本，并表现出高度的连贯性。 概念转化：能"完整地"把内心的想法与感受转化为文字，书写出来，并能"确保与把控"文章为读者带来的阅读成效。 写作风格："完全"清楚自己的写作方式、流程与成果，具有自己的独特性，在他人读来亦具有"明晰"的辨识度。 连贯性：有能力写出"系列"文章或"长篇"作品，或对特定题材有"超乎"同龄人的文字表现力，比如在诗词方面获得专家与大型竞赛的考验与认同。	卢梭：《爱弥尔》 但丁：《神曲》

表 7.16　P3. 思考：运用内感官进行抽象思维的能力

表现 层级	指标与描述	参照物
0	不具备对此意涵的理解能力，且基本无法实现相应的学习行动与日常行为。	无
入门 1~2	综合力："不了解"演绎与归纳两种思维工具。 想象力："同时欠缺"生产性想象力与再生性想象力，故无法进行抽象思维。 记忆力："不清楚"如何运用天生的记忆力，以及运用弥补记忆力不足的工具。 哲思力：对 P4C"一无所知"。	具有普世价值的传世童话，以及适龄绘本
尚可 3~4	综合力："粗略"了解演绎与归纳两种思维工具，但"不太清楚"如何运用于生活实践。 想象力："略懂"生产性想象力与再生性想象力以进行抽象思维，能"大略"运用想象完善自我成长的缺失。 记忆力："粗略"知道如何运用天生的记忆力，以及使用"单一"工具来弥补记忆力。 哲思力：能"少量"运用 P4C 来帮助自己处理"简单的"问题。	《一千零一夜》 奥斯卡·王尔德：《快乐王子》

续表

表现层级	指标与描述	参照物
佳 5~6	综合力："基本知道"演绎与归纳两种思维工具，且能"一定程度"运用于生活实践。 想象力："基本知道"生产性想象力与再生性想象力，以进行抽象思维，能"清晰地"运用想象完善自我成长的缺失。 记忆力："基本知道"如何运用天生的想象力，以及使用"两种以上"的工具来弥补记忆力。 哲思：能"习惯性地"运用P4C来帮助自己处理问题，实现个人目标。	扬·马特尔：《少年Pi的奇幻漂流》
熟练 7~8	综合力："精通"演绎与归纳两种思维工具，且能"自如地"运用于生活实践，并指导他人解决难题。 想象力："精通"生产性想象力与再生性想象力，能使用此二者对概念进行抽象思维，并"清晰明了地"运用想象完善自我成长的缺失。 记忆力：能"自如"运用天生的想象力，以及使用"多种"工具来弥补记忆力，并"自主"形成一套提升想象力的思维方法。 哲思力：能"灵活"运用P4C来帮助自己处理问题，实现个人目标，呈现出"超龄"的智慧。	《周易》《老子》

表 7.17 P4.讨论：与他人进行交流并促成理解的能力

表现层级	指标与描述	参照物
0	不具备对此意涵的理解能力，且基本无法实现相应的学习行动与日常行为。	无
入门 1~2	沟通技巧：对单向、双向或多人共同讨论之技巧"皆有所欠缺"，包括表达自己与倾听他人的能力。 语言组织：仅能组织"过于简单"的语句，"难以"充分表达自己的想法与感受。 交互理解："难以"按照不同对象的认知能力、性格、倾向，以及现场氛围等综合因素，转化自己的倾听与表达内容，促使双方尽可能达成一致性的理解。 感染力："难以"通过语言表达，包括口语与非口语的方式，在感性层次实现对他人情感层面的影响。	具有普世价值的传世童话，以及适龄绘本

表现层级	指标与描述	参照物
尚可 3~4	沟通技巧：懂得"单向表达"，亦即其信息传递大抵是单向的，以一个人发言、其他人听取的形式呈现。 语言组织：能组织"简单"的语句，在"一定程度上"表达自己的想法与感受。 交互理解："偶尔"能按照不同对象的认知能力、性格、倾向，以及现场氛围等综合因素，转化自己的倾听与表达内容，促使双方尽可能达成一致性的理解。 感染力："偶尔"能通过语言表达，包括口语与非口语的方式，在感性层次对他人带来情感层面的影响。	马歇尔·卢森堡：《非暴力沟通》 米奇·阿尔博姆：《相约星期二》
佳 5~6	沟通技巧：懂得"一对一谈话"，亦即能实现两个人之间的交流，包括面对面，或是使用电话、视频等方式。 语言组织：能组织"复杂"的语句，"通常"能表达清楚自己的想法与感受。 交互理解："经常"能按照不同对象的认知能力、性格、倾向，以及现场氛围等综合因素，转化自己的倾听与表达内容，促使双方尽可能达成一致性的理解。 感染力："经常"能通过语言表达，包括口语与非口语的方式，在感性层次实现对他人情感层面的影响，以达成沟通目标。	尼尔·布朗、斯图尔特·基利：《学会提问》 卡勒德·胡塞尼：《追风筝的人》
熟练 7~8	沟通技巧：能进行"多人共同讨论"，亦即掌握多个人之间的交流，包括使用面对面、网络等方式。 语言组织：能组织"复杂且完整"的语句，"总是"能表达清楚自己的想法与感受。 交互理解："总是"能按照不同对象的认知能力、性格、倾向，以及现场氛围等综合因素，转化自己的倾听与表达内容，促使双方尽可能达成一致性的理解。 感染力："总是"能通过语言表达，包括口语与非口语的方式，在感性层次实现对他人情感层面的影响，以达成沟通目标。	克里希那穆提：《世界在你心中》 莫言：《生死疲劳》

小 结

本书下辑主要讨论教学现场的对话、带领技巧，以及教案撰写与课程设计的基本结构。这些内容对教师们来说是必不可少的。

就像李普曼的儿童哲学课程以"两年"为一个基本学习单位一样，各位教师在拿着这本书进行教学实践时，别忘了教学活动对教师来说也是"终身学习"的一环，是教师不断自我成长的一个阶段。

对于小学教师来说，六年带完一个班，初中教师则是三年。不妨给自己三年的时间，慢慢积累儿童哲学的教学能力及素养。

要掌握苏格拉底对话教学法，一般至少需要实践100个小时以上的教学，才能有七八成的把握。要完全运用自如，可能还需要更长的时间。但正如我在前面提到的，教师不必掌握所有的技术，技术只是辅助工具。教师应根据自身需要和个人特点，在发展自身教学系统的同时，对各种技巧有所取舍。

最后，对话最重大意义在于帮助我们与孩子交流，而交流重在交心。

谈到交流，别忘了你不需要一个人战斗！为什么要有探究团体？因为我们都不可能是万能的，都需要教学路途上的伙伴。如果你身边没有一起探究儿童哲学课程的团体，不妨利用线上资源，国内已经有几所高校、机构和单位从事这方面的研究和实务工作，可以与他们联系，寻求交流与协助。

在求助的同时，也别妄自菲薄。作为一线教师，你要相信，再厉害的专家，都不可能比你更了解你每天面对的一个个孩子。科研人员和每天与孩子相处的教师，是合作关系。

缺少高校的研究成果，固然无法阐明某些教学的原理，突破某些教学的盲点。但如果少了一线教学的实践和验证，教授们的理论也无法真正确立。

人都不是完美的。总有比我们更厉害的人，所以大家都不应该骄傲，要保持谦卑的态度去学习。

我见过不少专家学者示范课"翻车"的情况，一般教师上课也会有"翻车"的时候，我们都可能会遇到问题。所以，我们要保持谦卑，对教育谦卑，对现场谦卑。

教育需要评量，但有些事情难以用问卷或研究工具来评量，只能用心去体会，在生活里慢慢观察。

例如，在我教过的学生中，有的经过一段时间的哲学课后学会了批判性思考，有的变得更有表达自信，有的开始懂得尊重同学。

在感到高兴的同时，我也有一种谨慎和敬畏。因为要真正验证儿童哲学的种子是否会发芽，发芽后会开出什么样的花，结出什么样的果，可能要等到他们更大一些，面对更多人生课题后才能看得更清楚。

也许儿童哲学的影响力没有那么大，是我想多了。但我始终觉得，保持一份敬畏，总是会让我在当下的教学现场，想到自己对学生的举动——无论鼓励还是批评，可能会影响他们的未来。这时我就会多想一想，作出谨慎的选择，避免因为一时冲动说了后悔的话，做了后悔的事。

人生才是我们每个人都要上的大课，真正能评量一个人的不是教师。评量的方式也不是专家制作的量表，而是我们自己回顾人生时，是否满足，是否怨憎，是否坦荡，是否羞愧。

本书接近尾声之际，通过前面从理论到实务的说明，现在让我们回到本书开头提到的儿童哲学教学十原则。如今，你对这十个原则是否有了新的看法？

对这十个原则的说明，其实就是对本书从理论到实务的总结。相信身为实务工作者的你，亦有属于你的体会和教育哲学。本书最后的"附件六"是一个教学原则的页面。你可以写下你的原则，提醒自己从事儿童哲学的初衷和目标。

最后，本书中的指标、说明与教学建议，需要与教学现场相结合，并配合相关能力培养的教育方法和工具，才能发挥更好的效果。希望通过本书，能帮助有志投入儿童哲学教育的教师，帮助孩子和家长，维系孩子们的好奇心，发展孩子们的天赋。

回声 儿童哲学教学十原则

一、最大包容

儿童哲学课堂欢迎每一位学生，无论他们的性别、种族、家庭背景、能力或其他条件是什么。

二、无条件给予

对每一位学生，教师都秉持公平和负责任的态度。儿童哲学本身就像一份礼物，我们赠予学生这份礼物，不是期待他们的回报。赠予本身就是快乐的。

三、展现自我

教师不是传递知识的工具，教师把所学知识、生活经验和反思形成的自我，真诚而敞开地向学生展现，引导学生同样真诚而敞开地展现自己。

四、同心协力

教师意识到自己的有限性，乐于和其他教育工作者以及学生共同为"认识自己、成就自己"的目标努力。

五、全身心参与

教师在教学活动中，积极专注地投入，和学生一起享受探究的历程。

六、遵守公民责任

教师只是个人的其中一个角色。教师同时也是一位公民，我们要为自己的社群以及整个社会承担属于我们的公民责任。

七、去物化

教育要基于人性，要把自己和人生视为活生生的人；教育要合乎人性，不能将学生当成牟利的商品或没有生命的物件。

八、终身学习

教师不断提升自己，不只为了提升教学能力，而是为了实现"认识自己、成就自己"的存在意义。这也是对学生以身作则的一种表现。

九、不忘生活

教师需要保持自己身心的健康，才能更好地让育人工作成为人生幸福的助力，而不是阻力。

十、无知之知

教师对学生的影响难以预估，教师当谨言慎行，对育人工作保持敬畏。

附件一　教案（范例）

教案 A　理解与接纳

课程范畴：伦理学
教案名称：黑娃娃与白娃娃

一、哲学理念

1. 本质。

理解（Understanding）和宽容（或译"接纳"，Tolerance）是两个不同的概念。理解是对一件事情"知道多少"，宽容则是"尊重我们不知道的对象"。有时，强求理解，会使我们无法做到宽容，反而造成矛盾。从哲学存在论的角度，人是"不完美的存在"。很多时候，人与人之间的和谐来自宽容，而非理解。

2. 现象。

A. 生活经验：有时候我们会感到不被理解，特别是当我们被误解并因此受到惩罚或类似的对待时，会感到委屈。被理解带给我们一种正面的心理感受，是人际相处中所有人追求的一种状态。另一方面，有时人与人之间的矛盾不在于能不能被理解，而在于不理解时能否保持一种宽容的态度。得到宽容，亦是一种让人感到温暖的需求。

B. 历史与文化：在我们的社会中，宽容被视为一种德行，如"严以律己，宽以待人"。有时孩子受了委屈，大人要求他展现宽容的态度，这可能让孩子违背自己的心意，"刻意"原谅对方。这也给孩子一种不被理解的感受，对他们反而是一种伤害。那么真正的宽容和理解是什么？

C. 理论体系：伦理学、社会哲学、德行论。

二、教学目标

1. 对"理解"与"宽容"有更广、更深的认识。

2. 当不被理解时，知道该如何反应。

3. 对实践理解与宽容有具体想法和内在动力。

三、先备知识

1. 思辨概念（就主题之矛盾、反对与等差关系进行思考，并写成个人的教学笔记）。

A. 理解与宽容，表面上是个人对他人行为处事的判断，以及判断之后的行动。人比事更重要。就像有人做了一件我们无法理解的事情，然后我们想要去理解这件事，但更重要的是去"理解做这件事的人"。宽容是针对人，而非事。理解与宽容，不仅仅是一种判断，更是一种关系。

B. 玛莎·纳斯鲍姆（Martha Nussbaum）在《愤怒与宽恕：怨恨、慷慨、正义》（*Anger and Forgiveness*：*Resentment*，*Generosity*，*and Justice*）提出观点：有种宽恕叫作"交易式宽恕"（Transactional Forgiveness）。比如有的人表面说："我宽恕你。"实际上是抱着"我比你优秀""我比你高等"的态度。这种宽恕的动力来自怨恨和鄙视，其实是用宽恕来进行报复。

2. 参考文本。

A. 生活经验：2020 年 6 月，有一则新闻报道，一位中学毕业多年的常姓青年回到故乡，遇到 20 年前的班主任张某，便把张某打了一顿，还录成视频到处传播。常姓青年向警方表示，当年自己经常被班主任殴打，身心受创，偶尔回想当时场景，会做恶梦，还会哭泣，因此一时激愤动了手。法庭上，常姓青年表示悔不当初，向教师和社会道歉。常姓青年因寻衅滋事，最后获刑一年六个月。

问题与讨论：

● 有时别人问我们："知不知道错了？"我们如果不知道，该怎么回答？

● 一个人要通过什么才能意识到自己是对的或是错的？

● 如果你是这位常姓青年，你会怎么做？

● 如果我们能够理解学生为什么报复，是否就能原谅他的作为呢？

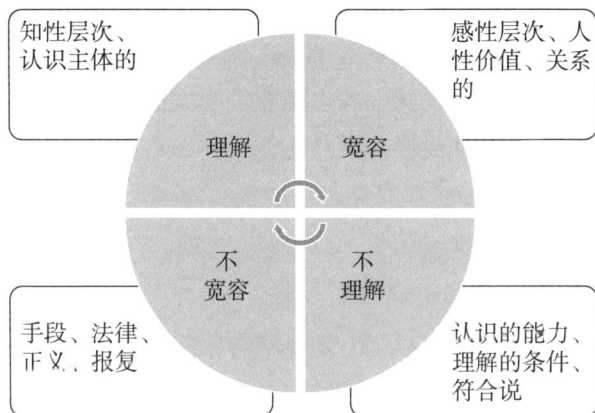

图 1

B. 历史与文化：故事文本《麦可与阿尼》。

问题与讨论：

● 为什么麦可一开始不跟阿尼做朋友？

● 麦可让你想到了谁？

● 阿尼的努力白费了吗？

● 一定要互相理解，才能成为朋友吗？

● 人际相处中，不理解可能会造成什么不良的后果吗？

C. 理论体系：伦理学。

●《论语·卫灵公》：子贡问曰："有一言而可以终身行之者乎？"子曰："其恕乎！己所不欲，勿施于人。"

● 人必得把他周围的在者——其他人、生灵万物——都当作与"我"相分离的对象，与我相对立的客体，通过对他们的经验而获致关于他们的知识，再假手知识以使其为我所用。这样的世界之中，与我产生关联的一切在者都沦为了我经验、利用的对象，是我满足我之利益、需要、欲求的工具。其次，为了实现利用在者的目的，我必得把在者放入时空框架与因果序列中，将其作为物中之一物加以把握。

问题与讨论：

- 关于"恕"，你想到哪些个人经验？
- 什么是"同情心"？"恕"是一种同情心的表现吗？
- 人为什么不能自私一点？
- 对于那些欺负我们的人，我们还要用"恕"道对待他们吗？
- 人与人之间有可能完全理解彼此吗？

四、教学历程与步骤

历程模拟：

1. 为什么麦可一开始不跟阿尼做朋友？

2. 正方：麦可不认为阿尼真心想要跟他当朋友。

问题澄清：如果今天我们想要了解一个人，但那个人总说"你不懂我"，这时候该怎么办？

3. 正方：对方不懂，我们可以努力让他懂。

4. 反方：没有人能真正懂另一个人。

问题澄清：一定要互相理解，才能成为朋友吗？

5. 正方：要看理解的程度，人虽然不可能"完全"理解彼此，但……

6. 引申问题：为什么麦可最后愿意跟阿尼做朋友？

问题澄清：如果别人想跟我们做朋友，但我不想跟他当朋友，我该怎么做？

7. ……（持续讨论与课程收尾）。

五、课后检讨

1. 学生是否了解"理解"与"宽容"的差异？

2. 对于不被理解的情况，学生是否更清楚如何应对？

3. 学生是否有难以宽容的创伤经历？（注意是否有需要进一步心理辅导的同学。）

4. 其他需要继续讨论的问题。

六、附件

1. "真心话"问卷调查（不记名）。

小朋友你好，我想请你回答几个小问题。

请写下：

● 一次被误解的经历。

● 被误解的感受是什么？当你被误解时，你为自己辩解了吗？

● 你觉得什么样的人容易被理解，什么样的人容易被误解呢？

● 你觉得自己容易被误解吗？

2.《麦可与阿尼》故事文本。

阿尼是"好大一座山"中学的学生，这个学校里有白人学生，也有黑人学生，还有来自亚洲和非洲的学生。

阿尼是白人，他的爸爸和妈妈也是白人，他身边的朋友也是白人。

有一天，阿尼在放学路上看见麦可，麦可是隔壁班的一位黑人学生。

麦可在路边一座露天篮球场打球，和麦可一起打球的是一群黑人孩子。

阿尼跑到球场边，跟麦可打招呼，麦可不理他。阿尼举手表示想要跟他们一起打球，麦可和黑人孩子们彼此看了一眼，考虑要不要让阿尼加入。

麦可对阿尼说："你快走吧！这里不适合你。"

阿尼说："我想跟你们做朋友，一起打球。"

麦可和其他黑人孩子听阿尼这么说，都笑了。他们继续打篮球，没有理会阿尼。

阿尼很伤心，他真心想要跟麦可和其他黑人孩子做朋友。他想："肯定是因为我是白人，麦可是黑人。他肯定认为我不可能理解黑人孩子的生活，不可能理解黑人孩子的心情，所以不愿意跟我做朋友。既然如此，那我把自己变成黑人就好啦！"

从这天起，阿尼开始模仿电视上那些黑人的打扮，模仿黑人说话的腔调，平常听的音乐也换成饶舌歌。

阿尼说："你看我们那么像，我们做朋友吧？"

但是，麦可还是不跟阿尼做朋友。

看到麦可的反应，阿尼想："肯定是我还不够像黑人，麦可不觉得我跟他们是一样的，所以不愿意跟我做朋友。"

于是阿尼不仅开始穿着像黑人、说话像黑人，还刻意把自己的皮肤涂成黑色，把头发烫成黑人的卷发。终于，阿尼从外表、说话的语气到动作都跟黑人一模一样了。

但是，麦可还是不跟阿尼一起玩。

阿尼说："我现在跟你一样了，我们做朋友吧？"

但是，麦可还是不跟阿尼做朋友。

阿尼很沮丧，他回到家，看着镜子中的自己。他卸掉所有的装扮，把自己变回原来的模样。

隔天，阿尼在学校遇到麦可，他语带失落地对麦可说："麦可，我不了解你。我不了解黑人的孩子。"

麦可听阿尼这么说，露出微笑，对阿尼说："现在我们可以做朋友了。"

教案 B　论友谊

课程范畴：伦理学

教案名称：论友谊

一、哲学理念

1. 本质。

人同时处在三个世界之中，即自然界、人际世界和自我世界。其中人际世界是人和其他动物最大的差异之一。古往今来，有许多关于人际世界的探讨，其中包括友谊。在"五伦"中，友谊十分特殊。首先，友谊无关血缘，并且没有权利不对等的高下强弱之分。故友谊是社会中强调平等与自由交往的产物。认识友谊，有助于学生思考人际世界中的交往，完善他们的社会角色。

2. 现象。

A. 生活经验：朋友关系是人们生活中最广泛的人际交往关系。

B. 历史与文化：早在先秦时代，我国就有关于"五伦"的讨论，并将友谊置于"五伦"之中。孔子和孟子都对朋友的关系和伦理意义提出了他们的见解。

C. 理论体系：伦理学、政治哲学、人性论。

二、教学目标

1. 了解友谊的意涵。

2. 反思人际交往的意义。

3. 对我国关于友谊和人际关系的伦理观建立初步认识。

三、先备知识

1. 思辩概念（就主题之矛盾、反对与等差关系进行思考，并写成个人的教学笔记）。

A. 儒家从关系哲学的角度切入，谈的更多的不是"朋友是什么"，而是"友谊是什么"。换句话说，儒家更注重关系的内涵，通过内涵来定义关系。因此，关系的建立，实质内涵比外在形式更重要。误以为儒家只注重外在形式（例如"礼"），是对儒家的误解。进而，实现实质内涵才是一个人德行的展现，也就是对于什么样的人适合与之交往，什么样的人不值得为友，一个人能把握好关系的道德原则很重要。相反，因为彼此之间的外在关系（比如老板和员工），阿谀奉承，这就不是儒家所倡导的关系哲学。

B. 西塞罗（Cicero）：《论友谊》。此外，《论语》《孟子》也有相关讨论。

2. 参考文本。

A. 生活经验：

谈到交友，现代人交友和过去有很大不同。因互联网的发明，出现了"网络交友"。有个流行语叫"同温层的朋友"，指出网络交友固然方便，但也很容易使人陷入偏见与误会而不自知。

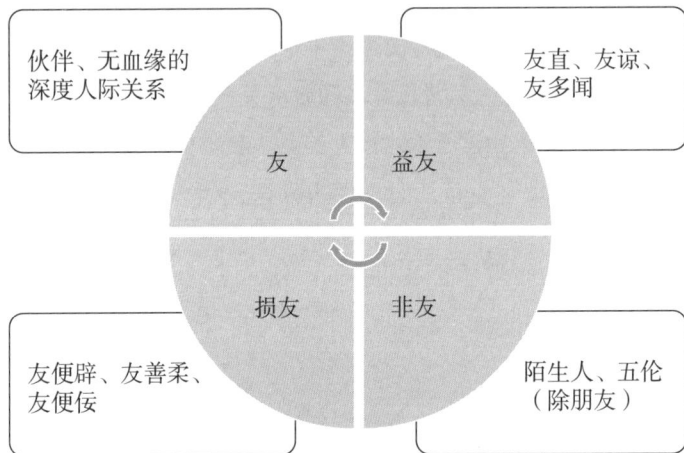

图 2

比如，某些热爱 A 乐队的乐迷认为，A 乐队未来定会大获成功，结果现实却并非如此。他们反思原因时发现，喜爱 A 乐队的乐迷们经常在网络社群互动、讨论、点赞，一副乐队很受欢迎的样子，但这只是因为社群里全是 A 乐队的铁杆粉丝，这在心理上制造了一种错觉——似乎大家都在热情追捧这支乐队。但实际上，这不过是小团体聚在一起互相取暖的现象，而这种主观的印象无法改变客观现实。

社交软件的普及，好像给人们带来前所未有的高度联结性。实则诚如约翰·海利（Johann Hari）所说："当你遇上危机，你会发现能助你一臂之力的不是脸书上的朋友，而是那些有血有肉的朋友。"

社交软件沉迷的现象，体现出我们在情感上的需求没有得到满足。

故解决问题的方式不在虚拟世界，而是要回归真实世界；不在于抛弃社交软件，而是让工具回归工具该有的价值，工具是解决问题的媒介。

换言之，友谊不该是工具，而是关系本身。

问题与讨论：

- 你有网友吗？

- 现实生活中，你有可以分享心事的朋友吗？

- 你有没有曾经要好但现在已经绝交的朋友？为什么绝交？

- 没有朋友会影响生活吗？

- 大人会干涉你交朋友吗？你觉得他们的干涉有道理吗？

B. 历史与文化：故事文本《哆啦Ａ梦是损友，还是益友？》。

问题与讨论：

- 损友算朋友吗？

- 人一定要交益友吗？

- 不属于益友和损友范畴的，是什么朋友？

- 哆啦Ａ梦是损友还是益友？

- 除了哆啦Ａ梦，大雄身边的其他人是损友还是益友？

- 反之，大雄对他们来说是损友还是益友？

C. 理论体系：伦理学。

- 《论语·季氏》：

益者三友，损者三友。友直，友谅，友多闻，益矣。友便辟，友善柔，友便佞，损矣。

- 罗马哲学家西赛罗《论友谊》摘选：

友谊就其本性来说容不得半点虚假。其本身是真诚的、自发的。因此，我觉得，友谊是出于一种本性的冲动，而不是出于一种求助的愿望。

危难时刻见真情。但是绝大多数人却以这两种方式暴露出他们不可信赖的易变的品质：自己得意时看不起朋友；或朋友有难时就抛弃朋友。

为了朋友才犯的罪，这不是一个正当的理由。因为，友谊是出自对一个人的美德的信赖。

问题与讨论：

- 你赞成孔子的观点吗？为什么赞成？

- 除了"益者三友"，你还想到哪些朋友算益友？

- 除了"损者三友"，你还想到哪些朋友算损友？

● 西塞罗和孔子都认为真正的朋友应该彼此"真诚"，这表示朋友之间绝对不能说谎吗？

● 什么情况下，即使是益友，我们也要跟他绝交呢？

四、教学历程与步骤

历程模拟：

1. 哆啦 A 梦是大雄的益友，还是损友呢？

2. 正方：益友。

问题澄清：何以见得？（拿出孔子论友的文本）

3. 正方：因为哆啦 A 梦符合孔子说的益友条件。

4. 反方：但哆啦 A 梦也有符合损友条件的表现。

问题澄清：孔子说的一定是对的吗？在他的观点中，你们同意哪些，又不同意哪些呢？我们一起来讨论。

5. 双方：我们同意……我们不同意……

6. 引申问题：如果一个人完全符合益友的条件，你就会跟他做朋友吗？

问题澄清：友谊是否全然与一个人的品格有关？

7. 延伸讨论……

五、课后检讨

1. 学生是否了解友谊对自身的意义？

2. 学生是否了解友谊和其他人际关系的差异？

3. 学生是否了解与人交往的边界线？

4. 其他需要继续讨论的问题。

六、附件（给学生的授课资料）

1. 课后作业。

请完成今天课程中学到的"人物关系图"：将自己和朋友之间的关系画成关系图。用来描述彼此之间的友谊，并按照"益者三友、损者三友"的类型加以分类。

2.《哆啦Ａ梦是损友，还是益友？》故事文本。

每次大雄被胖虎和小夫欺负，他就会找哆啦Ａ梦倾诉，让哆啦Ａ梦拿出道具保护他。但最终大雄往往在达成保护自己的目的后，又因为个人私利滥用道具，导致更大的麻烦。

从《论语》关于益友、损友的观点出发，你认为哆啦Ａ梦是大雄的益友还是损友呢？

3.《论语·季氏》引文以及译文。

益者三友，损者三友。友直，友谅，友多闻，益矣。友便辟，友善柔，友便佞，损矣。

译文：

"益友"有三类：

● "友直"者，指与言行正直的人为友。为人正直，讲求道义。

● "友谅"者，指与诚实守信的人为友。这样的人性格敦厚忠诚，并且坚守承诺，不会为满足一己私利而做出欺诈、出卖朋友的事情，与其交往必然有助于诚信品德的培养。

● "友多闻"，指与博学多闻者为友。朋友的知识越是渊博，阅历越是丰富，与其交往便越能增长见识，从而得以突破原有的知识界限，提高知识水平。

"损友"有三类：

● "友便辟"指与"习于威仪，致饰于外，内无真诚"者为友。这类人懂得粉饰仪容外表去讨好、取悦朋友，完全缺乏诚恳、忠信的态度，与其交往将容易受其虚伪、矫饰之态感染。

● "友善柔"指与擅长谄媚阿谀者为友。这类人从表面上看总是和颜悦色，其实不过是恭维、奉承之辈。

● "友便佞"指与巧言善辩却没真才实学者为友。这类人"习于口语，而无闻见之实"。不思进取却又欺世盗名，只会欺人骗己。

附件二 有奖征答（范例）

高老师的有奖征答

姓名＿＿＿＿＿ 班级＿＿＿＿＿ 学号＿＿＿＿＿

想回答问题的同学，请书写本征答内容（用其他纸张撰写无效）。最晚于 2021 年 5 月 13 日交给高浩容老师。老师将选出三位优秀同学的回答，并赠小说《刺猬的优雅》一册。获奖名单将于 2021 年 5 月 17 日公布。下面请阅读文章，回答文章后面的问题。

【文章】

想象一下，有一天你捡到一个万能背包，能把各式各样的东西放进去。这个背包永远不会坏，并且除了你，没有人能打开。你可以放进梦想、童年记忆、爱、家人、工作、钱等东西。但这个背包有个限制：只能装进五样东西。

【问题与回答】

问题一：你想装进背包的五样东西是什么？

1. ＿＿＿＿＿＿ 2. ＿＿＿＿＿＿ 3. ＿＿＿＿＿＿ 4. ＿＿＿＿＿＿ 5. ＿＿＿＿＿＿

问题二：请说明你选择这五样东西的原因。

＿＿＿＿＿＿＿＿＿＿＿＿＿＿＿＿＿＿＿＿＿＿＿＿＿＿＿＿＿＿＿＿＿＿＿

＿＿＿＿＿＿＿＿＿＿＿＿＿＿＿＿＿＿＿＿＿＿＿＿＿＿＿＿＿＿＿＿＿＿＿

问题三：如果其他人认为这个万能背包不该属于你一个人，而应该属于所有人，于是要求你交出万能背包，你会交出去吗？请回答"会"或"不会"，并写出原因。

＿＿＿＿＿＿＿＿＿＿＿＿＿＿＿＿＿＿＿＿＿＿＿＿＿＿＿＿＿＿＿＿＿＿＿

＿＿＿＿＿＿＿＿＿＿＿＿＿＿＿＿＿＿＿＿＿＿＿＿＿＿＿＿＿＿＿＿＿＿＿

附件三　课程主题意向调查表

关于人生的 20 个哲学问题
（高浩容　编撰）

姓名_____　班级_____　学号_____

编号	主题	编号	主题	编号	主题	编号	主题	编号	主题
1	存在	2	爱	3	意志	4	命运	5	智慧
6	勇气	7	离别	8	孤独	9	自由	10	真理
11	理性	12	艺术	13	道德	14	历史	15	技术
16	人性	17	罪咎	18	时间	19	世界	20	死亡

有些议题，我们感兴趣；有些议题，我们认为重要。然而，有些我们感兴趣的议题，可能不见得被我们视为重要的议题。有些我们觉得重要的议题，实际上我们并不感兴趣。

老师很重视你们的感受和看法，所以希望通过本问卷，了解你们感兴趣和认为重要的议题，以此作为专属我们的课程核心概念，进一步探究。

下面，请你将感兴趣或认为重要的议题的编号写下来，并在后面写上你的想法。最后，多数人最感兴趣的议题，将成为我们下次课程的主题。

这不是考试，诚实作答即可。

问题一：你觉得对"自己"来说最感兴趣的五个议题是什么？按兴趣强弱顺序排列（最重要的排在前面）。

_____

问题二：你觉得对"人"来说最重要的五个议题是什么？按重要性强弱顺序排列（最重要的排在前面）。

_____

附件四　学习意愿与成效调查表

~~~~~~~~~~~~~~~~~~~~~~~~~~~~~~~~

学习意愿与成效调查表

教师：高浩容

姓名＿＿＿＿　班级＿＿＿＿　学号＿＿＿＿　填写日期＿＿＿＿

对于明年有机会上哲学课的学弟学妹，如果他们问你"哲学课是一堂什么样的课"，你会怎么跟他们说？

＿＿＿＿＿＿＿＿＿＿＿＿＿＿＿＿＿＿＿＿＿＿＿＿＿＿＿＿＿＿＿＿＿＿

＿＿＿＿＿＿＿＿＿＿＿＿＿＿＿＿＿＿＿＿＿＿＿＿＿＿＿＿＿＿＿＿＿＿

【问卷】（请对比上学期课堂情况和自己的课堂表现后作答）

1. 学完两个学期的课程内容，你对"哲学"这个概念有新的认识吗？

如果 0 分是"完全没有"，10 分是"有很多新的认识"，你打几分？（　　　　）

2. 你觉得课程的内容编排如何？

如果 0 分是"非常松散"，10 分是"极为紧凑"，你打几分？（　　　　）

3. 你觉得课程的内容难度如何？

如果 0 分是"不费力就能全部听懂"，10 分是"完全听不懂"，你打几分？（　　　　）

4. 你觉得自己的课堂表现怎么样？

如果 0 分是"完全不积极"，10 分是"非常积极"，你打几分？（　　　　）

5. 你认为自己在课堂上遵守上课秩序，不打扰老师上课、其他同学听课吗？

如果 0 分是"毫无秩序"，10 分是"我严谨遵守秩序"，你打几分？（　　　　）

6. 你觉得自己在哲学课上的专注度如何？

如果 0 分是"完全不专注"，10 分是"极为专注"，你打几分？（　　　　）

7. 你觉得碰到难题或需要思考的时候，你的表现怎么样？

如果 0 分是"遇到难题就果断放弃"，10 分是"迎难而上，尽力解题"，你打几分？（　　　　）

8. 你对哲学课的教师表现满意吗？

如果 0 分是"完全不满意"，10 分是"十分满意"，你打几分？（　　　）

9. 你觉得自己下学期的课堂积极程度比起上学期怎么样？

如果 0 分是"差太多了"，10 分是"好太多了"，你打几分？（　　　）

10. 你觉得自己下学期的守秩序程度比起上学期怎么样？

如果 0 分是"差太多了"，10 分是"好太多了"，你打几分？（　　　）

11. 你觉得自己下学期面对难题的坚持度比起上学期怎么样？

如果 0 分是"差太多了"，10 分是"好太多了"，你打几分？（　　　）

12. 下学期你还想继续上哲学课吗？

如果 0 分是"完全不想上"，10 分是"请务必安排哲学课"，你打几分？
（　　　）

13. 经过一年的学习，下列关于"能力"的词语，你觉得哪些确实通过哲学课程获得了提升，请把对应的序号写在括号里：

（　　　　　　　　　　　　　　）

①创造力 ②批判思维 ③关心他人 ④协同合作 ⑤耐力 ⑥专注力 ⑦抗挫力 ⑧守秩序 ⑨推理 ⑩逻辑思维 ⑪想象力 ⑫明辨是非 ⑬爱 ⑭写作 ⑮表达 ⑯倾听 ⑰与人讨论 ⑱包容心 ⑲责任感 ⑳勇敢 ㉑认识自己 ㉒接受现实 ㉓乐观 ㉔面对未知的事物 ㉕诚实 ㉖知耻 ㉗领导力 ㉘观察力 ㉙灵敏 ㉚弹性思维 ㉛幽默感 ㉜记忆力 ㉝阅读 ㉞审美 ㉟宽容

14. 接续上题，你最希望通过哲学课提升哪些能力？请把对应的序号写下来。

（　　　　　　　　　　　　　　）

§ 你觉得哲学课适合给什么样的人上？

_____

_____

§ 你还有什么想说的？无论是对课程的建议、想法、评价，或是想给老师的悄悄话，请填写于此：

_____

_____

附件五　课程记录表

学校：_____　年级：_____　学期：_____　周次：_____

课程主题：_____　要点：_____

班级	课堂表现（量化）			其他表现与观察概要（质性）
1	能力	A. 创造力		
		B. 批判思维		
		C. 关怀思维		
		D. 协同合作		
	态度	E. 韧性		
		F. 专注力		
		G. 抗挫力		
		H. 秩序		

　　注：P4C能力表现——A.创造力，B.批判思维，C.关怀思维，D.协同合作，E.韧性，F.专注力，G.抗挫力，H.秩序。皆以0~10分计算，0分为"表现极糟糕"，10分为"表现极优异"，以此类推。

附件六　我的儿童哲学教学原则

每位教师都有自己的教学原则，并基于这些原则实践自身的教育理念。你可以把你的原则写下来，好时刻提醒自己。在写之前，建议可以先思考下面四件事对你的意义：

- 我是一位什么样的教师？
- 我想通过教学达成什么目的？
- 我该怎么做？
- 我会灵活弹性地使用教学法，以学生的福祉为依归。

原则一：

原则二：

原则三：

原则四：

……

后记
不是因为有哲学才有问题，而是因为有问题才有哲学

我和哲学结缘，背后是一个误打误撞的故事。

我有一位高中好友，当我沉迷于打篮球、看日剧、追女孩，还没想好高考该填哪个志愿时，他已经能用坚定的口吻告诉所有人："我要读哲学系。"

后来我进入大学，读到大二，处在对当下很迷茫、对未来没有方向的状态。他看我得过且过的样子，问我："你要不要读读哲学，也许对你有帮助。"

我随口应允，给了他一些钱，让他帮我买几本他在哲学系读的书。

后来发生的事情改变了我的一生。我打开其中一本书，便对哲学一见钟情。读了三天后，我决定改读哲学。

在我读哲学之前，我不知道世界上有那么一群人，他们是哲学家。

哲学家像一群"傻子"，他们会认真检视大人习以为常的观点，也会认真看待三岁小孩口中"荒谬可笑"的问题。

哲学家对这些问题的思考，唤醒我沉睡已久的好奇心，重启我对世间人、事、物的认识。

许多哲学家关心的问题，其实很多人都想过，只是他们的想法还没成形，就被扼杀在思想的摇篮里，屈从于主流社会、教科书、大人告诉他们的答案。

但哲学家一遍遍地向人们提问："你确定这就是答案？别着急，再想一想！"

我被哲学家感动了，并爱上了哲学的美丽。

不知不觉，人生的大半时间，我都浸淫在哲学的汪洋里。

如今，我从事和哲学高度相关的工作，与充满好奇心、看世界的角度尚未固化且充满可能性的孩子共同探究哲学课题。

在这个过程中，有快乐的时候，也有不快乐的时候；有顺利的时候，也有艰难的时候。但总体而言，我感到很幸福。

然而，在教学中，我深刻体会到"中文世界有志从事哲学教育的工作者，他们需要一本谈教学实践并能应用于实务工作的指导手册"。

于是我斗胆写下这本书，分享我在实务工作中淬炼出的一些心得。

最后，我想分享一点对哲学教育的浅见："不是因为有哲学才有问题，而是因为有问题才有哲学。"

在哲学实践领域，需要用更多力气去倾听。很多时候，倾听本身就是最有力的给予。

当我们没有实质的好主意时，能做到全心倾听，不随便给建议，就是负责任的表现。

倾听教育工作者，倾听学生，倾听普罗大众。搞实践哲学的人，不能总是用上帝视角看问题。

如果我们希望儿童哲学能够被更多人重视，我们就需要知道人们的需求在哪里。比如社会带来的容貌焦虑、学生的学习压力、不知道如何处理情感的烦恼……这些人生课题需要哲学人投入第一线的战场，冒着可能会沾染一身灰的勇气，走到一线来，和教师、与学生站在一起。

庄子说："道在屎溺。"哲学就在生活之中，俯拾即是。

我们在人生中遭遇的问题，固然会带来一些麻烦，但每个问题都是引领我们哲学思考的机会。希望我们都能常保好奇心，带着一双怀疑的眼睛，寻求属于我们的人生信念。与孩子一起认识自己，成就自己。

我说这些，是想强调，儿童哲学的动机和目的很美好，但现实社会不是童话故事。儿童哲学应该教给孩子的是"了解自己，以便获得在现实生活中活下去的智慧、勇气和能力"。

尽管有些教育家倡导"卢梭式"的教育观，认为人天生都像天使，后来才在社会环境中变得不再纯粹，但我们不要忘了，教育学者杜威、文学家歌德、心理学家罗洛·梅等人都批评这种观点。

正如心理学家弗洛姆所说："人成为天使或成为马，都是一种堕落。"

人本身有多面性，有善性，也有恶性。

把孩子看成小天使，并且希望他们永远天真无邪，这种想法在现实生活中根本不切实际。忽视了人的多面性，忽视了人性的真实面，在这种基础上建立的教育方式，很难让孩子学会应对社会的真实考验。

社会残酷、黑暗的一面，也是因为人本身有着残酷、黑暗的一面形成的。

换句话说，儿童哲学的课堂中必定需要讨论一些会让人"疼痛"甚至是"恶心""不适"的议题。只要是在一定的程度和范围之中，那么这些与现实生活相关的内容就应该被呈现。

就像衰老、疾病和死亡，都会给人带来心理上的焦虑和不安，但逃避并不能解决问题。儿童也不是永远不会长大。当面对争吵的父母、孩子之间的攀比、社会的竞争时，他们也会有困惑和茫然。

孩子并不傻，但如果大人装傻，他们也会装傻。

教育应该是诚实的、落地的，能真正帮助孩子面对生活中的难题。有很多难题，与考试无关，但却对每个人都有莫大影响。如果儿童哲学能帮孩子面对这些难题，那就太好了！

希望我的这本书，能够为这份美好增添一点可能性。